捧 读

触及身心的阅读

世间始终你好

张爱玲传

Eileen Chang's Story

凯瑟玲 著

南方出版社

海口

图书在版编目（CIP）数据

张爱玲传 / 凯瑟玲著. -- 海口 : 南方出版社,
2022.6
（世间始终你好）
ISBN 978-7-5501-7601-0

Ⅰ.①张… Ⅱ.①凯… Ⅲ.①张爱玲（1920-1995）
—传记 Ⅳ.①K825.6

中国版本图书馆CIP数据核字(2022)第079619号

世间始终你好：张爱玲传

SHIJIAN SHIZHONG NIHAO：ZHANG'AILING ZHUAN

凯瑟玲　【著】

责任编辑：　古　莉

封面设计：　陈旭麟 @AllenChan_cxl

出版发行：南方出版社

邮政编码：　570208

社　　址：　海南省海口市和平大道70号

电　　话：　（0898）66160822

传　　真：　（0898）66160830

经　　销：　全国新华书店

印　　刷：　天津创先河普业印刷有限公司

开　　本：　880 mm×1230 mm　1/32

印　　张：　22.5

字　　数：　495千字

版　　次：　2022年6月第1版　2022年6月第1次印刷

书　　号：　ISBN 978-7-5501-7601-0

定　　价：　169.00元（全三册）

张爱玲的小情绪

《半生缘》

我要你知道，这世界上有一个人是永远等着你的，不管是什么时候，不管在什么地方，反正你知道，总有这么个人。

《倾城之恋》

十一月尾的纤月，仅仅是一钩白色，像玻璃窗上的霜花。然而海上毕竟有点月意，映到窗子里来，那薄薄的光就照亮了镜子。

《小团圆》

雨声潺潺，像住在溪边。宁愿天天下雨，以为你是因为下雨不来。

《童言无忌》

童年的一天一天，温暖而迟慢，正像老棉鞋里面，粉红绒里子上晒着的阳光。

《封锁》

封锁期间的一切，等于没有发生，整个的上海打了个盹，做了个不近情理的梦。

《中国人的宗教》

不论在艺术里还是人生里，最难得的就是知道什么时候应当歇手。中国人最引以自傲的就是这种约束的美。

《半生缘》

感情这样东西是很难处理的，不能往冰箱里一搁，就以为它可以保存若干时日，不会变质了。

《更衣记》

回忆这东西若是有气味的话，那就是樟脑的香，甜而稳妥，像记得分明的快乐，甜而怅惘，像忘却了的忧愁。

《倾城之恋》

我一直想从你的窗户里看月亮。

《天才梦》

生命是一袭华美的袍，爬满了蚤子。

《花凋》

笑，全世界便与你同声笑；哭，你便独自哭。

《金锁记》

不多的一点回忆，将来是要装在水晶瓶里双手捧着看的。

目 录
CONTENTS

上卷·情事：人间难有小团圆

壹

与胡兰成
没有一场倾城之恋

贰

与桑弧
离乱中最大的慰藉

下卷·情谊：滚滚红尘中的相遇

壹

与炎樱
一个像初夏，一个如深秋

贰

朋友抑或陌路
人生路途的不期而遇

叁

尾 声
永远的张爱玲

附录

上　卷

情事：人间难有小团圆

与胡兰成 / 没有一场倾城之恋

她是民国临水照花人

1995 年 9 月 8 日，在中国文坛上发生了一件大事——中国现代文学史上，最具争议但也最才气纵横的女作家张爱玲，在美国洛杉矶的公寓去世。据说，她是在去世 7 天后才被人发现的。当时，她的寓所内家徒四壁，没有家具，没有床，她躺在地板上，身上盖着一条薄毯子，就这样安静地去了。

有很多人惋惜，曾经风光无限、光彩夺目的生命，竟然以这样最凄凉的方式凋零、谢幕，跟尘世做最后的告别。

作为中国文学史上的一个"异数"，张爱玲以她的早慧提前洞悉了人性与世间的荒诞。她孤冷独绝又不拘一格，所以，像那种亲人朋友聚于病榻前嘘寒问暖，其实内心各有打算的虚伪，跟张爱玲完全不符，也因此这种"丑态"永远不可能出现在张爱玲身上。所以，她以这种几乎不为人知的方式离去，不做任何形式上的告别，很符合她一向的风格。

晚年的张爱玲，离群索居，与他人的交往变得更少，躲避粉丝，拒绝造访，到最后连信都懒得看了。说张爱玲晚景凄凉，其实未必，张爱玲的一生都活在她自己的世界里，冷清、自我、不希望被打扰。

求仁得仁，张爱玲没有遗憾，他人也就无需惋惜。无法选择出生，总还可以选择告别。

2009 年，华人文坛又因为张爱玲再次沸沸扬扬，那是被称为张爱玲"半自传"小说的《小团圆》在中国香港的出版。据说张爱玲的本意是要将《小团圆》销毁，却又反复犹豫，与她的忠实粉丝，也是她朋友的宋淇夫妇多次商讨修改与出版的事宜。其间，张爱玲几易其稿，内心彷徨纠结。

其实，张爱玲写《小团圆》的原因，并没有那种想要"回望人生"这么高段位的理由。胡兰成写了香软媚艳的《今世今生》，其中的自恋、软媚、自我辩护，令张爱玲生生呕出一口老血。张爱玲被胡兰成弄得很被动很尴尬：不回应吧，可能胡兰成的撰述就会成为许多事的"定论"，甚至是真相。就像关于另一位民国才女林徽因的故事，许多版本都来自梁思成的第二任妻子林洙的叙述，真相如何，人们再无从得知。然而，回应吧，对于胡兰成这种擅长自我营销的人来说，张爱玲跟他隔空对战，正是他求之不得的事。自己没有影响力了，借助前妻的名气来提高自己的知名度，成本又低，多么成功的营销啊？！

张爱玲的粉丝朱西宁，同时也是当时的军中作家，企图用荒谬的"分饼理论"给张爱玲洗脑，让张爱玲与胡兰成重归于好。他甚至还流露出想要替张爱玲写传记的想法。如果前面是言情剧，那么现在就是荒诞剧了。张爱玲再无法漠然了——她怎么能允许朱西宁以胡兰成的调调去写自己？！而原本与朱西宁常有书信往来的张爱玲在这件事情后，也与他彻底断了联络。

张爱玲跟朋友宋淇等人商议，觉得应该亲自来写一本回忆录式的"自传体"小说。然而，书就在张爱玲的反复修改、反复纠结中，一直没有出版，当然，张爱玲最后的意愿是：销毁。

可能张爱玲写书的初衷，是为说明她心中的"真相"，是带着一种"揭下面具，大家都别装"的心态。但是随着写作的进行，她的想法慢慢改变了——以张爱玲那么冷清的性格，要长时间地去恼怒一件事情其实也是有挑战的，于是，她开始认真地思考，想要在"爱情幻灭后，留下一些百转千回的东西下来"。

最终，《小团圆》得以出版。宋淇的后人为了让这本违背张爱玲意愿的"自传体"小说找到合理的出版借口，也可能是为了预热市场找话题，便摘录了很多其父宋淇与张爱玲来往信件的内容放于《小团圆》中。

关于《小团圆》，争议也很多。不喜欢的人，觉得这本书简直没法读下去，像个老太太絮絮叨叨地自言自语。如果仅仅作为一部小说来讲的话，确实如此，但是如果为了满足八卦心理，看张爱玲记忆中的曾经是什么样子，看她如何审视自己——她写别人那么辛辣，轮到自己的时候能下得了手吗？如果是抱着这样的心态，那这本书值得一读，甚至必不可少。因为书里的猛料很多：再也不是欣赏张爱玲笔下冷到极致的凛冽人生，而是看看那些曾有无数版本的民国牛人们的故事，在被称为中国女作家头上一朵黑沉沉乌云的天才女作家张爱玲的笔下，又是怎样的

世间始终你好

版本。

这个世界的女人越来越勇敢，越来越敢于直面自己，譬如张爱玲，她不仅写他人毫不留情，写自己也同样心狠手辣。《今世今生》太有矫揉自欺的感觉，张爱玲远比胡兰成诚实多了，她对自己的剖析，更犀利、更直白、更凛冽。

尽管胡兰成骨子里猥琐又自恋，所著全靠满纸的"简静、贞静、现世安稳"等让人雾里看花的香艳词汇来迷惑读者，但有一点，在了解女人上，他是女人当之无愧的知己。他说张爱玲是真正的"民国世界的临水照花人"。

"临水照花"一词是从《红楼梦》中对林黛玉"闲静时如姣花照水，行动处似弱柳扶风，心较比干多一窍，病如西子胜三分"中的"闲静时如姣花照水"中演化而来。张爱玲深受《红楼梦》的影响，她的冷清疏离，跟林黛玉如出一辙。最终却是高处不胜寒。张爱玲是寂寞的，也正好是这种寂寞，造就了出名很早的张爱玲。

关于这点，苏童也是认同的："张爱玲让我想起了林黛玉。张爱玲的胸怀、心境以及冷眼看人的目光是黛玉式的，自怜自爱又自尊的人，与大观园芸芸众生总是对立的……现实的张爱玲比虚构的林黛玉强大得多，能干得多，她张扬了孤单的人格和尖锐的世界观，在走出深阁面向社会的过程中，张爱玲放大了她的大观园。"

尽管很多人不喜欢《小团圆》的风格，但她还是在书中自己把自己先撕了，估计也有点恶趣味：别再翻来覆去拿我的那点事儿当谈资了，可以歇了，别再用意淫加揣摩来写关于我的各种书了，你们想看什么，我写给你们就是了。

这位"八岁我要梳爱司头，十岁我要穿高跟鞋，十六岁我可以吃粽子汤团，吃一切难于消化的东西"的民国世界的临水照花人，关于她的小说、散文，以及她冷清孤高的一生，在2009年后，重新向世人走来。

棋逢对手的怦然心动

张爱玲的人生，华丽而沧桑，她传奇了一生，也被流言了一世。

"出名要趁早"是她的至理名言，当然，她有资格说这话。很多年后的今天，提起张爱玲，还是有人会说张爱玲简直就是压在中国女作家头上的乌云——可见其对中国文学的深远影响。作为张爱玲粉丝的亦舒师太，古怪傲气，唯独对张爱玲谦恭，称自己把张爱玲的书"一向当圣经"。

出名太早，鲜花与掌声就显得廉价，这让张爱玲对人对物更为疏离。所以，冷艳的张爱玲遇到内心强大（其实是脸皮厚）的胡兰成时，她只有彻底沦陷的份儿。为什么？人家胡兰成根本不讲究谦谦君子那套。有例为证，他们在一起之后，胡兰成曾经向张爱玲坦言自己爱上了一个女子，但同时又强调他们没发生关系。张爱玲只得用张氏幽默嘲讽："难道他要我送他一枚奖章不成？"

遇到胡兰成那年，张爱玲23岁，没有经历过爱情，所有的风花雪月、红袖添香都是想象出来的。在认识胡兰成之前，她生活在自己的想象里，清冷孤傲；遇到胡兰成之后，她沉浸在棋逢对手的自我陶醉里，热烈而孤勇。

1944年1月24日是旧历的除夕，胡兰成刚从狱中释放，赋闲在南京的家中，百无聊赖，随手翻开好友苏青寄来的《天地》月刊，看到一篇名为《封锁》的文章，劈面惊艳，特别是结尾那句："封锁期间的一切，等于没有发生，整个的上海打了个盹，做了个不近情理的梦。"

胡兰成对《封锁》中这种微妙尴尬的局面，有着切身体会。当时的他正被"封锁"在南京丹凤街石婆婆巷20号这座小小的院落里，夹在汪精卫与日本人之间无所适从的困境中，这何尝不是一种封锁呢？

这个瞬间惊艳到他的作者，名叫张爱玲，平凡得近乎平庸的名字印入了他的眼底，也刻进了他的心中。

于是他兴冲冲地致信给苏青，想了解更多关于张爱玲的信息，问是男是女。过了很久，才盼来苏青的回信，苏青也够直接，只有冷冷的短短一行字："我给你回答了：是女子。"胡兰成一阵失望，估计心里抱怨苏青弩钝。难道他真的不明白，苏青是不愿意他们联系上吗？

不过，苏青随后寄来了《天地》第四期，里面有张爱玲的散文《道路以目》，竟然还有一张她的照片——20多岁的女子，倨傲、疏离，完全拒人千里的模样。

照片上的张爱玲瞬间吸引了他：能写出这样惊艳脱俗文字的女子，在爱情里会是一副怎样的模样？想到这些，胡兰成再也按捺不住自己奔腾的内心。

此时的胡兰成被汪精卫幽禁，困居南京，还不能马上回上海。几个月后，他终于彻底获释，获释后第一件事，就是奔赴上海见苏青。苏青热情地接待了胡兰成，却直接被胡兰成打脸——屁股还没坐热，他就开门见山地要张爱玲的住址。

失望在苏青脸上立现，但她很快调整了情绪告诉他，张爱玲不见客。随后不无幽怨迟疑地问："其实，何必一定要见呢？"

胡兰成喜欢上了张爱玲的小说，继而对张爱玲产生了好奇，一定要见她。用钱锺书的话说胡兰成就是吃掉了那个蛋，还想知道下了如此惊艳一个蛋的母鸡是芦花鸡还是茶花鸡。

他跑去问苏青要张爱玲的地址，苏青当时心里五味杂陈，虽然知道胡兰成并不中意自己，但心里还是有"我本将心向明月，奈何明月照沟渠"的挫败感。

于是，苏青迟疑了好一会儿才回答："张爱玲她不见客。"胡兰成表示没关系。然后苏青很勉强地把地址给了胡兰成：静安寺赫得路192号爱丁堡6楼5室。

胡兰成第一次见张爱玲果然吃了闭门羹。然而胡兰成很坦荡地留下了写着自己地址跟电话的字条，施施然而去。

胡兰成深谙：不是所有的事情都可以如愿以偿，但所有的事情都值得一试。

真正见了面，满以为会见到娇小玲珑、眉目如画、气质冷清的美女的胡兰成，在见到张爱玲后，意识到自己想多了。他第一觉得张爱玲个子太高，二是觉得她坐在那里，幼稚可怜，不像作家，倒像个未成熟的女学生。

虽然有些小小的失望，但胡兰成依然与张爱玲相谈甚欢，从品评时下流行作品，到问起张爱玲每月写稿收入。一个大男人对一个初次见面

　　　　　世间始终你好

的姑娘问收入多少，不免冒昧。

无论是现代还是古代，钱都是个敏感的词，特别是异性之间谈论钱。

这不相当于急吼吼地告诉她"我不仅倾慕你的才华，更倾慕你口袋里的钱"吗？然而有趣的是，爱玲姑娘并没有发恼，竟对他如实相告。真是应了那句话：什么样的气场，吸引什么样的人。

气场决定爱情取向，也决定你吸引男人的类型。胡兰成和张爱玲的确是气味相投的。

天色渐暗，张爱玲送胡兰成到弄堂口，并肩走着，胡兰成冷不丁地说了句："你的个子这么高，这怎么可以？"

张爱玲一愣，起了反感。就像胖子不喜欢人家说她胖，高妹也很在意人家说她高。其实，胡兰成想表达的是，两人是否般配，也是为了进一步拉近他和爱玲的距离。

当然这只是个小插曲，张爱玲也并非心胸狭隘的姑娘，虽然有些不爽，但并没表现在脸上。而胡兰成毫无察觉，还笃定地说道："明天我来看你吧。"虽然是询问的语气，其实已经是约定。

还未等爱玲姑娘回答，胡兰成就转身离开，留下了一个潇洒的背影。张爱玲看着他渐行渐远的背影，有点呆了，这完全没按照她想象的剧本去演啊。

张爱玲之所以能与胡兰成这样畅谈，首先必须肯定的是胡兰成的谈话艺术，另外就是张爱玲本身也需要倾诉。傅雷在《万象》刊登了一篇上万字的评论文《论张爱玲的小说》，对张爱玲大热的作品，如《金锁记》《倾城之恋》等小说提出了批评，并且直接言明张爱玲无论是语言风格还是结构、人物，很大程度上参照了《红楼梦》。这位声名显赫的翻译家，甚至大胆地预测了张爱玲正连载的《连环套》和《十八春》这两部小说接下来的故事脉络。

不知道傅雷的"预言"是不是真的，但张爱玲的《十八春》《连环套》没有再连载和出版。小说还没写出来，就因为一篇评论而夭折了，天才张爱玲的郁闷可想而知。年少成名带来的副作用就是"抗挫力"很弱。而且最重要的一点，写作是张爱玲这个世人眼中的"天才"能向这个世界证明自己的最好方式，这样公开被批评，还是被一位当时声名显赫的翻译家批评，张爱玲急需一位了解她、支持她的人，来分担这种挫败感。

刚好此时，胡兰成出现了。

后来看傅雷写给儿子的家书，不难想到傅雷正是基于对张爱玲的欣赏，希望张爱玲能超越自己，才有了那篇万字评论，因为他对自己的儿子同样毫不留情："你看过多少书？！"

总是揣测，如果张爱玲能跟傅雷有一次喝着茶聊着天的沟通，会有什么结果——大概张爱玲就跟胡兰成没什么关系了。

爱是尘埃中开出的花

胡兰成向张爱玲谈了自己的坎坷经历，在谈及仕途挫折入狱时，张爱玲情不自禁地讲述了当时陪苏青去找周佛海搭救他的往事。

胡兰成本不知此事，现在他发自肺腑地感激，感激张爱玲的行侠仗义，却完全忘却了这件事的主导者苏青——那个为了他免除牢狱之灾而四处奔走、倾尽全力的女子。

付出是讲求回报的，而苏青的付出却激不起胡兰成的一丝感动，更别说回报。

胡兰成清楚，他的出狱并非周佛海的功劳，因为他和周佛海之间矛盾很深，这是张爱玲无从知晓的，但无论如何他感激张爱玲对他的同情和支持。

当晚，他给张爱玲写了一封信，更像是一首诗，张爱玲回信说："因为懂得，所以慈悲。"从此，胡兰成每隔一天便去看望张爱玲。谁知看了四五次后，发觉张爱玲似乎很烦恼，对他有些忽冷忽热。

他自我感觉良好地认为，张爱玲一定是爱他爱得无法自拔。殊不知，是张爱玲的姑姑张茂渊找她深谈了一次，反对他们来往。正如三毛在《滚滚红尘》里的那句台词："这种人说好听点，是文化官；说难听点，是汉奸。你干干净净的一个大小姐，惹这种人干吗？"张茂渊的问话大约如此。

张爱玲是敬重姑姑的，于是写了一张字条叫人送给胡兰成："明天你不要来了。"

可是字条送了，又觉得后悔——走了这么远的路，经历了这么多的面孔，才终于遇见他，难道就这样失之交臂，就这样永不再见？怎么甘心！

她一整天都恍恍惚惚，老是侧着耳朵听电梯响。每次电梯"咣当咣当"地上来，她的心也跟着"嘭咚嘭咚"地提上来，一直提到嗓子眼儿，听到敲门声，更是惊得目瞪口呆，直愣愣地看着姑姑发呆。

张茂渊问："送牛奶的来了。你怎么不开门？"她低着头不说话。

她不敢开门。既怕开门看不到他，更怕开门看到他。其实，张爱玲的纠结完全是自寻烦恼，她太小看胡兰成的抗压能力了。

前面说过，胡兰成的内心极其强大。

尽管张爱玲送来了字条，叫胡兰成不要去看她，但他仍然照去不误，以后索性天天都去，坐在张爱玲的房中，谈诗论画，一坐便是整日。可见，死缠烂打是胡兰成的杀手锏。张爱玲很少买书，就是觉得《浮世绘》好看，朋友送她，她也不要。每次胡兰成给她送书看，她也是看了当即送还，她从不在家堆书。

她对人对物，只是好意，不愿用情。

她的内心却像个甜俗的小女孩，喜欢闻汽油和油漆的味道，喜欢喝浓茶，穿桃红色的旗袍，会说出"桃红的颜色闻得见香气"这种满是少女气息的话。

这样外表冷艳、内心天真的女子，对于胡兰成来说，新鲜而具有挑战性，的确让他着迷了一阵子。

而她则天真地以为，他真的懂她。

一向对身世讳莫如深的张爱玲，向胡兰成敞开了关闭已久的心扉。这天，胡兰成刚进门，张爱玲就拿出一本书给他看，胡兰成一看书脊《孽海花》，笑道："怎么想起给我看这个？"

张爱玲笑而不答，翻开第十四回指给他看，然后问他："这威毅伯和仑樵是何许人，知道吗？"

胡兰成不知她为何突然问起这两人，于是摇了摇头。

张爱玲收起笑容，正色地告诉他："威毅伯映射的是李鸿章，仑樵映射的是张佩纶。一个是我曾外祖父，一个是我祖父。"

说完还拿出张佩纶的照片给胡兰成看。

胡兰成不禁瞠目结舌，他猜到张爱玲出身不差，但他没想到会如此显赫，两个影响了中国近代历史的人物，竟然一位是她的曾外祖父，一位是她的祖父。

两相对比，他不禁想到了自己的家庭，心头涌起一阵身世飘零之感。以出身门第而论，她和他简直是云泥之别，一个在云端，一个在地上。

不过想到张爱玲显赫无比、金光闪闪的出身，又极大地满足了他能结交上层社会名媛的虚荣心。

当然，张爱玲告诉胡兰成自己的身世，并非炫耀，而是想告诉他，她和他口中的那些女人是不同的，在他心中也应该有不同的地位。

胡兰成是结过两次婚的人，他的原配夫人早年病逝，后又娶了第二任妻子。有时候他爱向她炫耀他在女人圈中的艳遇，他的多情，他的狂妄，他的放荡不羁，对她都是一种新鲜的刺激。而他的才华横溢与温情脉脉，更是她不能抗拒的毒药，比鸦片更致命。尽管她笔下的男欢女爱栩栩如生，但她还是第一次喜欢上一个人，一个比她大15岁的男人。她爱他的才华，同情他因"言论"两次入狱，因为这倒真有点像她崇拜的祖父张佩纶。

某天在知乎上看到一个调查题：你和他相爱图什么？

答案五花八门，但有个答案，说到了心坎上。

那人说："那些在我们眼里不般配的感情，恰恰是最贴切的。因为你的缺点一目了然摆在那里，我图的是你那些不为人知的，独独对我而言很受用的好罢了。所以不要一味地责备所谓渣男，你若真不图他一星半点，你傻啊。你既然知道人家是渣男，可又忍不住贴上去，可见你图的那些东西是暂时从别人身上寻不到的。你若当真什么都不图了，自然就会放手。"

张爱玲年轻貌美、才华过人，而且有着贵族的血统；而胡兰成天性放浪、狂妄不羁，还顶着汉奸的帽子。在世俗的眼里，这是一段极不登对的感情。她到底图他什么？

张爱玲从小缺爱，她图的是胡兰成的温情和所谓懂得，而胡兰成图的则是张爱玲出众的才华和头上的贵族光环，还有她口袋里的钞票，当然这是后话。后来他还在报纸上写文章大肆渲染张爱玲显赫的家族背景，同时不忘为自己脸上贴金。

或许，俗世中的爱情，就是各取所需。这样，关系才会持久。

自从知道张爱玲显赫的家世后，胡兰成对她更加殷勤。

有一次，他笑着问："爱玲，我在家的时候也想你，怎么办？"

张爱玲羞赧地低下了头。

他继续说："昨晚，我一边读你的小说，一边想见你。可是夜那么深，绝对不能来这儿。见不到你，就是想听听你的声音也是好的，可是又怕吵醒你姑姑。你知道那种感受吗，爱玲？难受极了。"

张爱玲羞涩地笑了，说："兰成，你到底想说什么呢？不要拐弯抹角了。"

胡兰成说："我想你送我一张照片，你愿意吗？"

张爱玲从抽屉里找出一张照片，在上面写了一行字。

　　　　　　　　　　　　世间始终你好

她把照片递给他，正是《天地》月刊上刊登的，他第一次看到的那张。他高兴地说："我想要的正是这张！"

张爱玲笑而不语。

他将照片翻过来，背后写着一行字：见到他，她变得很低很低，低到了尘埃里，但她心里是欢喜的，从尘埃里开出花来。

胡兰成不住口地称赞道："我第一次看到这张照片的时候，就被震住了。爱玲有一种大家闺秀的冷艳，冷不是阴冷，是冷静；艳不是媚艳，是惊艳。"

张爱玲在了解、懂得她的男子面前，卸下了层层面具，低成了尘埃里的花。

在爱情没开始之前，她永远想象不出会那样爱一个人；在爱情没结束之前，她永远想象不出那样的爱会消失。

多少爱情是这样的：故事的开始，我会给你幸福；故事的结局，祝你幸福。

张爱玲和胡兰成亦不能免俗。

相思与倾情都曾真心

关于"胡兰成到底爱没爱过张爱玲"这种话题，一扯出来，就会引发一场无休无止的口水战。有人说，胡兰成是无耻到骨子里的无赖，他对张爱玲没有爱，他对所有女人都没有爱，如果说这个世界他还有爱的人，那就是他自己；也有人说，胡兰成是爱过张爱玲的，只不过，他爱自己更多而已；还有人说，他是爱张爱玲的，张爱玲在他心里终究跟别的女人不同。

胡兰成到底爱不爱张爱玲，有多爱，已经无从知晓。张爱玲到底是不是如她自己所说真的不爱了，连胡寄去的书稿，她也觉得看了好笑，还讥诮它们带着宁波乡下的味道……种种这些也都无从得知。

只是突然想起一个桥段，很多年前看过的一段明星访谈类的节目，主持人是沈殿霞，而邀请到的嘉宾是郑少秋。沈殿霞是情商很高且性情豁达的女人，前面的采访进行得很顺利，在采访快结束时，她问："我有个问题想问你很久了，今天借这个机会问问你，你只需回答 Yes 或 No 就行，究竟多年前，你有没有真正地爱过我？"郑少秋沉吟了片刻，然后回答得很认真："很爱你！"在得到郑少秋肯定的回答后，沈殿霞松口气，眼泪就畅快地流了下来。

乐观豁达如沈殿霞，也要纠结于旧爱是否真的爱过，她真的做不到心里希望的云淡风轻。纠结，是因为放不下，是怕当年自己一片真心错付。郑少秋是为了安慰她，还是真的爱过她，已经不重要，重要的是沈殿霞需要给自己一个交代，在漫漫长夜咀嚼回忆的时光里，还可以有一丝温情来温暖自己。

我们都愿意相信在某个瞬间，某个时刻，郑少秋是爱过沈殿霞的，同样也愿意相信，胡兰成与张爱玲也有彼此真正倾心的时候。

在他们交往的最开始，张爱玲刷新了胡兰成"惊艳"一词的定义。张爱玲带给他的惊艳，是无论过去多少年，也依然清晰如刀刻般的深刻。

这种深刻，是爱情里最真实的沉淀。一般情况下，没有"见光死"

的两人，都会有发展的可能，但是由于胡兰成的政治立场跟他的一些言论，张爱玲在决定是否与他交往时，也有矛盾与烦恼。

有真正的心动，才有真正的烦恼，胡兰成自然明白，所以他对张爱玲绝交的字条视而不见，照样拜访，给了张爱玲台阶，张爱玲也乐得接受，于是两人继续交往。

张爱玲爱钱众所周知，她对此也毫不忌讳，"我喜欢钱，因为我没吃过钱的苦，不知道钱的坏处，只知道钱的好处"。即使面对亲人，张爱玲在金钱上也不含糊，"用别人的钱，即使是父母的遗产，也不如用自己赚来的钱来得自由自在，良心上非常痛快"。但张爱玲同时也认为"能够爱一个人爱到问他拿零用钱的程度，都是严格的考验"。应该说，胡兰成自私、花心，甚至寡情，但是他对女人从不吝啬。他从日本人手里拿到了办报纸的经费后，直接拎了一箱子钱交给了张爱玲。而孤傲如张爱玲，能接下这笔钱，就表示她认定了胡兰成。

家事变迁，战争离乱，人情冷暖，都让张爱玲感到了世事无常，动荡不安。在乱世下，真的很难把握自己的命运，张爱玲觉得与其继续焦虑无法把握的未来，不如享受当下。

她享受胡兰成带给她的心灵交流，并不在乎胡兰成的政治倾向。胡兰成在与张爱玲交往之前，已经与南京的一位舞女建立了一个家庭。在付出了不小的代价后，胡兰成离了婚，解除了与舞女的关系，恢复了单身，与张爱玲结婚。

在1944年的暮春，张爱玲与胡兰成写了两份婚书，一人一份。"胡兰成张爱玲签订终身，签结为夫妇，愿使岁月静好，现世安稳。"

前两句是张爱玲写的,后面两句是胡兰成加上的。炎樱是媒证。张爱玲冷清消极,深谙世事无常,但还是希望能与胡兰成签订终身,能用一生做托付,而胡兰成想要的是现世安稳。他所谓的现世安稳,就是墙内红旗不倒,墙外彩旗飘飘,所有跟他有关系的女人,都能和平友好相处。

张爱玲是真的希望能低入尘埃,洗手做羹汤,但是胡兰成要的从来不是专注于一个人。所以,这两人做知己比做夫妻更合适。幸亏,他们在一起的时间也很短。

这短暂的日子,被胡兰成写得很漂亮,他说:"我们虽结过婚,亦仍像是没结过婚,我不肯她的生活,有一点因我之故而改变。两人怎样做亦做不像夫妻的样子。却依然一个是金童,一个是玉女。"

说得好听点,胡兰成是没有长大不懂得何为责任的孩子。他的多情也好,滥情也罢,以及他那种坦白到无耻的坦荡,都源于他需要从不同的女人那里获得他需要的东西。胡兰成对张爱玲的爱情里除了被张爱玲的才华吸引外,更重要的是张爱玲让他感受到了一个不属于自己的世界。

张爱玲让他了解到,中国人可能比西方人更幽默,让他深刻地体会汉民族的文化深厚,教会他看日本的白话新诗会,欣赏朝鲜的瓷器,以及古印度的壁画。他原本想以自己深厚的古文挑战一下张爱玲,结果输得彻底。张爱玲甚至成了他的导师,两人同看一本书,他都懒得想,直接听张爱玲的分析。胡兰成自己也说:"我却不准确的地方是夸张,准确的地方又贫薄不足,所以每要从她校正。前人说夫妇如调琴瑟,我是从爱玲才得调弦正柱。"

张爱玲以自己绝世惊艳的才情滋养了胡兰成,他们之间的爱恋也真实生动地存在过，深刻地影响过彼此，不然张爱玲不会在几十年后，对许多细节记忆犹新，尽管是带着一丝淡淡的嘲讽，如没爱过，怎会介意？

胡兰成从来就不是一个犀利的人，他絮絮叨叨满纸温情，他不喜欢西点，因为张爱玲爱吃，他刻意去买蛋糕吃，以此来拉近与张爱玲的距离。甚至在战乱的炮火中，他喃喃喊出的名字都是"爱玲"。

胡兰成对张爱玲的爱是建立在"懂得"进而"欣赏"上的，这样大的世界里，这样漫长的光阴里，能遇到一个"懂得"自己、且又能甘心情愿"欣赏"自己的人，其实是很难的。从这点来说，张爱玲是幸运的。

对待爱情，张爱玲是爱了就爱了，不问缘由，不强求结局。不是每个女人都敢爱又爱得起的。你可以认为这是她的消极，但又何尝不是骨子里的底气与傲气？

张爱玲怨恨过胡兰成，也为他长夜不眠泪沾襟，但是，张爱玲从来没有怨妇式地表示自己后悔遇到胡兰成，后悔跟他的这段爱情与婚姻。

因为，她知道，在生命的长河里，那些闪亮的贝壳里承载的相思与心动都是真的。无关对错，只是一种照见。

并没有一场倾城之恋

去看了吴宇森的《太平轮》，战乱的岁月，三对情侣的起伏人生，悲欢离合。其中一对情侣，也代表了不同的时空，雅子与严泽坤代表的是即将结束的日据时代，所以他们在夕阳余晖中，沉入海底；周蕴芬与雷义方，他们孩子的出生，家园的重建，雷义方的日记被朗读，代表的是未来与希望；于真与佟大庆，因为这场战争，成全了他们。于真要找的人，一开始，并不是佟大庆。

在剧中，于真说了一句话："你看这世上那么多的人像蚂蚁一样在地上爬，两个人遇见有多幸运。"当战争就在眼前，生死在一线之间，保住性命才是关键，大家会意识到除了生命与爱，其他都顾不上，也都不重要。

这种经历过战火硝烟的爱情，在张爱玲的笔下也有过。《倾城之恋》是她最著名的短篇小说，深刻地探讨了爱情、婚姻以及人性在战乱中的选择与生存。

《倾城之恋》故事的背景也是抗日战争后期，从旧式大家族里出来的白流苏与海归高富帅范柳原，他俩原本是一对相互算计、步步为营、你退我进、各有打算的男女，在经历战争的毁灭、生命的无常后真心实意地步入了婚姻的殿堂。

虽然结局是喜剧，但仍然有淡淡的无奈与悲凉。正如张爱玲所说，"柳原与流苏的结局，虽然多少是健康的，仍旧是庸俗；就事论事，他们也只能如此"。

战争成就了张爱玲笔下男女主人公的婚姻与爱情，却没有成就她自己的婚姻与爱情。

1944 年，在政治上郁郁不得志的胡兰成转而创办了《苦竹》杂志。张爱玲自然是鼎力相助。《苦竹》的创刊号就有《自己的文章》《桂花蒸 阿小悲秋》《谈音乐》三篇当时在张爱玲作品中算上乘之作的文章。毫无疑问，张爱玲把自己最用心的作品都给了《苦竹》。而对曾经刊登她的文章最多，不断为她造势喝彩、力捧她的《杂志》则只应酬性地发了一篇《殷宝滟送花楼会》，比起其他小说，这篇小说丝毫没有惊艳之处，而这篇小说也是张爱玲后悔写过的唯一一篇小说。

《杂志》与张爱玲结缘很早。《杂志》的创办人袁殊在看了她的《沉香屑·第一炉香》后，主动上门约稿，向可以做他女儿的张爱玲移樽就教。后来有人评论说是《杂志》让张爱玲红遍上海滩，从而成为当时中国最家喻户晓的女作家。且不说这个传闻是否属实，但《杂志》是张爱玲发表文章最多、交往时间最长的刊物，这一点却是不争的事实。而张爱玲为了帮助胡兰成，根本顾不得人情世故。

张爱玲的亲弟弟张子静与几位同学一起创办了名为《飚》的刊物。其实，当时他们已经约到了如唐弢、董乐山、施济美等名家的稿件，为了增加刊物的知名度，同学怂恿张子静去向张爱玲约稿。

结果张爱玲一点面子都没给弟弟，还没等张子静把话说完，就很干脆地回绝，理由一点也不委婉：张子静他们的刊物不入流，她在上面发了稿会影响自己的声誉。

后来张爱玲也觉得自己拒绝得太过于决绝，就顺手在桌子上拿了一张自己画的素描交给张子静，算是一点补偿。

可以说，张爱玲爱胡兰成爱得六亲不认，还奢望能签订终身，所以才如此倾力相助。只可惜，志在政治而非文学的胡兰成还是辜负了张爱玲的苦心。《苦竹》仅出了四期，从第三期开始就没有张爱玲的文章了，性质由文艺转向时政。

胡兰成是典型的利己主义者，在爱情里，同样如此。

日子安稳时，张爱玲的格调品位、惊艳的才气，以及显赫的家世，这些都是他可以炫耀的奢侈品，张爱玲无疑给他镀上了让世人艳羡的光环。而在动荡时期，他要么选择具有减压功能、能让他轻松适意的17岁少女，要么选择善于操持家务、细心体贴、温柔沉静的寡妇。就算在逃亡路上，能有的艳遇，胡兰成也不会放过。

　　1944年11月，胡兰成到了武汉，住在汉阳医院。在这里他认识了仅有17岁的漂亮女护士周训德。不谙世事、情窦初开的少女，跟情场高手胡兰成根本不是一个段位。很快，天真活泼的周训德坠入了情网，即使做妾也心甘情愿。

　　张爱玲的才气让胡兰成欣赏，然而张爱玲的孤清独立、敏锐犀利，令胡兰成对张爱玲心生敬畏，所以相处久了难免会有一点压抑。

　　而胡兰成与周训德相处时，轻松自在。于是向她求婚，而周训德也不介意自己做妾。

　　这其中最可笑的是，胡兰成的坦率近乎无耻，他从来不在一个女人面前隐瞒另一个女人。他在周训德面前说起张爱玲时，她的惊世才华、高贵家世都是他津津乐道的话题；而在张爱玲面前，他也不遗余力地渲染周训德对他温柔体贴、一往情深，甚至在他临行前他们之间依依不舍的细节也全部讲述给张爱玲听。

　　张爱玲很是难过，但依然选择了沉默。以她的孤清性格及修养，哪怕憋出内伤，也不会去责问。直到后来，胡兰成告诉张爱玲他要娶周训德时，张爱玲放下骄傲让胡兰成在她与周训德之间做选择，要他履行给她"现世安稳"的诺言，结果回答她的是胡兰成的沉默。

张爱玲叹了口气，意识到胡兰成不肯选择，她开始设想失去胡兰成最糟糕的局面——她不会自杀，可能也不会再爱上别人，她就是"萎谢了"。

1945年8月15日，日本天皇宣布投降，胡兰成作为汉奸成了被通缉对象，于是正式开始他的逃亡之旅。胡兰成化名张嘉仪，相继逃往杭州、温州。在逃亡时，为了避免通过张爱玲找到他，他与张爱玲没有任何联系。然而，即使是这样，也不耽误他与身边的女人交往。

到了温州，他很快与一位斯姓大户人家的姨太太范秀美以夫妻名义同居。而一直没有胡兰成音信的张爱玲，不惜乔装打扮，千里迢迢去寻找他。一路上满怀柔情，满含期待，"爱一个人，就会爱一座城"的情感真不是传说，张爱玲就是这样。她走在陌生的温州，一想到胡兰成在这个城市，她所经过的街道，胡兰成有可能也曾经驻足过，就觉得亲切。

然而，胡兰成对张爱玲千里寻夫的态度是有惊无喜，刚见面就要赶她回去。在逃亡面前，诗情画意都是累赘，张爱玲自然不像范秀美那样能带给他更实在的爱情，他自然再无暇顾及张爱玲的感受。胡兰成安排张爱玲去了旅店住，他只是白天去看她。

张爱玲在温州与胡兰成、范秀美一起待了二十天，常常是三人同行，而他对任何人介绍张爱玲都说是自己的妹妹，介绍范秀美则说是妻子。

不知道是不是范秀美故意，离开温州的前一晚上，张爱玲与胡兰成、范秀美谈话至深夜，胡兰成丝毫没有让范秀美回避的意思，也就是他没有特别的话要对张爱玲说。张爱玲知道，这段爱情已经覆水难收，他们的情路走到了尽头。

第二天，张爱玲离开温州时，天空下着蒙蒙细雨，格外冷清，她独自撑伞站在船舷边，对着翻腾的江水久久流泪。

之后，两人似乎还是没有改变，张爱玲想方设法给他寄钱，捎去生活用品，可见张爱玲心里对胡兰成还没有完全绝望。压垮骆驼的最后一根稻草是范家在胡兰成面前嘲笑张爱玲特立独行的生活习惯，比如用面盆洗脚，这让一直标榜张爱玲高贵的胡兰成感觉自己颜面扫地。更因为胡兰成指责张爱玲不懂得待客之道，不是合格的女主人，彻底激怒了张爱玲——你与我相识的时候，就知道我不擅交际，讨厌应酬，当时的个性到现在全成了错。

当晚吵架后，张爱玲与胡兰成分房而睡（胡兰成取道上海再往温州，经上海时在张爱玲处住了一宿），第二天早上，胡兰成去找张爱玲，张爱玲伸出手抱住他，泪流满面，叫了一声"兰成"，胡兰成后来也说"这是人生掷地亦做金石声"，这就是他们人生决绝的声音。

张爱玲千里迢迢追寻胡兰成，想成就自己的圆满人生，可惜，就是那样的离乱岁月，也没有一场倾城之恋去成全她的颠沛流离。

谁也不过是谁的过客

明窗延静书，默坐消尘缘。即将无限意，寓此一炷烟。

当时戒定慧，妙供均人天。我岂不清友，于今心醒然。

炉烟袅孤碧，云缕霏数千。悠然凌空去，缥缈随风还。

世事有过现，薰性无变迁。应是水中月，波定还自圆。

一炉沉香屑，一尊铜香炉，邂逅了岁月，也斑斓了时光。

1947 年，当她对他说"我已经不喜欢你了"的时候，连同苦痛与辛酸，也一并袅袅在了青烟里。

张爱玲是爱胡兰成的，很爱很爱。

胡兰成爱张爱玲吗?

也许曾经爱过吧，但他的爱，终究太功利、太浅薄，也太短暂。

他们第一次相遇，是在 1944 年。

那一年，胡兰成 38 岁，张爱玲 23 岁;

那一年，张爱玲风华绝代，以犀利、沧桑、清艳的文字显赫文坛;

那一年，胡兰成抛弃了自己的老东家汪精卫，一路向前，投入了新老大日本人的怀抱;

那一年，上海成为了"孤岛";

那一年，张爱玲妙笔生花，写出了《红玫瑰与白玫瑰》;

那一年，胡兰成对旧东家还有些眷恋，对新老大还有些不信任，正处在两难之间。

对张爱玲来说，胡兰成本来只是生命中的一个过客，她约他，也不过是出于骨子里的自矜和礼貌，却没想到，一次普通的相见，却成了一生的梦魇。

与胡兰成相恋，仅仅三年，但这三年，在张爱玲的人生图册中，却异常浓丽，工笔重彩，跌宕转折，刻骨铭心。

她看透了沧桑，早慧而精明，但终归，也只是一个正当韶龄且不能免俗的女子。

每一个少女心中，都有一个美好而清丽的梦。

梦想着一份真挚的爱情，并且与意中人相携白首。

张爱玲也不例外。

在她清冷、疏离、高贵、自矜的背后，是一派少女的烂漫与天真。

于是，当胡兰成出现的时候，她恋了、爱了，痴情而孤勇。

她知道他是汉奸，声名狼藉，她也知道他的爱并不纯粹，但，当他带着爱情来敲门的时候，她还是开了门。

她遗世独立，淡然而清冷，不在乎外界的批评，不在乎他的名声，她爱得义无反顾，但她的一腔痴情，终究还是错付。

胡兰成或许是爱张爱玲的，但他的爱泛滥而廉价。

他爱过很多很多女人，唐玉凤、全慧文、周训德、佘爱珍……张爱玲只不过是其中之一。

胡兰成和张爱玲结婚，与其说是爱她，倒不如说是想借助她的名气和身世，飞上枝头，实现人生的大翻盘。

张爱玲不知道吗？看不透吗？

冰雪聪明如她，其实看得很清楚，心里也很明白，只是舍不得放下，不愿意放下罢了。

张爱玲的世界，从来都是孤独的，她很清冷，朋友不多，知己也不多，但正因为不轻易动情，不轻易交朋友，所以，一旦动情，才会深陷其中，难以自拔，哪怕明知道是错上加错。

　　　　　　　世间始终你好

"一个知己就好像一面镜子，反映出我们天性中最优美的部分。"

张爱玲是清高而孤寂的，内心幽寂的她更希望有一个知己，而久经情场的胡兰成就把自己拗成了一面镜子，映照出了她的绮艳和纯净的少女情怀。

对于这段爱，她不曾后悔过，她以为他真正懂她，所以，虽然知道他风流滥情，却依旧对他"慈悲"。

她一直以为，他是真的希望能够和她在无涯的岁月中，求一世安稳，但显然，她错了！

1945 年，第二次世界大战结束，日本战败投降，身为日伪高官，胡兰成不得不化装潜逃、东躲西藏。

这个时候，"大难临头各自飞"，和胡兰成划清界限才是最好的选择，而且，这样做，爱玲本应该是全无愧疚的，毕竟，胡兰成就是个彻头彻尾的渣男。但，恋爱中的女子，本就是蒙了心智的。

在她小小的世界中，没有家国天下，也没有孰是孰非，她只知道，他是她的丈夫，是她一生的爱人，她要帮他！

她给了他钱，帮助他逃走，在他落难的时候，冒着被当成同党的危险去看他，他却心安理得地拿着她的钱和别的女人交往，且不止一个，这一切，都让她心灰意冷。

1946 年 2 月，她辗转千里，风尘仆仆地跑到温州去看他，但等待她的却是一场"备胎上位"的戏码。胡兰成再次与别人同居，这一次是逃亡期间认识的范秀美。张爱玲和他因为新欢之事发生争吵，最后黯然回上海。

她回到上海后，胡兰成还写信给她，希望有朝一日能够"众美团圆"，尽享齐人之福。

这一刻，张爱玲的心，冰冷无比。

她的骄傲，她的自矜，她骨子里的坚守，都不容许她再对他"慈悲"，她也不想再纵容一个把滥情当成美德的男人。

那个时候，因为受他连累，她的日子也不好过，生活一度陷入窘境，饶是如此，她还在担心他的生活，还将自己两部剧本的稿费，一共30万元，给了他，当作分手费。

她对他，今世今生，可谓仁至义尽。

贰

与桑弧 / 离乱中最大的慰藉

黑暗岁月的一抹光亮

1946 年 8 月，上海的天，一如往昔，潮热中带着几许微微的凉，和着夕阳的余韵，张爱玲与桑弧邂逅相逢。

介绍他们相识的，是著名剧作家柯灵。

那一年，他 31 岁，她 26 岁。他是文华电影公司小有名气的导演，而她却是满腹才情空遗恨，背着"文化汉奸"骂名的一朵紫蔷薇。

1946 年，抗日战争刚刚胜利不久，举国上下，反日情绪高涨，作为汪伪政府高官胡兰成的妻子，张爱玲也受到了牵连。

爱情已成往事，"文化汉奸"的名号却依旧戴在她的头顶。直到这个时候，出身显贵、少年成名、清冷如仙的她才终于从神坛回到人间。

她是天才，但她也是人，她需要钱来维持自己的生活！

从来没有哪一刻，她对钱的认识比现在更清晰，但时局动荡，举国抗日热潮汹汹，即便是再欣赏她的才华，在如此特殊的时期，也没有哪个媒体愿意和她有所牵扯，她的个性又是那般孤高，不屑去求人，生计维艰，自然可想而知。

而他，就出现在她生活最困顿的时候，如黑暗中的一抹光，虽然微弱，却足以照亮她一直在找寻的归路。

他找她的目的很简单，就是请她写剧本。

一开始，她拒绝了，她虽然缺钱，但并不想糊弄任何人，那与她的性格不符。

她说："我没写过，不擅长。"

他笑着劝她，没关系，我们可以等，我相信你的才华。

最后，她答应了，或许是迫于生计，又或许，只为他唇边那浅淡而温醇的笑意。

一个月后，《不了情》问世。又过了两个月，电影杀青，上映，票房成绩喜人。

桑弧决定趁热打铁，推出第二部电影，于是，他再度找到张爱玲。

张爱玲欣然应允。不久后，中国电影史上颇为经典的悲喜剧《太太万岁》在她笔下诞生。

也就是那个时候，本来只是单纯地想要寻找合作伙伴的桑弧发现，自己已经爱上了这个清冷如仙、风华绝代的女子。

《太太万岁》上映后，一时间大热，张爱玲这个名字也重新回到公众视野。

个性清冷、不屑于去理会世俗看法的她，第一次向外界发文，澄清了自己与胡兰成的关系，一直笼罩在她头顶的汉奸阴霾也渐渐地淡去。

世间始终你好

1947年6月，张爱玲给胡兰成写了一封信："我已经不喜欢你了，你是早已经不喜欢我的了……你不要来寻我，即或写信来，我亦是不看的。"

随信，她附赠了一张30万元的支票，那是她这段时间的稿费。

得悉此事，桑弧开心不已。

桑弧自幼父母双亡，生活窘困，虽然方刚而立，但经历过的挫折坎坷实在是太多太多，他的内心，有着一种"浮世的悲凉"，他看上去欢乐、开朗、充实、事业有成，但内心却隐藏着一抹淡淡的辛酸，没有人知晓。但，她却懂他，她懂他的悲凉，懂他的辛酸，懂他内心的彷徨与焦虑。在他眼中，她才是真正的知己红颜。

相识两年后，他终于忍不住，请友人代他向她提亲，但她拒绝了！

桑弧明白，胡兰成带给她的感情创伤恐怕一辈子都难以弥合，而兄长的反对，也是他永远都迈不过去的一道坎。

于是，这一场相恋，注定有始无终。

一个凄清的午后，她独自离开了上海，依旧清冷孤艳，但这份清冷中，却多了一丝徘徊不去的萧瑟。

她离开了，带走了他心中那份不真实的幻想。

自那之后，曾经有机会与张爱玲偕老的他，再也没有和她联系。

在《小团圆》中，张爱玲提到了许多人，而最后出场的燕山，无疑就是桑弧的缩影。

她是爱过他的。

她爱他的中正，爱他的憨厚，爱他的坦率，爱他的深情。

她也是恨过他的。

恨他的谨小慎微，恨他的不敢反抗，恨他的世俗！

其实，自一开始，她就知道，他不会喜欢她的叛逆，亦不是她的良伴，但她还是爱了。

只因为，她也是凡人，也想要一份温馨安稳的生活。

何须把喜欢夸张成爱

"雨声潺潺，像住在溪边。宁愿天天下雨，以为你是因为下雨不来。"

1950 年 9 月 30 日，夜凉如水，当时钟敲响十二下，张爱玲倚着窗，为自己的"初恋"写下了"墓志铭"。

相爱容易，相守太难，无论什么时代，都是如此。

在张爱玲那段光景的情爱中，桑弧是唯一，但在桑弧的爱情里，张爱玲却不是唯一。

正确的时间正确的地点，哪怕遇到错误的人，也是对的；错误的时间错误的地点，哪怕遇到正确的人，也是错的。

张爱玲与桑弧，便是后者。

在张爱玲眼中，结婚只是两个人的事情，但事实上，结婚是两个家庭的事情。

张爱玲生性叛逆，崇尚自由与解放，在她看来，只要自己愿意嫁，就可以嫁了，多年后她与赖雅结合，便是如此。可桑弧不同。

桑弧个性方正，事亲至孝，在结婚这件事上，他必须要征得哥哥的同意，但他的哥哥偏偏不同意！

其实，这也无可厚非！

李家（桑弧原名李培林）哥哥没什么文化，只是上海本土一个名不见经传的小商人。他不懂什么风花雪月，也不崇尚浪漫优雅，在他看来，生逢乱世，能有一份安稳的工作，一个普通、安宁、和美的家庭，那就是最大的幸福。而这些，张爱玲恰恰给不了桑弧！

她是自由撰稿人，没有稳定的工作，收入不稳定，且不愿安于室做个贤惠主妇；她是没落贵族出身，与小市民出身的李家，门不当户不对。

这些，张爱玲何尝不明白，所以，她从来没和他提过结婚的事情。

她是清冷的仙女，却为了他，甘愿放下高傲，主动谪落凡尘，只可惜，他却没有董永的执着与痴情。

爱情只是一刹那的心动，相守却是一辈子的心结。从来都不化妆的张爱玲愿意为桑弧对镜贴花黄，但他，却还没有做好和她相守一生的准备，又或许，他从来没有准备过。

在《小团圆》中，张爱玲曾经描述过这样一个细节：

盛九莉停经两个月，误认为自己怀孕了，把消息告诉燕山，燕山的表现是"强笑"，并低声说："那也没有什么，就宣布……"

宣布什么？他没说。爱人怀孕了，他也没有初为人父的喜悦，甚至，在后来确定九莉没有怀孕之后，燕山的脸上浮现的竟是"幸免的喜悦"。

或许，正如盛九莉在《小团圆》中说的那样，"没有人会像我这样喜欢你的"，她对他倾注了全部的爱，而他却没她爱得那么深沉。

她可以茕茕孑立，但他不能。他有自己的家，自己的亲人，自己的事业，他不可能为了她而放弃自己的一切，尤其是亲情与事业！

桑弧出身并不显贵，从一个银行职员，转型成为编剧，再成为上海滩小有名气的导演，他付出了太多的努力，经历过太多的心酸，他不想轻易放弃。而且，他敬重自己的哥哥，哥哥希望他能够"安安稳稳"，他便要"安安稳稳"的，不仅自己安稳，还要家人安稳。而张爱玲孤傲自我，不愿意做个传统意义上的贤惠妻子，所以……

张爱玲曾以盛九莉的口吻，这样讲述：

"这天他又来了，有点心神不定的绕着圈子踱来踱去。

九莉笑道：'预备什么时候结婚？'

燕山笑了起来道：'已经结了婚了。'

立刻像是有条河隔在他们中间汤汤流着。"

1951年，桑弧与戴琪结婚。

1952年，张爱玲只身离开上海，去香港继续自己的学业。

是桑弧错了，还是张爱玲错了？

他们都没有错，错的只是相遇的时间。

没有背叛，更谈不上辜负，谁也没有愧对谁，天各一方，或许才是最好的结局。

她终究是他的红玫瑰

桑弧对张爱玲，是真正用心对待过的。

她有些马大哈，他便默默地为她查遗补缺。

1948 年，乘着《太太万岁》和《不了情》的东风，张爱玲的事业稍稍有了一些起色，桑弧觉得，要消除胡兰成给她带来的不良影响，必须要趁热打铁，于是，他找到文华电影公司老总吴性裁，表示要改编张爱玲的成名作《金锁记》。

吴性裁同意了。

虽然，最终因为主演张瑞芳的肺病，《金锁记》的翻拍被永远搁置，但桑弧对张爱玲的那份情，却不能因为失败而抹杀。

虽然从 1946 年到 1952 年，张爱玲都比较沉寂，但多多少少还是写过一些作品的，比如剧作：《太太万岁》《不了情》，比如小说：《多少恨》《小艾》。每次张爱玲的作品一出，桑弧的书评、影评肯定紧随其后。

那份"忠贞"，便仿佛公主身边永远的骑士，不善于表达感情，却始终坚持做好自己能为她做的一切。

1950 年，张爱玲在《亦报》上发表了长篇小说《十八春》。

当时，国内的抗日情绪虽然有所消退，但文化界对她的批判却仍如火如荼，《亦报》连载她的小说本就是看"故人情面"，自然不可能让她署真名。于是，他便帮她取了一个笔名——梁京。

西风残照，汉家陵阙，梁京已成往事。

他是在借此向她传达一份情，她懂，但没有做出回应。

《十八春》发表后，他用"叔红"的笔名，发表了一篇评论文章，盛赞"梁京"的文笔，并利用能够利用的一切资源，极力捧红她。

事实上，在当年的上海，"梁京"的确小火了一把，虽然称不上红得发紫，但也确实给她带来了不小的名气和不错的收入。

对他的情谊，她照单全收，想要和他说声"谢谢"，却始终犹豫不定。

她是女人，女人天生是柔和的，但也是倔强的。

男人可以轻易地说"做不成夫妻，可以做朋友"。女人却很少能做到。

那个时候，她便有了离开的打算，只是没有和他说。

1951年，在她离开上海前夕，他带她参加了一个朋友的晚宴。

这个朋友是社会名流，在文艺界很有影响，又是文化局的高官，桑弧与他也是在偶然的机会中相识，并成为挚友的。

他带她来，是想把自己的朋友介绍给她，让她多接触一些人，也让别人多了解她，从而帮她洗去污名，找到更多的出路。但结果，却不尽如人意。

1951年夏末秋初，桑弧和戴琪完婚。

因为怕她看到婚讯受刺激，他特意嘱咐报社的同仁，让他们不要报道自己的婚事。

哪怕，这种报道能够为他博得声名，能够为他的事业增色不少。

这样看来，他终究还是在意她的。

1952年，她走了，他们的故事也结束了。此后经年，他们之间再没有任何联系。

这之后，桑弧凭着《祝福》《梁祝》《天仙配》成了国内著名的导演，与妻子戴琪相濡以沫。

她呢？曾经风华绝代的她在异国他乡漂泊半生，1995年，病逝于加州的寓所，留下的，只有无尽的遗憾。

世间始终你好

与赖雅 / 不曾辜负初心与岁月

孤岛相逢余生来相识

1955 年，在离开上海、客居香港三年之后，张爱玲离港赴美。

三年，一千零九十五个日夜，曾经"花来衫里，影落池中"的张爱玲，已经蜕变成了一个为了生活奔波劳碌的小女人。

她没有绿卡，护照和签证的有效期不足两年；

她是香港大学的学生，但因为战乱，她没有拿到毕业证，就连学生档案，也在日本占领香港的时候被烧毁。

她的母亲在新加坡，姑姑在上海，美国这个传说中的自由之都，对她来说，却是生命的孤岛。

没有绿卡，她随时都有被遣返的可能；没有学历，她找不到任何一份正式的工作；没有工作，赚不到钱，举目无亲的她在美国根本就活不下去。

怎么办？

张爱玲的解决办法是——找个美国男人结婚。

她是这么想的，也是这么做的。1956年，在赴美一年后，张爱玲和美国德裔白人作家甫德南·赖雅结婚。

那一年，她36岁，他65岁。他们的婚礼很低调，没有宴请亲人和朋友。

姑姑张茂渊和母亲黄逸梵虽然并不看好这段婚姻，但也没有说什么，因为张爱玲已经怀了赖雅的孩子，别人还能说什么呢？

在著名影评家夏志清看来，张爱玲和赖雅的婚姻太过草率，对她本人不公平，张与赖的婚姻中，只有恩，没有情，更没有爱。

然而，子非鱼，安知鱼之乐，婚姻这种事，如人饮水，冷暖自知。

张爱玲与赖雅结婚十一年，公开谈论他的时候很少，赖雅死后，张爱玲也没有发表过任何关于他的文章。

但有的时候，最深沉的情感恰恰是无言的。

1956年3月13日黄昏，她和他在麦克道威尔文化营邂逅相逢。

相见的第一眼，她就觉得，他是自己宿命中的那个人。

他们谈了很久。

谈文艺，谈人生，谈她的作品，谈美国的主流社会，谈他的理想，谈过去，谈现在，谈将来，谈婚姻，谈阅历，越是相处，越是相交，便越有一种"同是天涯沦落人，相逢何必曾相识"的感觉。

1956年7月，她写信给他说怀了他的孩子。他向她求了婚，但要求她堕胎，不要孩子。

8月18日，他们结婚。

　　　　　　　　　世间始终你好

这段婚姻，一直都不被外界看好。有一位上海滩的知名文化人，还特意发文，说张爱玲嫁给赖雅，就是想利用赖雅在美国站稳脚跟，当赖雅失去利用价值之后，张爱玲就会一脚把他踹开。

这样的揣测，虽然不乏恶意，但也确实有真实的成分。

张爱玲在与友人的书信中，也实话实说过，自己一开始的确是存着一点点的功利心，想要利用赖雅拿到绿卡并熟悉美国，在完全陌生的白人国度找一个依靠。

但随着和赖雅的相处日深，张爱玲却真的爱上了赖雅。

张爱玲出身封建贵族家庭，虽然身世显赫，但从小到大，从来都没有得到过父亲的爱，和母亲的关系也比较冷淡。

越是得不到的东西越渴望，这是人的天性，张爱玲也不例外。因此，她总是下意识地对比自己年龄大的男人情有独钟。

胡兰成如此，桑弧如此，赖雅也是如此。

只不过，胡兰成的多情，让她的心支离，桑弧的沉默，让她的爱破碎，反而是最不被看好，已经江郎才尽、日薄西山的赖雅给了张爱玲真正的幸福。

赖雅年轻的时候，的确风度翩然，卓有成就，和好莱坞许多影星都有过合作，但1956年，65岁的他早已失去了创作的动力与能力。

爱玲与他，从来都是他依靠爱玲要多一些。

17岁那年，韶华灿烂的张爱玲满眼沧桑地说："生命是一袭华美的袍，爬满了蚤子。"

在很多人眼中，赖雅就是她衣袍上的"蚤子"，不但不会给她增彩，反而只能让她浑身不舒服。但张爱玲却把这件"爬了蚤子"的"衣袍"整整珍藏了十一年，爱不释手。

他们性格不同、年龄差距悬殊，受教育程度、政治背景、文化背景也迥异，就像两条毫不相干的平行线，但婚后，他们没像人们想象中的那般火星撞地球，反而，相交成了一条直线。

这委实有些不可思议，但细细想来又理所当然。

张爱玲与赖雅结婚，有现实的考虑，也有心伤后的自暴自弃，但无论如何，对她而言，和赖雅在一起，日子虽然很苦，却是充满温馨与快乐的。她是真的感到幸福，若不然她也不会为了给他治病而拼命写作，写得自己眼睛溃疡出血了都在坚持。

宋淇为她不值，她只是淡淡地笑，并不辩解，因为她知道，自己觉得值得就好。

1956 年到 1967 年，十一年的时间，张爱玲的生活虽然依旧飘零，但她的心却是安乐的。

赖雅晚年多病，数次中风，临终前两年，更是瘫痪在床。张爱玲从来都没嫌弃过他，给予了他最悉心的照顾，陪他走完了人生的最后一段旅程。此后三十多年，张爱玲选择了离群索居，直到 1995 年在加州逝世，她都坚持要求别人称呼自己——Mrs. Reyher。

平凡世界的安定喜乐

"人生是在追求一种满足。"张爱玲曾经这样说。

世间始终你好

1956年，赖雅在美国文艺界已经是过去式，他写的剧本不再有人问津，经济非常拮据，他没有固定的住所，没有固定的工作，体弱多病，他能给张爱玲的，除了一张绿卡，便再也没有其他。饶是如此，张爱玲还是嫁给了他。

和赖雅结婚后，她的日子过得清苦，曾经的千金小姐，不得不为了生计劳碌奔波，但她却是满足的。

怀上他的孩子固然是一个原因，但最重要的还是，张爱玲在赖雅的身上，寻找到了一份久违的安定喜乐。

张爱玲喜欢喝咖啡，但她自己不会煮，也不愿意煮，赖雅不同，他很愿意宠着年轻的妻子，花费一个上午为妻子煮一杯咖啡，在他看来，是一件比写作更快乐的事情。

而这种被宠溺的感觉，张爱玲渴望了好多年，祈盼了好多年，却从来没有谁真正地给过她，除了赖雅。

从1956年结婚后，张爱玲和赖雅就辗转于美国的各个文艺营。

赖雅喜欢美国乡村平和宁静的生活，张爱玲却喜欢大都市的繁华，纽约、旧金山、华盛顿，是她心中的艺术天堂。

在张爱玲看来，在大都市里，她的作品被认同和接受的机会要更多一些。深知美国文艺圈是是非非的赖雅不以为然，可看着妻子踌躇满志的样子，他却愿意装作一无所知，愿意放弃乡间的安宁，陪着她到大都市去碰壁。

大都市里，生活成本很高，赖雅和张爱玲又都没有固定收入，一间月租61美元的公寓便足以将他们的生活拖垮。

为了生存，为了让妻子过得好一些，赖雅不得不重新执笔，写一些在他看来很"烂"的剧本，只因为，那能换来钱。

1958年9月30日，张爱玲迎来了自己38岁的生日。

在旧金山的寓所中，张爱玲和赖雅一起，用仅剩的一些食材，做了一桌"丰盛"的生日宴席。

没有红酒和蜡烛，也没有玫瑰和钻戒，张爱玲却很知足。

那一天，"宴席"开始前，他偷偷摸摸地出去了，他以为自己隐瞒得很好，可她知道，是警察局的人上门调查了。

为了支付在旧金山的房租，并维持日常的花销，赖雅向电影公司预支了三千美元，最后，他却没有给出让对方满意的剧本。于是，对方成了他的债主。

警察就是为此而来！

看着赖雅对警察局的调查员赔着笑脸、一副卑躬屈膝的样子，张爱玲突然觉得很心痛。等到赖雅回屋，看着丈夫一副小心翼翼、生怕破坏了自己兴致的样子，爱玲就禁不住想哭。

那天，他没说话，她也没说话，吃完饭，他们一起去看了一场电影。

很正宗的美国轻喜剧，看着看着，张爱玲笑了，一边笑一边流泪。

电影散场后，他们手挽着手，一起在深秋的旧金山街头散步。

回家后，她告诉他，这是我一生中过得最快乐的一个生日。

1961年，因为作品一直得不到美国主流社会的认同，张爱玲决定回香港寻找发展机会。

赖雅心中不舍，也不愿，但他再一次选择了尊重妻子的意愿。

　　　　　　　　　　　世间始终你好

张爱玲到了香港，在宋淇的帮助下，开始给电懋公司写剧本。

剧本的写作过程并不顺利，虽然有三个剧本通过了，但更多时候，张爱玲遭遇的都是退稿。

对一个才华横溢、清高自傲的女作家来说，被退稿，简直就是一种侮辱。

但为了生活，她不得不继续下去。

精心编写的作品被随手扔进了垃圾桶，字斟句酌写成的小说多次遇冷，张爱玲的生活再度陷入困境。

这个时候，赖雅中风的消息又从美国传来，张爱玲变得彷徨无助。她归心似箭，却买不起机票。为了买机票，也为了给赖雅筹集一些治病的钱，从来都不勤快的她加班加点地创作，从早上十点一直工作到凌晨一点，眼睛溃疡出血了，依旧不放弃。

回到美国后，张爱玲放弃了心中最后一丝幻想，安安心心地和赖雅过起了清贫却快乐的生活。

赖雅的身体不好，新婚两个月时，就曾因为中风差点死掉，此后几年又多次中风，1964年从国会图书馆回家的路上摔伤股骨，瘫痪在床，他的日常起居更全赖张爱玲照顾。

张爱玲的日子很苦，生活的压力、经济的窘迫都向她袭来，但她却甘之如饴。

在张爱玲看来，和赖雅在一起，便是幸福。

不是因为爱情，而是因为他给了她期盼了一辈子的温暖。

张爱玲出身封建大家族，童年却并不快乐，她的父亲是个典型的败家"富二代"，不仅不务正业，而且吸毒养小三。父母离婚后，父亲再娶，继母对张爱玲并不好。有一次，继母诬陷张爱玲打她，父亲不问青红皂白就把张爱玲毒打一顿，并关进小黑屋，她得了严重的痢疾，病得要死，父亲都不替她请医生，也不给她药吃，更不肯放她出来。

如此残酷的经历，给张爱玲留下了沉重的心理阴影，这片阴影，在胡兰成负情之后被扩大到了极限。

很多时候，张爱玲都想一死了之，但她又没有死的勇气。被伤得千疮百孔之后，她只希望能有一个人给她一丝温暖，给她暗沉的人生带来一丝亮色。

而赖雅，就是这个人。

赖雅不够浪漫、不够多才，却足够体贴、足够温醇。

和赖雅在一起，张爱玲有一种被宠爱、被呵护的感觉，这才是张爱玲穷极一生所追寻的温暖。

因为懂得，所以慈悲

1967 年，赖雅逝世，恣情而热烈、孤高而冷艳的张爱玲，从此离群索居。

因为，懂她的人，都不在了。

生长在勾心斗角、尔虞我诈的大家庭，张爱玲就像看惯了世态炎凉的评论家，眼中总是写满了沧桑。

她不信任任何人，包括她的父母。

胡兰成最先闯进了她的生活，她对他原也是不信任的、排斥的、抵触的。但最后，她还是愿意和他相恋。

她的理由只有一个，便是张爱玲自以为的"他懂她"。

有一次，胡兰成给张爱玲写信，说："因为相知，所以懂得。"张爱玲的回信就是："因为懂得，所以慈悲。"

胡兰成的多情是天生的，他身边的女人很多，他也爱身边的每一个女人，就像大观园中的贾宝玉。

张爱玲呢，她不是薛宝钗，她是林黛玉，敏感、脆弱、清高、多才。

宝玉和黛玉的爱情，本就是一场悲剧。

张爱玲与胡兰成的邂逅，也是她一生中的一场劫数。

这场劫，避不开，她也不愿意避开。

"于千万人之中遇见你所遇见的人，于千万年之中，时间的无涯的荒野里，没有早一步，也没有晚一步，刚巧赶上了，那也没有别的话可说，惟有轻轻的问一声：'噢，你也在这里吗？'"

"我在这里！"张爱玲曾经热烈而满怀期盼地对他喊，只是，他没听见，或许，是听见了，也不愿意做出回应。

胡兰成是"江南才子"，她倾慕他的才华，他恋上她的惊艳，琴瑟相合，自然而然就走到了一起。

赖雅也是如此才走进了张爱玲的心里。

少年成名的张爱玲，身无长技，一生之中，最骄傲的事情便是自己的才华。

要懂得她的人，首先要懂得她的文。

1956 年，赖雅和张爱玲第一次在麦克道威尔相遇后不久，张爱玲便将自己新写的英文小说《秧歌》拿给他看。

赖雅读懂了《秧歌》欢乐背后隐藏的一丝哀凉，也给这篇不中不洋的小说加入了许多美国元素。在赖雅的帮助下，张爱玲对美国的本土风俗和文化背景有了一定的了解。《秧歌》出版后，她也算真正在异国他乡有了立足之地。最起码，她自己是这样认为的。

因为懂得，张爱玲给了赖雅足够的"慈悲"。

赖雅没有正式职业，没有固定住所，生活拮据，并且年事已高，体弱多病。除了一张美国绿卡，他什么都给不了张爱玲，但张爱玲还是义无反顾地与他在一起。

许多人为张爱玲惋惜，替她不值，但设身处地地站在张爱玲的角度想一想，也许，赖雅才是她最好的选择。

赖雅懂她，不仅懂她的文字，也懂她的心，懂得她心中隐藏极深的脆弱，懂得她如豌豆公主般的凄清自怜。

他们走到一起，甚至应该说张爱玲允许他走进自己的心里，又何尝不是张爱玲对自己的慈悲。

和赖雅在一起，生活很苦，居无定所，颠沛流离，十一年来，她一直都在为他的病奔波劳碌，但她无悔。

从来没有一个人像赖雅一样宠溺她、呵护她、纵容她，也从来没有一个人像赖雅一样依赖她、喜爱她、心无旁骛。

赖雅给了她整个世界，也把她当成了自己的整个世界。

单单这份情谊、这份懂得，对张爱玲来说，就足够了。

世间始终你好

她爱赖雅或许并不像爱胡兰成那般炽烈，更多的时候，她把他当作亲人远胜于爱人。她与他相依为命，而恰恰正是这种相依，悄无声息中，沉淀成了世间最无瑕的情感。

　　赖雅给张爱玲的，不是物质上的享受，他也给不了，他给她的是一种精神上的慰藉，灵魂上的温暖。

　　在张爱玲的一生中，胡兰成是锦上添花的那个人，赖雅是雪中送炭的那个人，所以，虽然都是懂得，但最后，张爱玲选择的是赖雅。

　　因为相知，所以懂得；因为懂得，所以慈悲。

中　卷

家事：所念人，所感事

（壹）

家族 / 晚清贵族的绚烂与寂寞

祖父张佩纶·天下翰林幼樵第一

在民国时期的作家中，张爱玲绝对是风光无二的：论才情，可谓睥睨一方；论家世，更是官宦之后，无人能及。她可谓集才华与背景于一身。那么张爱玲到底有多深的背景呢？

张爱玲的曾祖父名为张印塘（1797—1854），字雨樵，咸丰年间官居安徽按察使，正三品要员，相当于现代的省检察院检察长。在就任期间，张印塘结识了后来的"中兴名臣"之一的李鸿章。虽然那时候的李鸿章还不是"中兴名臣"，但他因在安徽老家筹办"淮军"得力，遂得到老师曾国藩的赏识。而后，张、李二人在剿匪的过程中建立了深厚的"革命"情谊。到张爱玲的祖父张佩纶（1848—1903）出生时，张、李两家已经发展为世交。

说到张佩纶，他可谓是将张家声望和势力发展到顶峰的一个人。张佩纶自幼好学，且颇有才思，可惜父亲去世太早。张印塘去世时，张佩纶才刚满 7 岁。但虎父无犬子，虽然张印塘很早去世，但这丝毫不影响张佩纶成为栋梁之材，这从他少年时的志向便可以看出一二，年少时便一心要经世治国。

张佩纶是个天才，据说他挥笔就能写出好几千字的文章，年纪轻轻便进士及第。24 岁的张佩纶进入官场后，一路顺风顺水，四年后便被擢升为侍讲学士及都察院侍讲署左副都史，被派在总理各国事务衙门任职。张佩纶学识渊博，与名臣张之洞齐名。此外，张佩纶聪明却不浮躁，工作之余潜心学术，研究《管子》颇有成就。另外，由于工作的关系和个人性格的原因，他特别擅长奏议的撰写，著作有《涧于集》《涧于日记》。仿照《四库全书》之例，编撰的藏书目录有《管斋书目》《丰润张氏书目》，著录书籍六百余种，其中有宋抄本、影宋影元抄本不少。除此以外，张佩纶也是个资深吃货和幻想家，他曾经在业余时间里与自己的最后一任妻子李菊耦（一作鞠藕）合写了一本食谱和一部武侠小说。更令人瞠目的是，张佩纶虽然其貌不扬，但是风神潇洒。据说他爱穿竹布长衫，而且他的穿着总能引领一股新时尚。

关于张佩纶的才学，民国要人袁世凯曾经评价说："天下翰林真能通的，我眼里只有三个半，张幼樵、徐菊人、杨莲府，算三个全人，张季直算半个。"而张幼樵便是张佩纶。

张佩纶虽然出身官宦世家，却没有官宦子弟的圆滑，反而为人耿直，常常上书议论国事，抨击同僚。以至于同僚们都对他的奏章产生了反感，他也因此成了官场中不受欢迎的人。

张佩纶在为母守丧期间，曾经在天津参观海防工事。这一参观就发现了不少的问题，等他守丧期满复职后，他便开始了不间断地上书批评，弹劾大臣，还将户部尚书罢免了。几年后，他又任职左副都御史，上任伊始，立即弹劾官员，不少官员因此被罢免，他也因此成名。纵观张佩纶的为官生涯，可谓是一部弹劾史。他上书给皇帝的奏章中，至少有三分之一是与弹劾和直谏有关的。谁碰到他，都得小心自己的乌纱帽。

中法战争爆发之前，张佩纶主战，然而清廷高层是倾向和谈的，这下，张佩纶为了说服皇上，接二连三地上书直谏。光绪被触怒了，一生气把他打发到陕西办事去了。不过张佩纶是个牛脾气，回京后，他继续参与外交事务，为了清廷利益，与外国使臣针锋相对。

有一次，英国公使巴夏礼与张佩纶在谈判桌上交锋。巴夏礼并不了解这位中国官员，他还以为眼前这位跟从前与他接触过的那些崇洋媚外的官老爷一样呢。于是便保持自己的一贯作风，又是拍桌又是咆哮地吓唬张佩纶。然而，他对面这位更是牛脾气，拍桌子、咆哮的声音比洋人还高八度。

不过他的直言敢谏却深得军机首辅恭亲王奕䜣和另一位军机大臣李鸿藻的赏识与提拔，仕途通达，还进入了同光之际"清流"之列。关于"清流"，当时有一种传说，清流谐音为"青牛"。既是青牛，自然有牛头、牛角、牛肚及牛尾之别。与各个部位相对的，便是清流党人的官阶。牛头自然是李鸿藻，这位名字听上去很像李鸿章的人，是清流党人的精神领袖，当然他并不是李鸿章的什么亲戚。而张佩纶和张之洞则是青牛的双角，二人擅长斗争，且犀利有力。而牛尾则是陈宝琛。当时有人指出，李鸿藻只是江湖中的传说而已，真正出面办事的其实是张佩纶。因为他的笔杆子和嘴皮子实在太厉害。连他自己都写诗承认自己的谏诤生涯,其诗曰:"往还五千里,咒骂十三家。"这气魄、这境界也是独步古今了。他的弹劾事迹都进入大名鼎鼎的《清史稿》的记载了,堪称古今非御史类官员的楷模。

说到张佩纶的弹劾事迹,还有这样一个故事:陈寅恪的祖父陈宝箴也是名噪一时的人物。他主政河北时,曾参与会审王树汶一案。然而,在临刑前,发生了刀下留人一幕,再审一次后,王树汶竟然得到平反。这下,这些主审官员都要遭殃了。不过那时候,陈宝箴早已升迁到别的地方就职。若在早先,这也就罢了,但他运气不好,碰到了张佩纶。张佩纶立即参上一本,要追究陈宝箴的罪责。朝廷查证后,立即降旨处分陈宝箴,这下陈宝箴不干了,他立即反戈一击。朝廷也没招了,只好再派一人来调停,派下来的这位叫阎敬铭。面对两位名臣,阎敬铭也束手无策了,只好将陈宝箴降职。陈宝箴自然不服,直接辞职不干了。

而与其同为"清流"之列的士大夫还有张之洞、陈宝琛、黄体芳、宝廷、潘祖荫等人。几人中,最有风神气度的便是张佩纶。美国驻华大使杨约翰曾对人说:"在华所见大臣,忠清无气习者唯佩纶一人。"

虽然清名在外,但张佩纶也因此遭劫。光绪十年,法国军舰入侵越南,而越南正是清廷庇护下的小国。不仅如此,法国甚至还觊觎清廷的台湾领土,这样"清流"党人愤恨不已,他们强烈要求光绪皇帝,一定要给法国人一点颜色瞧瞧。这下可好,那些怨恨"清流"党的人正好将计就计,上书光绪帝,要求将主要的几位"清流"士大夫派驻情势危急的海防前线。张之洞、陈宝琛被派往广东,张佩纶则被派往福建马尾主持战事。

张佩纶义愤填膺地赶赴前线。可他终究是一介书生，并不擅长带兵打仗，因此海战打响时，他全无定数，只能不断地向京师发电报，请求御敌之策。结果一败涂地，连辛苦经营的福建水师也全军覆没。在大雨中，张佩纶靠顶着一只破铜盆逃出战场，算捡了一条老命。败军之将，唯一的出路自然就是贬官发配了。屋漏偏逢连夜雨，在贬官发配期间，张佩纶的妻子又过世了。

曾外祖父李鸿章·品酒论诗青眼相加

李鸿章的一生，伴随着清王朝走过风风雨雨的四十年。他的一生都与政治为伴，一手创建了淮军和北洋水师，又主导了轰轰烈烈的洋务运动。他曾经代表清政府与各国政府签订多项条约，如《越南条约》《马关条约》《中法简明条约》等，被日本首相伊藤博文视为"大清帝国中唯一有能耐和世界列强一争长短之人"，并与俾斯麦、格兰特并称为"19世纪世界三大伟人"。可以说，他是满蒙贵族占主流的清政府中汉族"草根"逆袭的代表。

李鸿章本不姓李，他的先祖姓许，老家本来也不在安徽，许家在明朝的时候才从江西迁到合肥。又过了一百多年后，李鸿章的八世祖将自己的儿子许祯过继给一位李姓好友，从此，许祯变成了李祯。此后，李家开始开枝散叶，人丁兴旺起来。

不过那时候的李家远没有李鸿章时期声势浩大，虽以耕读为生，但从没有人中过举。

直到李鸿章的父亲成人后，李家终于迎来了翻身的机会。李鸿章的父亲李文安苦读多年，终于在35岁那年中了举人，40岁时，又中了进士，这也是李氏家族中唯一的一个进士。

更要紧的是，他又结交了一位"同年"——日后如日中天的曾国藩。要说这李文安虽然内向，却跟曾国藩关系极好，还安排了两个儿子李瀚章和李鸿章拜曾国藩为师。这可以说是李文安对李氏家族做出的最大贡献了。

李鸿章天资聪颖，从小就表现出异于常人的机敏反应。据说，他父亲曾随口出了一联考李鸿章，上联是"风吹马尾千条线"，这上联刚念完，李鸿章就将下联脱口而出——"日照龙鳞万点金"。

天资聪明加上刻苦勤奋，又有名师点拨，李鸿章唯一要等待的就是长大，因为长大便可以参加科举。24岁那年，李鸿章中了进士，第一个职位就是翰林院的庶吉士。此后，李鸿章步步为营，很快便青云直上，又创建了"李家军"——淮军，从而扎稳了自己的根基。在创办淮军期间，他结识了张印塘，又在张印塘去世之后，提拔了其子张佩纶。出于对同类，也就是对青年才俊的欣赏，李鸿章对张佩纶一直青眼相加。

张佩纶失势后，李鸿章还常常约他品酒论诗。听说他刚没了妻子，甚至还暗示他来提亲，好将自己的掌上明珠嫁给他。

李鸿章的千金名叫李菊耦，正当韶华，且知书达理。李府的人听说大人要将小姐下嫁给张佩纶，都暗自为小姐抱不平。不知张佩纶有什么好的，年届四十，脾气怪异，长相又普通，最要命的还是一个结过两次婚的发配之臣，可谓落魄至极，实在配不上自家的千金小姐。但最后，李菊耦居然应允了，按她的话说，她是相信爹爹的眼光。而这两人的结合也将张家声势推向了顶峰。

二人的姻缘，是从一段美妙的相遇开始的。据说这段奇缘在曾朴的《孽海花》里也有妙笔如花的渲染。

一日阳光和煦，微风轻拂，张佩纶像往常一样登门拜访，与李鸿章谈论政事。巧的是，他刚踏进房门，却是一愣。眼前竟伫立着一位二八佳人。晃过神的张佩纶旋即退身回避。可这一切却被李鸿章撞见，他急忙喊道："贤弟进来，这是小女！"随后，李鸿章又要求女儿来拜见这位"张师兄"。

偶遇才子，佳人自是双颊绯红，行了礼便退了出去。李菊耦走后，张佩纶便看到桌子上留下一本书，打开一看，居然是佳人写的诗，其中两首还专门提到了中法战争。

张佩纶读罢，心情久久不能平复，想到自己为国操劳半生，竟得到闺房女子的垂青，不免感到一丝安慰，连眼圈都红了。

李鸿章看出了苗头，便暗示他自己的女儿也到了该出嫁的年龄了。张佩纶听懂了李鸿章更深层的意思。回家后不久，便托人来提亲。而那位小姐早在闺中就已经暗慕张佩纶的才情，自然应允。于是，张、李两家渊源更深了。

关于此事，幼年张爱玲曾向父亲打探，但得到的答案却是否定的。张爱玲的父亲则说："你祖父根本不可能在签押房撞见你的奶奶。那首诗也是捏造的。"

婚后，张佩纶便住进李府中，与妻子李菊耦度过了一段悠然惬意的生活。但随着李鸿章在甲午海战后的失势，张佩纶也失去了靠山，并且再未被重用，以至于晚年潦倒，沦落南京，最后抑郁而终。临死前曾留遗言给次子即张爱玲的二伯父张志潜说，要埋骨于此，没脸回老家入祖宗坟地。

随着祖父的仙逝，张家声势逐渐落寞。然而家族的资财却依然丰厚，在曾国藩、李鸿章、左宗棠、张之洞等同光的"中兴名臣"中，以李鸿章最为富有。当时流传着一句俗语"宰相合肥天下瘦"，李鸿章为安徽合肥人氏，此谚一语双关，暗示李之富（"肥"）足敌天下。李鸿章财产究竟有多少，外人和后人都很难获知确切数字，但绝对可以称之为"富可敌国"。而张家的资产则主要来源于奶奶从娘家带来的天价陪嫁，包括大量田产、房产与古董。这份陪嫁的具体数目无法知悉，但至少在三十年后，分到张爱玲父亲名下的财产仍包括八座花园洋房和安徽、天津、河北各地的大宗田产，而张爱玲父亲获得的遗产又仅是李菊耦陪嫁中相当少的一部分。显然，因此婚姻，张氏顿为富足。

到张爱玲父亲一辈时，张家虽然富裕，有洋房花园，有汽车佣人，但声势终究不如往日，在日渐颓微中，张爱玲的父亲，只能抱着祖先的遗产，过着闲散颓靡的生活。

祖母李菊耦·命运如此防不胜防

李菊耦是个才女，深得其父李鸿章的喜爱，一直将她带在身边。因为太受父母宠爱，因此，她直到23岁时才出阁，足见李鸿章对她的宠爱。

在当时的年代，23岁的年纪才出嫁，绝对称得上晚婚了。

当时很多人都说张佩纶与李菊耦不般配。张佩纶那时候刚失去二婚妻子，年届四十，且好不容易才结束流放的生涯，政治上几乎没有翻盘的机会了。长相更不出众，从照片上看，中年的张佩纶体型肥胖，脑袋大，脖子粗，肿眼泡，还留着唇髭。而彼时的李菊耦则是一副精明强干的样子，仪态万方，风姿绰约，一看就是大家闺秀。据说，李菊耦的颜值比张爱玲高出不少。

虽说当时人们议论纷纷，都为李大小姐感到不值，甚至有人作对联嘲讽张佩纶："老女嫁幼樵无分老幼，东床变西席不是东西""蒉斋学书未学战，战败逍遥走洞房"。然而，李鸿章和李菊耦及新姑爷张佩纶三人依然不顾外面的流言蜚语，坚持成就这段姻缘。

而李鸿章也确实没看走眼。张、李二人在婚后的一段时间内，确实过着诗酒唱和、夫唱妇随的幸福生活，这样的生活，激发了张佩纶的才情和记日记的欲望。比如"以家酿与鞠藕小酌，月影清圆，花香摇曳，酒亦微醺矣""鞠藕小有不适，煮药、煎茶、赌棋、读画，聊以遣兴""鞠藕生日，夜煮茗谈史，甚乐"这样的记载。字里行间都能感受到两人诗意的生活和浓厚的感情。

见二人大有李清照和赵明诚夫妇琴瑟和鸣之风范，便有当朝好事者，还将二人结缘的故事铺陈为一段才子佳人的传奇故事。

其实，李菊耦不仅有诗书画艺的才情，更遗传了父亲李鸿章的政治天赋，她年纪轻轻，便谙熟政治舞台上的各种规则。八国联军与清廷议和的时候，李鸿章奉命北上。当时，李菊耦就看出了张之洞等人只是在

　　　　　世间始终你好

利用李鸿章，她在给李鸿章的家信中说道："明知事甚棘手，即竭其才智，岂能办到好处？无非巧为播弄，以见其心思精密，高出全权（暗指全权大臣李鸿章等人）之上，落得置身事外，以大言结主，知收清议而已。"足见其对于政治的了悟。

然而，好景不长，张佩纶没能与李菊耦走到最后。李菊耦 37 岁那年，张佩纶就撒手归西了，留下李菊耦和两个孩子。

此后，李菊耦只能一个人守着儿女苦熬，精打细算地过日子，以期多留些家底给自己的儿子和女儿。甚至有仆人给张爱玲讲述老太太会过日子的事迹："老太太那辰光总是想方法省草纸……"

李菊耦的陪嫁绝不是一个小数目，她定然不需以此种方式保卫自己的财产，但这种有意或无意的做法，恰恰流露出她内心的不安。一个名门之后，大家千金，竟落得如此境地，怎能不令人唏嘘。然而比苦挨日子，更让她不甘的是娘家亲戚的显贵。随着李家兄弟们的功成名就，让李菊耦有种渐渐被边缘化的悲戚之感。

年事渐高，然而家运淡薄，旧时的盛景只存在记忆之中，她不由得发出一声感叹："四十明朝过，犹为世网萦。蹉跎暮容色，煊赫旧家声。"

李菊耦唯一排解压力的方式就是培养儿女，让他们出人头地。她一心望子成龙，然而时代早已变迁，再也不是那个可以复制自己的父亲和相公成功之道的年代了，因此，她的方式早已不合时宜了。

张志沂从小就被母亲看着读书，背书。老女仆回忆道："三爷背不出书，打！罚跪。"以至于，多年以后，无所事事的张志沂还能将母亲曾经逼着他背诵的文章倒背如流。可以说，张志沂的文学功底是相当扎实的。可惜，他时运不济，科举很快被取消了。他空有一身落伍的学问，却无处施展。这些都是李菊耦所未能预见到的。

除了苦读要求严格，李菊耦为了防止张志沂染上少爷习气，还不许他穿时兴的衣服，可以说是，什么土气穿什么，怎么难看怎么穿。这样一来，亲戚家的孩子都不愿意和张志沂玩耍了。不过，年少时的严防死守，并没能阻止成年后的张志沂养成富家少爷的习气，甚至比那些人更甚。这似乎也是李菊耦从未预见过的。

李菊耦还有一项教子秘方，据说来源于娘家，是一种比较先进的"经验"。这种经验就是养成张志沂饭后"走趟子"的习惯。所谓"走趟子"，就是踱步。类似于今天的俗语："饭后百步走，活到九十九。"这个习惯非常简单，但贵在坚持。据说，李菊耦身边坚持最好的就是她的父亲李鸿章。李鸿章坚持到什么程度呢？连行军打仗的时候，也保持着"走趟子"的习惯。

为了表达对父亲的敬意，李菊耦让儿子也养成了这个习惯。在这一点上，张志沂做得也不错。多年以后，当他也成为父亲的时候，还依然保持着"走趟子"的习惯。围着铁栅栏、绕着桌子，绕着一切能走开的地方，来回踱步。只是这个时候，他的习惯似乎也成了一种嘲讽。

李菊耦一心望子成龙，却没想到自己离世后，儿子变成了靠着祖宗余荫过活的寄生虫。这正应了张爱玲的那句话："命运就是这样的防不胜防，她的防御又这样微弱可怜。"这似乎也是李菊耦一生跌宕历程的最好写照。

父亲张志沂·清末遗少的浮世梦

作为一个成长在祖先荫庇下的朝廷忠臣之后，虽然祖辈的风光之势黯淡了，但张爱玲的父亲接受的仍然是封建时代官僚家族的传统制式教育，他的身上兼具大多数清末遗少的成长历程和个人生活风格的特性。

张爱玲的父亲张志沂，便是张佩纶与李菊耦在离开李鸿章迁居南京时所生育的。他并不是张佩纶唯一的儿子，在他上面还有张佩纶与原配夫人朱芷芗所生的两个哥哥：大哥张志沧（夭折）、二哥张志潜。与张志沂同父同母的还有一个妹妹张茂渊。

张志沂自出生后备受宠爱，然而张志沂的幸福时光并没有持续几年。他7岁那年就没了父亲，而此时，母亲还年轻。因此，张志沂成了母亲最大的希望，她望子成龙心切，甚至把自己丈夫未竟的事业和理想强加于尚不知事业为何物的幼子身上。

奇怪的是，张志沂虽然年幼，但他非常理解自己的母亲，比如一天中的绝大部分时间都要用来埋头苦读，而且挨打、罚跪说来就来。要说这些苦读的事一般人也能理解，但张志沂不一般的地方就在于：对于母亲另外一些莫名奇妙的做法，他也能接受。比如，母亲总是给他找来一些不时兴的，甚至是不辨男女的艳俗服装，就连鞋子都是绣花的。而她母亲的教子观念更是令人无法理解，她认为一个男孩穿得太好看，就会学坏，进而染上恶习，沦为一个只能丢家族脸面的纨绔恶少。为此，她不惜牺牲儿子作为一个男孩的自尊。而少年张志沂却毫无怨言地在仆人和邻居怪异的眼神中换上母亲为他选定的衣衫。

李菊耦虽然对自己的儿子异常严厉，但对自己的女儿张茂渊却格外开明，允许她穿男装，还可以学习西方文化。对儿女的不同态度，导致了张志沂从小就承受巨大的压力，并且，光耀门楣的重任更是像无形的枷锁一般，束缚了他一生。

1905 年，科举制度被废除，这下，张志沂彻底迷失了。因为这意味着他永远不能通过科举光耀门楣了。

一个一心想要通过科举平步青云的人，除了读书，别无长物。既不会做生意，又不善于从政。张志沂唯一能指望的便是祖先的积蓄，然后依靠这些积蓄闲散地过完一生。

长大后的张爱玲还记得父亲独自在书房内踱步，拖着长声，大声背诵诗文的样子，既孤单又可怜。

几年后，李菊耦也去世了。这时的张志沂刚满 16 岁，妹妹张茂渊才 11 岁，两个可怜的孩子只能跟着他们同父异母的二哥张志潜生活，一直到张志沂成家之后，兄妹二人在一段时间内还依靠着二哥生活。

张志沂 19 岁时经人介绍与张爱玲的生母黄家大小姐黄逸梵结合。黄逸梵即首任长江水师提督黄翼升的孙女。

虽然家世衰败了，但张、黄二人的结合依然是金童玉女式的结合，令人称羡。然而婚后两人仍一直在二哥管制下生活。二哥张志潜虽然有钱，但是日子过得极为简朴，又秉持着旧式家长的威严，所以对弟弟弟媳一家的管教非常严厉。虽然弟弟很无奈，但也没什么办法。可弟媳就不一样了，一旦管束得严厉了，她便使出自己的应对方法——回娘家。对于在二哥管制下的生活，张子静曾经回忆道："二伯父是祖父与第一位夫人所生（大伯父早夭），与我父亲相差 28 岁。他虽未在外面工作，但一向稳重持家，俭朴过日。例如冬天我们去他家辞岁拜年，他们用的是早已过时的取暖器，只有亮光，并无热气。他们家也有电话和小轿车，但那辆菲亚特是老爷车，常常抛锚，二伯父还不舍得换辆新车。"

关于这一点，张爱玲的小说《小团圆》中的蕊秋也说起此事，并且满腹怨诽，"从前提亲的时候，呵哟！讲起来他们家多么了不起。我本来不愿意的，外婆对我哭了多少回，说你舅舅这样气她，我总要替她争口气。好，等到过来一看——""那时候你大妈当家，连肥皂都省，韩妈胆子小，都怕死了，也不敢去要，洗的被窝枕头都有唾沫臭。还要我拿出钱来去买，拿出钱来添小锅菜，不然都不能吃"。

这样毫无自由又吝啬的生活，张爱玲的父母自然是受不了的，就像手里捧着金饭碗，却过着讨饭的生活。在妻子不断以回娘家为要挟的窘境下，张志沂终于做出一个非常有骨气的决定：他要脱离二哥，分家单过。随后，张志沂托他的堂兄，曾任北洋政府交通总长的张志谭，引荐他在津浦铁路局任英文秘书。这下张志沂终于有合理的理由分家了，他举家迁往天津。虽然母亲的陪嫁已经被张志潜侵吞了大部分，但分到张志沂名下的财产仍然非常丰厚。

张志沂终于能掌握自己的人生，他获得了有生以来第一次真正的独立和自由。自己当家作主的生活瞬间变得风光：郎才女貌，有钱有闲，有儿有女，有汽车，有司机，光是烧饭打杂的佣人就请了好几个，孩子们还有专属保姆。生活中除了享乐就没别的事情。为了打发闲散时间，张志沂还订阅汽车杂志，看中哪款新车，二话不说就去买下。

据张爱玲在《小团圆》中回忆，父亲曾煞有介事地买过两件办公室家具，钢质书桌与文件柜，桌上还有个打孔机器，但他从来没用过。"九莉在一张纸上打了许多孔，打出花样来，做镂空纸纱玩。他看了一怔，很生气地说：'胡闹！'夺过机器，似乎觉得是对他的一种讽刺。""书桌上还有一尊拿破石像。他讲英文有点口吃，也懂点德文，喜欢叔本华，买了希特勒《我的奋斗》译本与一切研究欧局的书。虽然不穿西装，采用了西装背心，背上藕灰软缎，穿在汗衫上。"（《小团圆》）

此时，张志沂已活脱脱的是一个公子哥了。而且在一帮酒肉朋友的怂恿下，张志沂学会了花天酒地那一套：养姨太太、赌钱、吸大烟。没了父母兄长的管束，他成了一个典型的浪荡遗少。

在教育子女方面，他也表现出了自私性。张志沂身上流淌着旧式文化的血液，也会吟诗作赋，因此，对于幼年张爱玲所显露出的文学天分还颇有几分得意。高兴时，还曾替女儿的少时戏作《摩登红楼梦》拟过颇为像样的回目："沧桑变幻宝黛住层楼，鸡犬升仙贾琏膺景命""弭讼端覆雨翻云，赛时装嗔莺叱燕""收放心浪子别闺闱，假虔诚情郎参教典""萍梗天涯有情成眷属，凄凉泉路同命作鸳鸯""音问浮沉良朋空洒泪，波光骀荡情侣共嬉春""陷阱设康衢娇娃蹈险，骊歌惊别梦游子伤怀"。

甚至在他无聊的时候，还主动与年幼的女儿八卦一下七大姑八大姨之间的趣闻和琐事。然而身上的恶习发作时，他又顾不得儿女，只顾自己享乐。所以，幼年的张爱玲和弟弟能感受到的父爱是很有限的，更是无常的——这是只有父亲心情好的时候，才能享受到的待遇。更多的时

世间始终你好

候，他们尝到的父爱是苦涩的、粗暴的，甚至是充满虐待的。

继母孙用蕃·一生中最厌恶的人

在张爱玲凉薄的一生里，或许最不愿谈及的就是她的继母——孙用蕃了。这个用一巴掌将她打出张家的女人，在张爱玲的笔下是个跋扈恶毒的后母形象。张爱玲对她没有一丝一毫的好感，与她的相处仅仅三年，却对她痛恨一生。

孙用蕃出身名门望族，祖父是清光绪皇帝的老师，父亲孙宝琦曾两度任北洋军阀时期的国务总理。孙宝琦一生娶了一妻四妾，育有八子十六女，据说个个品行端庄，使得京城内的豪门大户都争着跟孙家攀亲，甚至有"孙家的女儿大家抢"之说。因此，孙用蕃虽算不上相貌出众，但是，有着这样的出身，即使到后期家道中落，毕竟家门的底子在那里，是根本不愁嫁的，又怎么会屈尊嫁给恶习缠身又带着两个孩子的张志沂呢？

这可全都是拜她一段不算光彩的青涩恋爱所赐。孙用蕃在年轻的时候爱上了出身贫寒的表哥，用情至深，甚至偷吃了禁果，然后满心欢喜地等表哥来提亲，想着和表哥一起夫妻恩爱到白头。然而现实是残酷的，一向比较注重用联姻的方式来稳固自家地位的孙宝琦对此极力反对。

即便拗不过父亲，孙用蕃也固执地非表哥不嫁，于是，跟表哥约好服毒自杀殉情。无奈，怕死的表哥反悔了，孙用蕃也活了下来，从此，一个青春少女像被掏空了灵魂，带着被背叛的耻辱，对爱人的憎恨，她开始沉沦，吸上了鸦片。看她这副样子，父亲也不再宠她，再加上后来家道衰落，上门提亲的人越来越少，她嫁不出去只能待在家里，终日无所事事，这一待就错过了最好的年华，一直到36岁了才得以与张志沂谈婚论嫁。

纵然自己算不上年轻貌美，孙用蕃还是自恃出身名门望族而心存几分骄傲。她对张志沂并不十分满意，但是，年老色衰的她也似乎没有太多选择的余地了，于是只好"下嫁"给了张爱玲的父亲张志沂，不管怎样，她终于不用再待在家里忍受闲言碎语，为自己找到了一个可以安身立命的角落，她定然是要好好珍惜的。

然而，继母不好当啊，再加上孙用蕃恰巧遇上的是处于青春期的张爱玲，两人又各有各的骄傲，性格都属于受不了委屈的类型，所以两人之间的小争吵时有发生。

在孙用蕃眼里，张爱玲是个脾气古怪、敏感、养不熟的白眼狼，而在张爱玲的眼里，孙用蕃是个吸鸦片的坏女人，是个凶恶的母夜叉，不仅世俗，而且外貌和内在都无法与母亲比拟，就连她的朋友，张爱玲也是心生厌恶的。

那时候名门淑媛陆小曼，就常被孙用蕃邀来家中做客，她们是多年好友，一起喝茶聊天，然后躺在烟榻上吞云吐雾。虽然陆小曼满腹才华，但是，张爱玲并不喜欢她，常常对她视若无睹，这些继母都看在眼里，心中隐隐地有几分不爽。

不过，在刚嫁到张家的时候，孙用蕃是试着讨好张爱玲的。她把自己从娘家带过来的一箱子旧衣服送给张爱玲，却被看惯了母亲黄逸梵各种新潮服饰的张爱玲视为破烂和耻辱，如此，孙用蕃这一举动不仅没有拉近彼此的距离，反而恶化了彼此的关系。

多次讨好却反被嫌弃，再加上虽然张爱玲的母亲出国留学了，但是张爱玲的姑姑却以她为轴心，两人形成了一个团结紧密的爱的小集团，孙用蕃根本插不进去。最重要的是，在感情上受过伤的孙用蕃极度缺乏安全感，在得知自己的丈夫似乎依旧对前妻余情未了后，虽然跟这个前妻素未谋面，但在她心里已经将她树为头号情敌。她不再刻意讨好张爱玲，甚至不屑再做一个好后母，而是将全部重心都放在了守护好自己女主人的地位上。

为了捍卫自己安身立命的家，她不惜一切代价，努力将有关黄逸梵的一切从张家的屋子里清除掉：举家搬迁，清理屋子，换掉所有黄逸梵留下的佣人，把新家布置成自己喜欢的模样。并将经济大权揽入自己手里，对前任女主人留下的两个孩子加以防备，尽量减少孩子与亲生母亲的联络……

然而没过多久，张爱玲中学毕业了，为了女儿的前途，黄逸梵特意从国外回来，想带女儿出国留学。

分别多年，张爱玲尤为想念母亲。母亲回来后，张爱玲自然开心得很，天天往母亲的住所跑，就连张志沂的脸上也多出几分喜悦，对此，孙用蕃很是心慌，张志沂和黄逸梵之间就算再没有感情，他们还有子女，远比自己和他尚处于飘摇状态的感情深厚牢固多了。如果哪天自己被舍弃了，也无人牵挂，从此孤苦一生。每每思及此，孙用蕃的内心就变得烦躁不安起来。

有一天，张爱玲从母亲那里回来，跟父亲商量出国留学的费用时，站在一旁的孙用蕃怒了，当场骂道："你母亲离了婚还要干涉你们家的事。既然放不下这里，为甚么不回来？可惜迟了一步，回来只好做姨太太！"

仔细分析这句话，就不难看出，让孙用蕃愤怒的并不是张爱玲本身，而是她的母亲，她要捍卫的也只是自己在丈夫心中的地位，是一种压抑多年的嫉妒的发泄口。

只是，那时的张爱玲还不懂这些。在张爱玲眼里，这个烟鬼继母是个"暴政"巫婆。继母不仅讨厌她，还因为她去母亲处住了两个礼拜没有告知自己而打了她一耳光，甚至在打完之后诬陷她打了自己，让她满心委屈。而这种委屈并没有得到父亲的安慰，父亲听信继母的谎话，对张爱玲一顿毒打，并对她实行长达半年之久的监禁。

这半年可谓是张爱玲最黑暗的时光，母亲和姑姑就在同一个城市，却无法向她们求救，甚至几度生病，孙用蕃都不管不顾，就连父亲也对她爱搭不理，差点就失去了性命。从此，张爱玲对继母的恨深深扎根心里，她下定决心要离开这个家。

后来，她逃离了张家，与母亲、姑姑生活在一起，和父亲及继母彻底断绝了来往。而孙用蕃也确实守住了自己安身立命的角落，和张志沂安安稳稳地过完了一生。她捍卫了自己的幸福，掌控了整个家，却是以给张爱玲无限的伤害换来的。

孙用蕃的这一巴掌不仅打断了摇摇欲坠的母女情，也打断了张爱玲渴望的父爱，对张爱玲的一生都造成了很大影响，以至于50年后，张爱玲回忆起这位继母都是满满的恨。所以，张爱玲在1986年得知继母的死讯时，她平静得一点反应也没有，如同得知陌生人去世的消息一般。

倒是孙用蕃，随着时光的流逝，渐渐看明白了很多事，即使张爱玲在文中多次描述她的凶恶，她也坦然接受。她说："张爱玲成了著名作家，如果是受了我的刺激，那倒也不是坏事，恶名骂声冲着我来，我八十多岁的人了，只要无愧于心，外界的恶名我认了，一切都无所谓的。"

不过，这显然没有任何意义了。盛年时期的她如果有这份沉稳和坦然，或许张爱玲的人生就不会这么坎坷凄凉。然而，她不知道，一个孩子的成长只有一次，一个人的叛逆年代也就那么几年，在这段极为敏感的时间里，父母对孩子的态度是会影响她一辈子的人生观和价值观的。而这段经历，是张爱玲心里永远抹不去的阴影。

弟弟张子静·他做了姐姐的影子

在幼年张爱玲的心中，虽然父母亲的生活总让她琢磨不透，对她的爱也是时有时无，但那时候的张爱玲毕竟还小，不会顾虑太多，所以生活中真正的不快乐似乎更主要的是来自自己的亲弟弟——张子静。

弟弟是家中唯一的男孩，注定是要继承家业的，因此，他自然从小就得到了与众不同的照顾和尊崇。

弟弟张子静只比张爱玲小 2 岁，他长得很漂亮，还有好看的睫毛，因此，很得大家的宠爱。又因为是男孩的缘故，连带着照顾他的保姆都敢堂而皇之地欺负自己，因此，这让张爱玲痛恨那种"重男轻女"的思想，连带着弟弟也看不顺眼了，虽然弟弟是无辜的。

为此，张爱玲年幼的时候便懂得发愤图强，事事都要强于自己的弟弟。而凭着自己年龄上的优势，张爱玲要胜过更年幼的弟弟简直易如反掌：她比弟弟大，会说更多好听的话讨好大人，而且身体也比弟弟更壮实，能吃到很多弟弟吃不到的好吃的。

　　而弟弟呢，体弱多病，因此很多东西都要节制着吃，所以非常馋，病在床上，还哭闹着要吃松子糖（松子仁磨成粉，掺入冰糖屑），大人们为了断了他的念想，便悄悄地将黄连汁掺进去，吃了这种糖，他自然是号啕大哭，竟把拳头放入了口中。大人们又把黄连汁抹到拳头上，结果可想而知，弟弟哭得更厉害了。

　　此间种种，都是加深姐弟二人之间"隔阂"的因素。娇弱的弟弟读起书来，自然也没有伶牙俐齿又聪明的姐姐强，画画也比不上姐姐，这样，在弟弟的心中，姐姐自然成了压在自己头上的一片乌云。

　　压抑久了，弟弟自然也要发泄。他年纪小，没别的办法，只能趁姐姐不注意时，偷偷地在她的画作上涂上两道子，或是发发狠，一撕了之。所幸成年后，这一切都成了姐弟之间的笑谈。而张爱玲对自己的弟弟也是非常理解的，她说她"能够想象他心理上感受的压迫"。而在《小团圆》中，此事也曾被提及，"（九莉）想起小时候有一次发现她的一张水彩画上有人用铅笔打了个横杠子，力透纸背，知道是她弟弟，那心悸的一刹那"。

　　虽然姐弟之间存在着比较关系，但二人仍是最好的玩伴。当然，读书比较多又富于想象的张爱玲是游戏的总指挥。她喜欢将姐弟二人想象为"金家庄"上能征善战的两员骁将，一个拿剑，一个使锤，手下带领不少士卒。每到月色深沉，二人便领兵，翻过山头去攻打蛮人。

每到这时候，姐弟总是莫名地和谐，而姐姐对弟弟的爱也会丝毫不加掩饰。她常常在弟弟的脸颊上亲吻一下，像亲吻心爱的小宠物一样。

这些美好的回忆都是8岁之前的生活，如果照此发展下去的话，姐弟二人一定会在争吵、竞争以及幸福中长大。然而父亲的陈腐思想和母亲的新潮观念，改变了这个家庭的既定轨迹，也改变了姐弟二人的命运。

张爱玲8岁那年，父母终于彻底分开，金童玉女式的婚姻终以离婚收场。母亲刚离开家，父亲就将私底下交往已久的姨太太明媒正娶，请进了家门。继母是当时北京政府国务总理孙宝琦的女儿，也算出身名门。然而她身上却没有名门闺秀的气度，相反她吸鸦片，还刻薄，甚至有些变态。那时候张爱玲已经上学，所以不常住在家中，反倒是自己的弟弟以及弟弟的保姆，没少受到继母的折磨。

一次，张爱玲从学校回家，看见许久未见的弟弟，竟然吃了一惊。弟弟长大了，也变了模样，个子高，却很瘦弱，身上穿一件脏兮兮的蓝布罩衫，手上正拿着租来的连环画。那时候的张爱玲，已经开始看穆时英，读巴金。她正想纠正弟弟的品位，弟弟却一闪而过。这时候，家人纷纷告状：逃学、忤逆、没志气，弟弟已成了一个劣迹斑斑的少年了。此时的张爱玲，真是比谁都气愤，却只能附和着众人，甚至更加激烈地抱怨着弟弟。

后来在饭桌上发生的一件事，让张爱玲彻底明白，弟弟再也不是过去的小少爷了，他变得似乎比自己更没地位。只是一点小事，张子静就遭受父亲的耳光。张爱玲震惊了，由于不知所措便只能用碗遮住脸，挡住自己的眼泪。而继母看到了，竟然哂笑着问："咦，你哭什么？打的也不是你。你瞧，挨打的都没哭，你却哭了。"听了这话，张爱玲再也忍不住，只能留下饭碗，冲到隔壁的浴室中。她锁上门，任眼泪横流。她看着镜中的自己，甚至咬着牙发誓，她一定要报仇。

可这时候，"啪"的一声，一只皮球撞到了玻璃上，原来是子静在阳台上踢球。而他早已忘记了餐桌上的尴尬。似乎，他早已学会了逆来顺受。

在那之后，张爱玲终于因琐事与父亲和继母彻底闹翻，搬到了亲生母亲那里。夏天时，不知是因为忍受不了，还是受到姐姐反抗精神的感召。张子静竟然也来到了母亲这里，身上只带着一双报纸包着的篮球鞋，他想和妈妈姐姐在一起，再也不回那个家。可在那双大眼睛的注视下，妈妈终究没能答应。黄逸梵是冷静的，甚至是狠心的，她耐心地向儿子解释：自己的经济能力只能负担一个人的教养费，因此无法收留他。张子静哭了，张爱玲也哭了。

最终，张子静抱着那双篮球鞋又回到了父亲的家。此后多年，他不得不一直生活在父亲的家中。而张爱玲也曾在小说中，想象过弟弟的生活。她想象弟弟渐渐地变了，变成一个阴郁懦弱，并且有点变态的人——一个精神上的残疾人。张子静晚年时将张爱玲小说中的人物与现实人物一一对号入座，唯独对这篇小说不置一语，他大概不愿意接受这样一种描述吧。

成年后，张子静也曾想追随姐姐的脚步，进入文学殿堂。那时张爱玲已经成名，张子静和朋友创办了杂志，向姐姐约稿，然而姐姐居然直接拒绝，理由是："我不能给你们这种不出名的杂志写稿，坏我自己的名声。"

此后，张爱玲的名气如日中天，而这个弟弟要想见她一面都是难上加难。好在弟弟理解姐姐的一切决定，甚至包括她不辞而别地远渡重洋。

那天，张子静一如往常地来看望姐姐，姑姑拉开门，对他说："你姐姐已经走了。"然后就把门关上了。张子静转身下楼，一路哭着回家。这次，他感到所有人都抛弃他了。

父亲对张子静吝啬至极，为了省钱供自己挥霍，甚至不给他娶亲，这导致了张子静终生未能成家。父亲去世后，继母反倒更有人情味一些，还把父亲房租的十分之三留给了张子静。后来，张子静大学毕业后，谋得一份银行职员的工作。新中国成立后，他改行成为了一名教师，常年生活在上海郊区，直至孤独地死去。

童年·温暖而迟缓的光阴

关于作家的养成，海明威曾经提出一个必要的前提——一个不幸的童年。这个论断放在天才作家张爱玲身上，可谓再恰当不过了。

张爱玲出生在旧中国显赫一时的大家族中，祖父张佩纶，清末"清流党人"的代表，名噪一时；曾外祖父则是权倾朝野的权臣李鸿章。父亲少时苦读，一心求取功名，然而时运不济，还没等参加科举，科举制就被废除了。他只能抱着陈腐的知识在新时代中装聋作哑，过着坐吃山空的遗少生活。然而，张爱玲的母亲则是一个有着新思想的女性，这注定了父母之间价值观的差异，也是张爱玲不幸童年的导火索。名门末代的特殊处境，父母价值观的差异，造就了张爱玲敏感又早慧，孤僻又理性的性格。

张爱玲乳名张煐，或许是受母亲崇尚西洋文化的影响，她还有一个英文名 Eileen。

张煐出生的时候，张家尽管没落了，但仍然过着富足而平静的生活，家具古朴而奢华，排场依然保持着先辈的气势。所以，出生在这样一户人家中，张煐也算"衔玉而生"了。据说，在张煐还是婴儿的时候，她就和别的孩子不一样：别的孩子整天哇哇大哭，而张煐则表现出非同常人的冷静和克制——她或许根本就懒得哭，在摇篮里静静地观察着屋里的各式物品。似乎，那时候的张煐就陷入了对人生的思考。家人都很喜欢这个安静不哭闹的孩子。

一岁时，张煐也像别的婴孩那样，被迫参与了"抓周"仪式。那天，小张煐穿着漂亮的衣服，被抱到大客厅中。在客厅中间的那张八仙桌上，正摆着一个大黑漆盘，里面放着不少东西：精巧的鼻烟壶、新潮的派克笔、泛黄的线装书等。这些物件是父母期望的寄托。为了增加"抓周"仪式的趣味性，张煐的母亲还放置了一些金锭、银洋以及好看的小绣球。随后，便让张煐来抓。

冷静的张煐，并没有很快行动，她开始静静地观望。此时，大人们都紧张极了，大气都不敢喘，眼睛更不错神，似乎生怕错过什么历史性的时刻。就在众人翘首期待之时，张煐下手了，手法稳、准、狠，一把抓起个物件，放进嘴里就啃了起来。众人仔细分辨，竟是小金锭。众人看了那副可爱的样子，不禁哄堂大笑。然而，有两个人却略微失望了，一个是父亲，另一个就是自己的生母黄逸梵。

二人原本希望自己的孩子是一位端庄典雅的淑女，或是饱读诗书的才女，然而她却如此世俗，这实在有失名门之家的体面和风范。从小拜金，长大还得了？二人失望地散了。但是，对小张煐的启蒙教育还是以传统的方式继续着。

年岁渐长的小张煐每日的生活便是跟随母亲学习唐诗，若是有不认识的字，她就囫囵吞枣地记个字音。因为聪明，记性好，一首诗念不了几遍就能背诵。因此，幼年张煐经常被人考唐诗。一次，她去拜访自己的二伯父，老人家要求张煐给自己背首诗，张爱玲便炫耀了一下刚学会的"商女不知亡国恨，隔江犹唱后庭花"。谁知，说者无心，听者有意，这位清末遗老居然怀念起故国，潸然泪下。然而一个孩子是根本不能明白遗老的心迹的，她要做的就是享受短暂的平静时光。正如她自己所说的"童年的一天一天，温暖而迟慢，正像老棉鞋里面，粉红绒里子上晒着的阳光"。

然而，世事无常。

张煐2岁那年，父亲终于脱离了二哥张志潜的管束，从上海搬到天津自立门户。那段日子，是张家最后的风光：有汽车，有司机，有好几个烧饭打杂的佣人，小张煐和弟弟还都有专属的保姆。张煐和弟弟过着富足的"小姐""少爷"生活，众人的娇宠，还养成了张煐任性、乖张的小姐脾气。她有个女佣，名叫何干，小张煐常常趁其不注意，揪何干脖子上松弛的皮肤，不高兴的时候，还常常将何干的脸上抓得满是血痕。

小时候，张煐最爱听的是《三国志演义》里的故事。看着那个给自己讲故事的男仆人，张煐突发奇想，竟然"赐给"他一个绰号：毛物，甚至还把这个绰号推广延伸，把毛物的弟弟依次叫作"二毛物""三毛物"，连毛物的妻子也未能"幸免"，张煐直接叫她"毛娘"——也就是"毛物新娘子"的简称。尽管，大人们都不知所谓，但小张煐一直沉浸在自以为天才般的"发明"中，自得其乐。

　　除了可爱的一面，张煐还有一种天生的、极强的自尊心。带弟弟的保姆叫张干，有一次，她买了柿子，因为太生，便随手放到抽屉里。这件事很快被小张煐发现了，她便常常观察张干是否还记得此事，甚至每隔两三天就会打开看一下。成年后的张爱玲回忆起这件事，她说自己有一种非常奇异的自尊心，促使自己始终不去提醒张干。最后柿子都烂成了一摊水，她也只是暗自惋惜，却依然没有跟张干提半个字。

　　生活的幸福与平淡终究被父母亲价值观的冲突所打破。新婚时被众人艳羡的金童玉女终于在琐碎中爆发了早已潜伏的冲突：一个坐吃山空，不思进取；另一个则洒脱开放，向往自由。二人在很多方面都爆发了激烈的争吵，妻子看不惯丈夫的种种行径：一味地吃喝嫖赌，连孩子的学费也要克扣。终于，张爱玲的母亲忍无可忍，毅然出走。张爱玲在回忆母亲离去时，曾经说过这样一段话："最初的家里没有我母亲这个人，也不感到任何缺陷，因为她早就不在那里了……"可以想象，在逐渐长大的张爱玲心中，她的母亲总是让她想亲近却又觉得有距离感。

　　此后，家庭的矛盾越来越多，甚至改变了小张煐对世界的看法，她

　　　　　世间始终你好

害怕母亲的出走，更担心沉溺于大烟的父亲忽然死去。担心与无助，交织地噬咬着小张煐的灵魂。渐渐地，她对家中的一切变故都习以为常了。母亲的归来和再次离去，父亲的咨嗟和毒打，她都习惯了，而且不想去改变，只想逃离。对于父母的离婚，她只说了一句："父母终于协议离婚。""终于"二字，流露着辛酸，更表现出张爱玲觉得这是一种解脱。

生活的嘈杂，养成了张爱玲敏感沉思的性格。她善于用笔表达自己的思想，无论是文字还是绘画，她都颇具天赋。

7岁那年，张煐在百无聊赖时，结合自己的阅读经历，竟然发明了一种新的游戏——写作，天赋就此展露。当别的孩子还在玩过家家时，这位日后被称为"天才女作家"的小女孩已经开始着手一部历史小说了。小说一开头，便是"话说隋末唐初的时候"，这似乎是从阅读过的《隋唐演义》中得到的灵感。

中学时代有一天，张煐又来了灵感，随手画了一幅漫画。父母看过后，双双赞不绝口，鼓励张煐将她的画作投给报社。几天以后，张煐居然收到了报社寄来的5元稿费，全家人都高兴极了。小张煐兴冲冲地跑进商场，买了一支丹琪唇膏。母亲还怪她不把那张钞票留着做纪念，而对于此事，当时的她已经有了自己的想法——"我不像她（母亲）那么富于情感。对于我，钱就是钱，可以买到各种我所要的东西"。

张煐上小学后，便把名字改成了"张爱玲"，这是从她的英文名字音译而来的。到张爱玲中学时期，她的文采已充分显露。她的作品经常被刊发在校刊上，其中最经典的一篇《霸王别姬》更是为她迎来赞叹无数。

似乎，所有的铺垫都是为了成年时期的绽放。

（贰）

母亲黄逸梵/她亦飘零久

遥远而神秘的爱

张爱玲的母亲黄逸梵，本名黄素琼。逸梵这个名字是她到法国后改的，因为她觉得"素琼"这两个字不够浪漫。

黄逸梵与张志沂结婚那年才刚满22岁。之前，她也是豪门小姐。祖父黄翼升是清末长江七省水师提督，人称军门黄翼升。黄翼升也是李鸿章的部下，曾追随李鸿章攻打捻军，建立了不少功勋，获得了男爵爵位。

黄翼升去世时，只有一个儿子还在世，名叫黄宗炎。黄宗炎承袭了父亲的爵位，赴广西任官。然而他婚后未有子嗣，家人只好在湖南老家给他买了一个农村女子做小妾。这位小妾就是黄逸梵的生母。

但黄逸梵还未出生，黄宗炎就已经去世，给一对双胞胎儿女留下了大量房产和金银古董。出生之前便失去父亲，幼年时又失去母亲，这对黄逸梵来说，既是幸运也是不幸。幸运的是，她出生后没有受到父亲的管制，受封建思想的荼毒相对较轻；不幸的是，过度的"自由"也似乎"助长"了她的"歪风邪气"，没有深厚的传统文化的积淀。这也促成了她日后过度注重自由，甚至有些冷漠的性格。

16岁之前，黄逸梵的性格并不明显，甚至曾遵守祖辈陈腐落后的规矩，缠了足。然而这个看似普通的封建女子，在嫁人之后却走上了完全不同的一条道路。这个美丽又高挑的女人，举手投足之间流露着贵族的气息，她的五官长得颇有西方人的特点，大气又精致。在少女的期待中，她本应嫁给一位精神契合的丈夫，一同探讨时下流行的"欧风美雨"。然而现实却给了她的少女梦重重的一击。

黄逸梵带着从娘家分来的财产与张志沂结婚后，双方也曾有过一段幸福的生活。初到张家时，黄逸梵也算是赶上了张家名门望族的浮华遗韵，但这浮华又弥漫着颓废和衰败的气息——落满灰尘的雕花木窗，早已不时兴的旧款绸缎长袍，几代流传下来的漆木家具，还有水印木刻的信笺素纸，线装版的"四书五经"……

起初家庭的和谐也给幼年的张爱玲留下了关于母亲的最初记忆，比如每日早上她会被女佣抱到母亲的铜床上，坐在青锦做成的棉被上，跟着母亲背唐诗……

然而，张志沂胸无大志，碌碌无为，甚至在一帮狐朋狗友的怂恿下，染上了诸多恶习，生活上只能靠着祖辈留下的家产浑浑噩噩地度日。他虽然也受到了"新文化运动"新思潮的影响，但他依然沉溺于旧社会祖辈的光环中，不愿醒来。

可黄逸梵就不一样了，她虽然曾遵从封建旧礼裹过小脚，但不同之处就在于，她认同"新文化运动"中宣扬的新思潮，以至于厌弃旧社会的很多陋习，诸如男女不平等及许多腐朽的颓靡习气。她甚至敢于反抗，对丈夫纳妾、抽鸦片等行径更是深恶痛绝，丝毫忍受不了丈夫的堕落思想和花天酒地的行为。

思想观念的冲突很快改变了夫妻二人的和谐状态，他们的矛盾越积越深，最后演变为不断的争吵。这些也是在花园里唱歌、荡秋千的张爱玲姐弟俩所不知道的。

面对不成器的丈夫，黄逸梵觉得很失望。然而抵抗、劝说早已无济于事。灰心丧气的黄逸梵无处诉说，唯一的办法就是回娘家。可是回娘家似乎也是一件不甚光彩的事，这种不光彩甚至是为张、黄两家所共有的。无奈之下，黄逸梵只能选择避人耳目的方式回到娘家。

这种方式刚开始还有些作用，但时间长了，对张爱玲的父亲来说，反而是一种解脱。妻子一走，他更加肆无忌惮。这终于让黄逸梵清醒了，她意识到丈夫是再也不会改变了。她能做的，只有改变自己，于是她便不再期盼，更不再抗争。

她转而关照自身，将时间和精力都投到自己的身上，学英语、弹钢琴、绘画、设计衣服，所有能找到乐趣的事情，她都感兴趣。

然而，这一切似乎都没能改变她失落的心情。终于有一天，她听说丈夫已经在外面私自娶了一个姨太太，这让黄逸梵忍无可忍。

日复一日的沉闷、束缚和失望终于击碎了她对生活、对丈夫的幻想，她开始厌恶这个家庭带来的桎梏。黄逸梵生性本就喜欢追求新鲜，向往平等自由。正如张爱玲的回忆一样："母亲爱读'鸳鸯蝴蝶派'，在抽水马桶上看老舍的《二马》看得笑出声来；母亲爱学校的空气，就特意去学油画，后来结识了徐悲鸿、蒋碧微等社会名流；母亲因为肺弱学唱歌，'依依呀呀'地唱出来像吟诗一般。"

恰在此时，黄逸梵发现自己的小姑子张茂渊居然与自己有很多共同的爱好。二人凭借对艺术相同的热爱，关系日渐亲密。

1924年，张茂渊决定出国留学。黄逸梵迅速捕捉到这个机会，为了表示对丈夫的抗议，也为了追求自己的理想，她做出一个令外人瞠目的决定：以监护人的名义，陪同张茂渊出国。张茂渊受西方文化的影响同样深刻，所以她不支持自己亲哥哥的所作所为，而支持嫂子的决定。

那一年，黄逸梵28岁，已有两个孩子。张爱玲4岁，而弟弟张子静才3岁。她以当时这样的"高龄"和两个孩子母亲的身份的情形下，仍执意出国，黄逸梵的这一决定在当时的社会环境中，不得不说是一个令人匪夷所思的选择。她也成了世人眼中的"异类"。

然而成年后的张爱玲则对母亲充满了佩服与尊敬。她曾经说过："我一直是用一种罗曼蒂克的爱来爱着我母亲的。她是个美丽敏感的女人……在孩子的眼里她是辽远而神秘的。"母亲离开的时候，张爱玲才4岁，并不理解大人之间的悲哀与伤痛，更不懂一个女人的彷徨与决绝。她只是隐约地记得那天的场景：上船的那天她伏在竹床上痛哭，绿衣绿裙上面钉有抽搐发光的小片子。佣人几次来催说已经到了时候了，她像是没听见，他们不敢开口了，把我推上前去，叫我说："婶婶，时候不早了。"（张爱玲算是过继给另一房的，所以称爸爸妈妈为叔叔婶婶。）她不理我，只是哭，她睡在那里像船舱的玻璃上反映的海，绿色的小薄片，然而有海洋的无穷尽的颠波悲恸。我站在竹床前面看着她，有点手足无

措，他们又没有教给我别的话，幸而佣人把我牵走了。（《私语》）

黄逸梵的痛哭，并不能改变她不幸的命运，那么远走他乡呢?

她的骄傲与失落

黄逸梵终于走出了国门。

曾有这样一张照片，刻画了黄逸梵在法国海船上的情景：一袭法式长裙，侧身站在船舷边，一手扶栅栏，一手自然地插着口袋；海天空旷，晨光熹微，映衬出这个身材姣好的女子精致优雅的侧影；女子眼目低垂，仿佛是望着波澜起伏的海面在凝神思考，大有西方启蒙主义时期的浪漫，又有东方古典女子的端庄。

摆脱旧式家庭的黄逸梵似乎终于找到自己的人生之路，在梦寐以求的新世界中，她凭借自己的才情，在欧洲上流社会中如鱼得水：做过尼赫鲁总统姐姐的秘书，在欧洲的美术学校学画，在马来西亚的华侨学校教过书……

生活的充实与丰富使她暂时忘却了那个不成器的丈夫。

而黄逸梵刚一离家，那位名唤老八的姨太太便堂而皇之地进了张家的大门。这位姨太太是张志沂在长期的寻花问柳生活中寻觅到的一位"知己"——虽然年龄比他还大，但两人凭借共同的"兴趣爱好"迅速走到一起。

这位姨太太看出了张爱玲比较得父亲的宠，因此，极力讨好张爱玲。常常带她到各种餐厅、舞厅，参加聚会应酬，还给她买各式各样的点心及好看的衣裳。年幼的张爱玲吃着吃着就睡着了，常常是半夜时候才被佣人背回家。

此后，在这位擅长交际的姨太太的带领下，张公馆又变得喧嚣热闹，时常有宴会、叫条子、吹拉弹唱、打牌赌博、对卧吸毒，家里一片乌烟瘴气。

张家偶尔也会陷入宁静，但这宁静中透露着一种更加紧张和可怕的气氛。原来这位粗鄙的姨太太，除了深谙交际堕落之道外，还长于撒泼之道。她常常打人，甚至连自己的丈夫也打。她曾将痰盂狠狠地砸向自己丈夫的头，砸得他鲜血直流。此后，每当老八发过脾气，家里就陷入了一种可怕的宁静。而这也直接导致了张氏家族的人对老八的极度不满，他们看不惯这个不像话的野女人，经过多次努力，他们终于将她逼走。据说，老八走的时候，光是银器家什就带走了两车，也算是满载而归了。受够了老八欺辱的仆人们，则同声庆贺道："这下子好了！这下子好了！"

然而，张家的平静与祥和只是短暂的。张爱玲8岁那年，全家迁居上海，而迁居的原因竟是张爱玲那个不成器的父亲丢掉了"官位"。与此同时，张志沂的毒瘾也更深了，过度地注射吗啡，使他看起来离死不远了。这事给张爱玲留下很深的印象："他独自坐在阳台上，头上搭一块湿手巾，两目直视，檐前挂下了牛筋绳索那样的粗而白的雨。哗哗下着雨，听不清楚他嘴里喃喃说些什么，我很害怕了。"

此时的张志沂，似乎终于反省了自己荒唐的一生。他写信给国外的黄逸梵，诚恳地表明自己不再吸食鸦片，更不再纳妾，只是希望黄逸梵能够回来，好好过日子。黄逸梵考虑到儿女的教育问题，也似乎是对丈夫还有所希冀，便答应了张志沂的请求。

此时的黄逸梵早已蜕变成一位有异域风情的美夫人，头发不是那么黑了，肤色也不是那么白皙了，变得很有拉丁人的风情。张爱玲从小就听说母亲是个像外国人一样的美人，因此，对母亲的血统抱有极大的好奇心。而这次，终于听家人说，母亲和姑姑要回来了，幼年的张爱玲竟如枯木逢春一般地欣喜，乐不可支，甚至连脾气都发生了巨变，从沉静变得开朗起来。"母亲回来的那一天我吵着要穿上我认为最俏皮的小红袄，可是她看见我第一句话就说：'怎么给她穿这样小的衣服？'不久我就做了新衣。"《小团圆》对此事记述较详："九莉九林已经睡了，又被唤醒穿上衣服，觉得像女佣们常讲的'跑反'的时候，夜里动身逃难。三开间的石库门房子，正房四方，也不大，地下竖立着许多大箱子，蕊秋楚娣隔着张茶几坐在两张木椅上。女佣与陪嫁的丫头碧桃都挤在房门口站着，满面笑容，但是黯淡的灯光下，大家脸上都有一团黑气。九莉不认识她们了。当时的时装时行拖一片挂一片，两人都是泥土色的软绸连衫裙，一深一浅。蕊秋这是唯一的一次也戴着眼镜。蕊秋嗤笑道：'嗳哟，这袜子这么紧，怎么还给她穿着？'九莉的英国货白色厚洋毛袜洗得次数太多，硬得像一截洋铁烟囱管。韩妈笑道：'不是说贵得很吗？''太小了不能穿了！'蕊秋又拨开她的前溜海，'嗳哟，韩大妈，怎么没有眉毛？前溜海太长了，荫住眉毛长不出来。快剪短些。'九莉非常不愿意。半长不短的前溜海傻相。"

　　母亲回来后，立即将父亲送到医院治疗；父亲似乎也有了痛改前非的意思，信誓旦旦地表示要重新做人。全家搬到一座新洋房，张爱玲有了新家，有狗，有花，有新衣服，还有童话书，最好的还是，她有了母亲。

　　　　　　　世间始终你好

家里终于恢复了往日的生机，这是属于一家四口的快乐。母亲带来了很多新派的朋友来家中谈天说地，一起表演西洋电影中的爱情故事。每当这时候，姑姑就在钢琴上弹奏着悠扬的西洋乐曲，母亲则站在她的身边高声吟唱，屋子里洋溢着快乐的气氛。

黄逸梵也非常重视对于女儿的"西式"教育，她想把张爱玲培养成一个西式的淑女。教她养成作为淑女该有的典雅风范和举止，教她绘画，弹钢琴，学英语，读新式报刊。这样，张爱玲成为了一个识字早、爱看书、爱画画的小女孩。后来，母亲和姑姑还一度认为张爱玲很有音乐天赋，又要送她去学钢琴，并带她去欣赏音乐会。这一段生活也是张爱玲的童年时期里，难得的欢乐时光。

可是好景不长，张志沂病愈后，对从前的许诺又反悔了。不仅不肯拿出生活费，甚至还逼着黄逸梵拿自己的嫁妆贴补生活。他觉得花光了黄逸梵的钱，她必定不会再出走。然而黄逸梵很快识破，于是他们的生活又陷入了无止境的争吵。此时的黄逸梵，显然已没有了太多的耐心，她很快下定决心：与张志沂离婚。

两个孩子判给了张志沂，黄逸梵和张茂渊两人另租房子住。但协议注明，孩子可以经常探望母亲，在孩子的教育上，必须尊重黄逸梵的意见。那时候的黄逸梵，早已打定主意要将张爱玲送到学校读书，接受正规的教育。

对于将孩子送入学校的决定，父亲定是不依的，因为这必然要花费很多钱。而母亲则对父亲连哄带骗，硬是将孩子送进了小学。随后，她便开始了另一次旅行，这次的目的地是法国。

只是爱自己更多

对于母亲的决绝，成年后的张爱玲似乎也有了新的了解：原来母亲在留学期间曾有一段无疾而终的恋情。《小团圆》中的"二婶"的故事，便是以自己的生母为原型的："楚娣见她仿佛有保留的神气，却误会了，顿了一顿，又悄悄笑道：'二婶那时候倒是为了简炜离的婚。可是他再一想，娶个离了婚的女人怕妨碍他的事业，他在外交部做事。在南京，就跟当地一个大学毕业生结婚了。后来他到我们那儿去，一见面，两人眼睁睁对看了半天，一句话都没说。'她们留学时代的朋友，九莉只有简炜没见过，原来有这么一段悲剧性的恋史。不知道那次来是什么时候？为了他离婚，一进行离婚就搬了出去，那就是在她们的公寓里。但是蕊秋回来了四年才离婚，如果是预备离了婚去嫁他，不会等那么久。总是回国不久他已经另娶，婚后到盛家来看她，此后拖延了很久之后，她还是决定离婚。"当然，父母离婚，最根本的原因还在于父亲的不成器。

遭此家变，张爱玲彻底告别了无忧的童年。好在她可以常常去母亲的家——这也成了她童年中为数不多的快事。母亲家里的欧式装饰让张爱玲大开眼界：在这里，她第一次见到铺在地面上的瓷砖，浴盆和煤气炉子——这一度成为张爱玲心中最好的一切。这种"干净利落"的风格，也影响到张爱玲的审美及生活态度。

不过这些零星的快乐时光，也没能持续很久，母亲再次动身留洋。这对母女第一次以一种另类的方式告别了。

临走前，母亲来到张爱玲就读的黄氏小学看望她，而年少的张爱玲却表现出了与年龄不符的冷静，甚至不觉得伤心："她来看我，我没有任何惜别的表示，她也像是很高兴，事情可以这样光滑无痕迹地度过，一点麻烦也没有，可是我知道她在那里想：'下一代的人，心真狠呀！'一直等她出了校门，我在校园里隔着高大的松杉远远望着那关闭了的红铁门，还是漠然，但渐渐地觉得这种情形下眼泪的需要，于是眼泪来了，在寒风中大声抽噎着，哭给自己看。"

母亲的离开，使得父亲的家又回到了老样子：花园，洋房，狗，一堆佣人，一个吸鸦片的父亲，没有女主人。

没有母亲的生活，日子越发单调，张爱玲似乎只能以成绩和文学来安抚自己孤寂的心。1934年，张爱玲从黄氏小学升到了圣玛丽亚女校高一年级。此时的张爱玲已懂得规划自己的人生了，她理想中的生活是中学毕业后留学英国，想学画卡通片，还想把中国画的技巧传授给英国人——"我要比林语堂还出风头，我要穿最别致的衣服，周游世界，在上海有自己的房子，过一种干脆利落的生活"。她的理想明显受到了母亲的西方风气的影响。

而这理想还未来得及实施，家里就发生了一件大事——父亲又结婚了。后母的到来，对于张爱玲最大、最直接的影响便是一点点剥去她对父亲和这个家的热爱。当最后一丝眷恋被父亲的毒打剥去，张爱玲终于勇敢又不顾一切地逃离了父亲的家，奔向了再次回来的母亲的家。

1937年夏，张爱玲从圣玛利亚女校毕业，母亲也再次回国。此时的张爱玲正踌躇满志地要实施出国留洋的计划，然而父亲的冷言拒绝，击碎了她的梦。这自然影响到张爱玲对待父亲以及后母的态度。最终，张爱玲因与后母发生嫌隙而被父亲毒打并关了禁闭。在经过一段牢笼般的生活后，张爱玲终于逃出了张家，"赤裸裸的站在天底下了"。

逃离后的张爱玲，只有一个目标，那就是奔向母亲。此后两年，张爱玲都与母亲和姑姑住在一起。不管愿意还是不愿意，母亲总归是承担起了张爱玲的一切开销。

但在长久的和真真切切的日子中，张爱玲终于发现，自己与母亲似乎并不像别的母女那样毫无嫌隙。而母亲黄逸梵也惊诧地发觉：自己的天才女儿除了她的"天才"之外，生活上似乎一窍不通，以至于连苹果也不会削，补袜子更是经过艰苦的努力才能学会。另外，张爱玲不喜欢上理发店，也不愿意见陌生人。

黄逸梵终于从惊诧变为失望。但这失望也激起了她作为母亲的责任感，她决定从煮饭开始，传授给张爱玲一切生活的技能。

可是两年的学习过程，到头来，黄逸梵收获的只是失望，她甚至气急败坏地对张爱玲说："我宁愿看你死，不愿看你活着使你自己处处受痛苦。"

张爱玲对母亲的感觉，也似乎不像从前那般"罗曼蒂克地爱着"了。

曾经无论是母亲的生活品质还是审美趣味，乃至母亲的朋友圈子，对于幼年的张爱玲来说，都是遥不可及的梦。如今，日渐成熟的张爱玲发现，原来母亲也是在平凡地度过日日夜夜，甚至会被突如其来的拮据所困扰。

每次张爱玲开口要钱，对于张爱玲和母亲来说，都是一种无声的折磨，母亲虽然给了她，但捧着钱的张爱玲，心里却十分难过。渐渐地，母亲也厌倦了这种坐吃山空的日子。

"这时候，母亲的家不复是柔和的了。"平淡生活中的琐碎，吞噬了母女之间的最后一丝爱与希望。

中学毕业时，面对张爱玲人生道路的抉择，母亲终于给张爱玲出了一道选择题——若是想早日嫁人，那么，就不必苦读，用学费来打扮自己；若要继续读书，那么，钱，就只能花在学费上，至于衣装打扮方面，自然就无法顾及。张爱玲是有理想的女性，"女学生——少奶奶"的路，自然非她所愿，她果断地选择了后者。这是自己从小的梦啊！

1939年，张爱玲不负众望，以第一名的成绩考取了伦敦大学。但因"二战"的爆发，张爱玲只得转而申请香港大学，采取"曲线救国"的方式，争取毕业后去英国深造。

在香港读书的日子，张爱玲异常勤奋，甚至还获得了教授额外给予的奖学金。然而当母亲来到香港后，却将女儿的奖学金输给了牌友。这让张爱玲对母亲非常失望。

香港沦陷，令张爱玲的英伦梦破灭，她只能回到上海。在上海的艰辛求学和谋生，使她悟出一个道理："用别人的钱，即使是父母的遗产，也不如用自己赚的钱来得自由自在，良心上非常痛快。"

因与胡兰成恋爱而背上了"汉奸妻子"的恶名，文章不再受人欢迎，张爱玲赚钱便更加不易，生活也窘迫了不少。而母亲只顾各地游历，并未在张爱玲困难时给予她任何帮助。1957年，黄逸梵流落英伦，在时日无多之时，给女儿写信："希望见你一面。"然而，张爱玲因为当时的经济条件不允许而没有满足母亲最后的愿望，只是匆匆寄去一张一百美元的支票。一个月后，母亲去世了。

最后，张爱玲终归还是将母亲归入了自己爱的人一类。晚年的她看淡了一切，因为她明白了"所有人都有自己选定的人生，谁也不过是谁的过客"。

世间始终你好

姑姑张茂渊/干脆利落的人生

清平机智的名门闺秀

张茂渊是张爱玲的姑姑，曾有人说，张茂渊一生最重要的事业就是当好张爱玲的姑姑。而在张爱玲的笔下，姑姑则是别有一种风度的名门之后。张爱玲曾在《姑姑语录》一文中，评价姑姑，说她"有一种清平的机智见识"。张茂渊的一生，清平中又夹杂着犀利冷静的智慧。作为一个名门闺秀，她流传最多的语录，却多半都是幽默风趣的自嘲。她曾经比喻自己是"文武双全"的人："文能够写信，武能纳鞋底。"再比如，她曾经深陷病痛，久久不能康复，便又开始自嘲："又是这样的恹恹的天气，又这样的虚弱，一个人整个地像一首词了！"或者说，"我简直一天到晚的发出冲淡之气来！"能够自嘲的人大抵内心强大，至少不会自怜自艾。

冯祖贻先生曾这样描述过张茂渊女士："张爱玲的母亲不必说，她姑姑在上海高等华人圈中也是数得上的时髦人物。她喜欢穿红衣裳，开跑车又骑摩托车。她早年有一笔丰厚的遗产，一度请了法国大师傅专做西餐，购买了一辆白色汽车，她会开车，但仍雇了一个白俄当司机。她与张爱玲母亲合租的赫德路爱丁顿公寓60号房，房间相当宽大，有一个大客厅，两个大房，两个大卫生间，一个大厨房，两个阳台，外加一个小卫生间及一个备菜间，客厅有壁炉。这个房子是专供旅沪外国人和高等华人居住的，房租奇昂。姑姑不满意家具店的家具，房子陈设及地毯均是自己设计的。"

与黄逸梵不同的是，张茂渊走的是职业女性的路线，一直在外企工作，大半生都处于单身状态中，她是名副其实的"单身贵族"。虽然单身了大半生，但由于张茂渊的性情很好，所以并没有因为单身太久而变得孤僻和冷漠。从张爱玲对她的描述可推断，她随和、平易近人、不乏幽默感，脾气要比张爱玲的母亲好得多。张爱玲与她有近十年的时间朝夕相伴，且两人相处得甚为融洽。张爱玲常常"押着"她读自己的作品，又喜欢向她"嘀嘀咕咕"地"唠叨"家常话，她也是张爱玲遇事可以与之商量，帮着拿主张的唯一一位"家里人"。

张茂渊是张爱玲文章中出现频率较高的一位亲属，她曾称姑姑是"轻度知识分子"，姑姑的每次出场都是亲切的，让人会心一笑的。

有一天夜里非常寒冷，姑姑急急地要往床里钻的时候，忽然说了一句"视睡如归"，还顺势诌了一首小诗："冬之夜，视睡如归。"

还有一次，张茂渊要洗头发，不知为什么，那次的头发很脏，洗过头发的水很浑浊，她便调侃了一句："好像头发掉色似的。"

从张爱玲的记录中，便可以看出她对这个姑姑的欣赏之意。而且张

世间始终你好

爱玲对姑姑的欣赏是多方面的，以至于对姑姑的生活方式、处世态度都带着尊崇甚至是追随的心态。

诚然，张茂渊是一个有着很典型的西化思维的女性，她崇尚那种自力更生的生活方式，独居在公寓里，清清静静，没有琐碎的人事牵牵绊绊。这是一种生活上的清爽和利落。

在追求清静的思想带动下，她的交友观也极具个人特色，她曾有一个朋友，年岁较大，且爱唠叨。张茂渊每每提起她时，便有一种感慨："生命太短了，费那么些时间和这样的人在一起是太可惜——可是，和她在一起，又使人觉得生命太长了。"这个朋友自然是不能与追求清平的张茂渊走得长久的，因此，她们渐渐地就不大来往了。

张茂渊曾经有过一块淡红的披霞，欠好。"青绿丝线穿着的一块宝石，冻疮肿到一个程度就有那样的淡紫红的半透明。襟上挂着做个装饰品罢，衬着什么底子都不好看。放在同样的颜色上，倒是不错，可是看不见，等于没有了。放在白的上，那比较出色了，可是白的也显得脏相了。还是放在黑缎子上面顶相宜——可是为那黑色衣服的本身着想，不放，又还要更好些。除非把它悬空宕着，做个扇坠什么的。然而它只有一面是光滑的，反面就不中看；上头的一个洞，位置又不对，在宝石的正中。"而偏偏她不忘记这块玩意，每隔一段时间就要拿出来看看，到处比对一番，想把它派上点用场，可结果总是不尽如人意，只好收起来。每次收起之后，她必要发表一番言论，说："看着这块披霞，使人觉得生命没有意义。"这是她对人生的认识，说起来是挺好的东西，却找不到合适自己的位置，可叹的是因为还没有足够好。

张爱玲非常崇拜姑姑，以至于一切刊登了自己文章的书报杂志，都要强迫姑姑读一遍，而姑姑往往张嘴就来一句"看不进去"。但张茂渊又实在架不住张爱玲的热情，况且张茂渊对张爱玲是十分疼爱的，所以每次张茂渊都应张爱玲的要求，做自己侄女的忠实读者。一次，张茂渊读到一篇张爱玲和苏青谈论职业妇女的对话。身为职业女性的张茂渊也对此发表了评论，而这段评论即使放在当下，也是鲜活如许的：首先让她诧异的便是很多人都把职业女性当作另一类人。如同现在的"男人，女人，女博士"的分类一样。在张茂渊的眼里，大多数所谓的"职业女性"其实与家庭妇女没什么不同，因为大多数的女性职业"不过是在写字间里做人罢了。在家里有本领的，如同王熙凤，出来了一定是个了不起的经理人才"。

"将来她也许要写本书关于女人就职的秘诀，譬如说开始的时候应当怎样地'有冲头'，对自己怎样地'隐恶扬善'……然而，谈到写作，她又说："不用劝我写了，我做文人是不行的。在公事房里专管打电报，养成了一种电报作风，只会一味的省字，拿起稿费来太不上算了！"

张茂渊这样一个聪慧的女性，在谈吐上自然反应迅速又极富幽默感。张爱玲曾经把"爱德华七世路"错当成"爱德华八世路"，姑姑听到以后，只是淡淡地说了一句："爱德华八世还没来得及成马路呢。"

当然，与众不同的张茂渊也会有普通女子的烦恼，她时常出现的两大问题也是与减肥和拖延有关。有一阵子，张茂渊诸事不顺心，但她反而胖了起来。她曾写信给一个朋友说："近来就是闷吃闷睡闷长。……好容易决定做条裤子，前天裁了一只腿，昨天又裁了一只腿，今天早上缝了一条缝，现在想去缝第二条缝。这条裤子总有成功的一日罢？"

出身名门，本应该具有大家闺秀特有的端庄正经的姿态，以及不可避免的懒惰与娇情。然而她却不走寻常路，抛却虚伪的矫揉造作，从不需要伪善的面纱，清平机智，特立独行，且时常冒出一些讨喜的俏皮话。这也许是最让凛冽孤傲的张爱玲欣赏的吧！

她是那一阕孤清的词

张茂渊比哥哥张志沂小 5 岁，生于 1901 年。那时候正是父亲张佩纶失势之时——本来被委以重任，然而书生误国，兵败如山倒，落得个临阵脱逃的罪名，被发配充军，政治生涯陷入谷底。不承想，这个事业失意的家伙，竟然被李鸿章相中了——张佩纶以不惑之年娶得 22 岁的李家千金李菊耦。可惜好景不长，二人共同生活了 15 年，张佩纶就撒手人寰，留下一对孤儿寡母。

李菊耦毕竟是大户人家出身，颇有见识，她知道自己虽有丰厚的嫁妆，但要想延续家里的富裕，只能教两个孩子读书。因此，虽然张茂渊是个女孩，却得到了和哥哥一样严厉正规的启蒙教育。

那时候，张茂渊和哥哥随同母亲住在南京安园内，如今这里还保存着李菊耦住过的"小姐楼"。而这间屋子，也是张茂渊最喜欢、最留恋的地方。李菊耦去世后，张茂渊跟着哥哥一同读书。那时候，她读得最多的便是当时最流行的林译小说。

在新文化思潮的影响下，张茂渊在 23 岁时，便毅然决定离开中国，到英国接受新式教育，而路费和学费便是母亲陪嫁的金银首饰。

张茂渊27岁时，回到上海，开始了职场生涯。她曾在英商怡和洋行做职员。不久，上海失陷，张茂渊第一次失业了。然而，凭借自己的高学历和工作经验，她迅速找到一份新工作——在德国电台做广播员，这份工作简直是钱多事少的典范：每天只工作半小时，月薪却好几万。然而这位有个性的女子却感慨道："我每天说半个钟头没意思的话，可以拿好几万的薪水；我一天到晚说着有意思的话，却拿不到一个钱。"若是她选择安安稳稳，相信她的生活会平静且顺遂。

很显然，这不是张茂渊的性格。张茂渊先是打了两场官司，一次是因财产分配不公，与自己同父异母的哥哥张志潜打；另一次是为了救助李鸿章的孙子李国杰出狱。为了救李国杰出狱，她四处借钱，然而遭遇的都是亲戚们的冷脸。于是，她变卖资财，加入了炒股的队伍。听说法币保值，又购进了大量法币。当然，熟悉民国经济的人都知道，这些法币很快变成了废纸。结果张茂渊赔得一干二净。

折腾到破产的张茂渊，并未就此收手，她继续折腾，连钱多事少的工作也觉得没劲，索性直接辞职。随后，跳槽到上海有名的大光明戏院。

在这期间，张茂渊的生活中又发生了一件大事：与相依为命的哥哥张志沂闹翻了。而导致兄妹闹翻的人便是那个曾经给予兄妹俩庇护的同父异母的二哥张志潜。

李菊耦去世时，兄妹二人还未成年，而二哥张志潜已经34岁。他主动担负起兄妹二人的生活，并趁机侵吞了不少李菊耦的财产。到张志沂成家时，兄妹二人分到的财产只是母亲遗产的一小部分。其中有一套宋版书，是父亲张佩纶用李菊耦的嫁妆购买的，非常珍贵。但在后来的战乱中，该书辗转流落到书法家于右任的手里，张志潜得知后，便写信要了回来。

张茂渊此时正为救李国杰而筹钱，听说此事，便要同哥哥结成同盟，与张志潜打官司。没想到不成器的哥哥却被张志潜收买，二人的攻守同盟被拆散了，张茂渊的官司也输了。从此，她对哥哥的亲情不复存在，也再没找过哥哥要一分钱。她公然宣称不喜欢"张家的人"。

但她对张爱玲却不错。听说张爱玲挨了父亲的打，她还曾上门求情，为此，还挨了哥哥的打。只是因为怕丢张家的面子，才未报到巡捕房中。

后来，亲哥哥去世，家人给张茂渊打电话，张茂渊的反应冷淡至极，唯一的回应便是一声"哼"，连吊丧都没去。她做不出那种"明里一把火，暗里一把刀"的事，她甚至渴望自己被那个她讨厌的家族边缘化。她是一个有"精神洁癖"的人，因为讨厌那个家族，所以她能够狠心，与虚伪的情义一刀两断。

张茂渊对于亲情的淡漠，对世事的通透，也影响了张爱玲的人生观。张爱玲一度非常崇拜姑姑的人生态度。张爱玲为考取上海的圣约翰大学做准备时，住在姑姑家。奇葩的是，二人在日常生活花销上居然实行AA制，甚至在张爱玲困窘时，张茂渊也未曾支援过她。

关于二人的相处细节，张爱玲曾经回忆过这样的一件趣事："上次急于到阳台上收衣裳，推玻璃门推不开，把膝盖在门上一抵，豁朗一声，一块玻璃粉碎了，膝盖上只擦破一点皮，可是流下血来，直溅到脚面上，擦上红药水，红药水循着血痕一路流下去，仿佛吃了大刀王五的一刀似的。给我姑姑看，她弯下腰去，匆匆一瞥，知道不致命，就关切地问起玻璃，我又去配了一块。"

和张茂渊这样的人打交道，你要预备着承受真实之伤，张爱玲自始至终跟人打交道都很有距离感，很紧张，某种程度上是拜张茂渊所赐。不过，虽然张茂渊"温度"不高，但好在没有华丽的外包装，而且能探到底，这样便显得格外真实。

相对于生活，在写作上，张爱玲从她那里学到的更多。如果说，她读香港大学时，官样文字被历史教授佛朗士先生耍着花腔一读，就露出了滑稽的底色，但与张茂渊同住时，她的冷淡和真实对张爱玲的写作产生了深远的影响。她只言片语里的那种穿透力，则如一张网眼细密的筛子，筛去尘世间的装腔作势，安然地放置自己的内心。

值得一提的是，在张爱玲 60 岁生日时，一向冷淡的姑姑竟然专程用航空邮件给张爱玲贺喜："时间过得真快，我心目中你还是一个小孩。"看来，张茂渊心里始终是把张爱玲当作那个不谙世事的小女孩一样喜爱的；而同样冷淡的张爱玲在年老之后，最常联系的人依然是自己的姑姑，每隔一段时间就会给她一通越洋电话，还把自己的书稿交给姑姑，让她当自己的经纪人，连稿费也赠给了她。

执着相许误半生年华

当年的张茂渊绝对可以称得上是完美女性：家世显赫，学历高，性格开朗，洁身自好，崇尚独立且有一份收入不错的工作。这样的一位女性的情感生活自然是广受瞩目的。

说到谈婚论嫁，当时比较流行的形式是女中学生应嫁男大学生，女大学生应嫁男留学生。这里偏偏落下了女留学生了，想必当年女留学生必定是极其稀少的一个物种，而张茂渊正是其中之一。如此种种优秀条件都落到张茂渊身上，但她真是被自己的家世及人生阅历所累了。

当然，如果张茂渊愿意俯就，张家千金要想嫁人，是极其简单的事。然而，关键之处就在于，张茂渊心气太高。张爱玲曾说："她找起事来，挑剔得非常厉害，因为：'如果是个男人，必须养家活口的，有时候就没有选择的余地，怎么苦也得干，说起来是他的责任，还有个名目。像我这样没有家累的，做着个不称心的事，愁眉苦脸赚了钱来，愁眉苦脸活下去，却是为什么呢？'"（《姑姑语录》）她就是这样一个从不把惯性考虑在内，更不把闲言碎语和他人的眼光考虑在内的独特女性。

然而命运的奇特之处就在于，你永远不知道，会在什么地方遇到谁，也不知道自己会对哪个人倾尽一生的心力。

25岁那年，在上海开往英国的轮船上，如初盛的鲜花般娇艳的张茂渊，邂逅了一位玉树临风的才子，名叫李开弟。他用英语给她朗读拜伦的诗，声音圆润，仿佛磁石一般牢牢地吸引了张茂渊的心。二人进一步交谈，发现有很多共同语言，无论文学、理想、人生，任何一个话题，两人都能找到共同点。海风吹拂着两张年轻的面庞，也吹动了他们的心。

这次旅程的回忆太美好，仿佛一颗种子飘进了两人的心田，并迅速扎根其中。

然而，正如前文所说的，张茂渊在面对突如而至的爱情时，果然被自己的精致所拖累。

据说当时李开弟早已订婚了，再加之张茂渊高不可攀的身世背景，所以他只能选择离开。斩断情丝的李开弟，迅速与另外一位女留学生结婚了。然而，令人费解的是，作为一名受过新思潮影响的新时代女性，张茂渊居然做出了一个在别人看来非常难以理解的决定——等。

心上人与别人结婚，张茂渊本应在深闺中痛哭，然而若是这样，岂能对得起她洒脱的性格。她梳妆打扮一番后，身着一袭白旗袍，大大方方地参加了李开弟的婚礼。在婚礼上，张茂渊终于憋不住了眼泪，哭得梨花带雨，她捉住李开弟的手，只说了一句话："今生若等不到你，我就等到来世。"

大家都以为她只是一时激动，说说而已，但是她真的做到了，且一等就是半个世纪。

此后，张茂渊与李氏夫妇一直保持着友好的关系。

"文化大革命"期间，李开弟被打成反革命，整日被批斗，张茂渊依然不放弃他，时常带些食物去探望他。那期间，李开弟的妻子也受了不少苦，身体被摧垮，在她最后的岁月中，她多次请求前来照料她的张茂渊，在她死后，一定要与李开弟结为夫妇。

在1979年，孤身一人的李开弟被平反后，终于把78岁的张茂渊娶进了门。而这一次，他再不负她的等待。

世间始终你好

守望半生余情缘未尽

在最美好的年华遇到最值得爱的人，是人生的幸事之一。为了这份幸运，张茂渊付出了半个世纪的等待。

半生的等待，暮年才得以相守。她的付出比李开弟多得多，不能说他是错的，也不能去怀疑她值得不值得，因为爱情这件事，从来都不能用常理来对待。

我们大部分人都缺乏这种勇气。普通人的选择常常是爱而不得，也可以退而求其次，世界那么大，来来往往，除了他，总还有适合自己的。张茂渊不屑如此，弱水三千，她只取一瓢饮。

她正视自己的人生，活得自我而真实，世人的议论与眼光她从来不理睬。她这一生，算不得圆满，但无愧于心。

张爱玲曾经写过一篇散文《姑姑语录》，里面说张茂渊曾经有过很多珠宝，生活困难时，其他的珠宝都被典当了，唯有一块披霞，被她视为珍宝，一直留在身边。张爱玲很诧异，因为以张茂渊的洒脱性格，不太可能被这样一件华而不实的披霞羁绊。直到暮年的张爱玲，在美国接到曾经在香港读大学时的监护人李开弟的征求意见信，希望张茂渊能嫁给他时，张爱玲才恍然大悟，才明白那件披霞是张茂渊半个世纪的苦恋与等待的见证。

对于李开弟，对于这份感情，张茂渊一直保持着道德的克制，也不愿去伤害另外一个人。

李开弟在大华酒店举办婚宴，张茂渊坦然出席，还担任了女傧相，之后张茂渊与李开弟一家一直保持着密切的联系，李开弟的女儿李斌一直叫张茂渊为"张伯伯"。张爱玲去香港大学念书，张茂渊委托李开弟做其监护人。李开弟不负所托，尽心尽力照顾张爱玲，她在学校、生活上的事情，李开弟都一一打点好。直到太平洋战争爆发，香港沦陷，李开弟一家到重庆躲避战争，他才改托另一个朋友照顾张爱玲。

1965年，李开弟的妻子去世，李开弟受尽折磨，女儿远在广州，儿子自杀。

在这段日子里，张茂渊放下身段，悉心照料李开弟，为他打扫卫生，还变卖首饰，陪他度过人生最黑暗的岁月。

1979年，在李开弟女儿的支持下，李开弟与张茂渊举行了婚礼。这实在算不上一个光鲜的婚礼，李开弟与张茂渊已经是耄耋之年，张茂渊自然已不复当年的朱颜玉貌。说他们错过了彼此最美好的年华，其实也不准确，张茂渊一直都存在于李开弟的世界里。他们从未断了联系，但他们发乎情止乎礼，这也是对彼此的尊重。

1942年，张爱玲从香港返回上海。新中国成立的前后几年，张爱玲、张茂渊与李开弟有过一段来往频繁的快乐时光，李开弟经常去静安寺常德公寓造访张茂渊与张爱玲。而李开弟每次到访，张爱玲都按照姑姑的吩咐去买李开弟喜欢的食物招待他。而李开弟也经常让司机载着姑侄二人去吃饭、喝咖啡。

有人质疑李开弟其实不够爱张茂渊，如果爱一个人，怎么能忍心让她苦苦等待半个世纪？要知道在这个世界，并不是爱就一定要相守，爱而不得的遗憾是常态，只是有人选择了妥协，选择了下一站，而张茂渊

　　　　　　　世间始终你好

选择了守望。不是所有的真爱都需要用他人的眼泪来成全。

20世纪80年代初，张茂渊与张爱玲取得了联系，开始常有书信往来，后来因为张茂渊身体欠佳，给张爱玲的信都由李开弟执笔。而张爱玲著作的国内版权，也交给李开弟处置，所得的稿酬也留给了张茂渊与李开弟，同时，在知悉他们的情况后，在美国生活并不宽裕的张爱玲，数次汇款回国改善二老的生活。

1984年，张茂渊患上乳腺癌。然而李开弟为了维护张茂渊的骄傲，决定放弃化疗。之后李开弟便悉心照顾着病床上的张茂渊，事必躬亲。甚至于妻子的药，都随时揣在怀里，以备不时之需。他认为，无论自己怎样待她好，她都配得起。

坚持几年后，张茂渊的病情加重了，时常胸闷、咳嗽，甚至咳血，此时癌细胞已扩散至肺部。就连医生都提醒李开弟，他的妻子已是时日无多。然而，李开弟并不放弃，他比从前更精心地照料她，时常讲笑话给她听，对外宣称她只是得了肺气肿。后来，他还从一位医生那里得到一服蛇毒药，说是治疗此症的良药。此后，李开弟便随身携带此药。

1991年6月9日，张茂渊迎来了九十大寿。为了纪念夫妻共同走过的十二年，李开弟决定给妻子举办一次生日晚会。当晚二人心情非常好，仿佛回到了初遇的时候。然而，张茂渊突然发病，李开弟急忙喂她吃药，但为时已晚。生日过后的第四天，张茂渊终究是先走了一步。

张茂渊与李开弟共同度过了十二个春秋。1991年，身患乳腺癌的张茂渊撒手人寰。李开弟将此事告诉远在美国的张爱玲，信上的第一句话就叮嘱张爱玲，要镇定，不要激动，然后才说，"你与我所至爱的亲人已于6月13日晨7时45分与世长辞"，此时，李开弟也已90余岁高龄。

等待半世、守望半生，奇女子的付出终究换来了生命最后的绚烂。

这里交代一下李开弟的女儿李斌的情况。李斌一直在广州，自幼拉小提琴，丈夫张伟是大提琴家，之后夫妻俩移居澳大利亚。

张爱玲晚年已经很少与外界联系，但好友宋淇之子宋以朗在整理张爱玲遗物时发现了一封她给李斌的书信（当年不知为何信件没有寄出）。这是一张精致小巧、印着百合花的对折贺卡，张爱玲用黑色笔从右到左写着几排字，字迹圆拙。上面写着：

"斌，

路远迢迢寄这么个小钱包给个大音乐家，太可笑。请原谅我心目中永远拿你当个十一二岁的小女孩，给 Uncle K.D. 买个小皮夹就顺便买个给你。祝近好

爱玲"

多年后，宋以朗通过报社联系到了李斌。已是75岁高龄的李斌老人听闻此事之后，非常感动，她没想到对人事一向疏冷的张爱玲还记得她，甚至还留了一份跨越了时间的宝贵礼物给她。张爱玲写信时，李斌已经是五六十岁的老人，但在张爱玲的心里，她永远是个十一二岁的小女孩，而且还记挂着她给她买礼物，李斌怎能不感动？

张爱玲对母亲的遗嘱可以不理不睬，但却记着给她姑姑的继女买一个精致的小礼物，甚至还精心地挑选贺卡，亲笔书写。因为母亲从未实实在在地顾及过她，反倒是姑姑与她相伴多年，并给予她诸多关怀。所以，

在人情世界里，没有"天生冷漠"这一说，如果一个人冷漠疏离，那恐怕是他真的想保持距离。

关于张茂渊的故事其实很零星，多数人知道她是张爱玲笔下机智幽默的姑姑，是为了爱情被骗走一身财物的姑姑，是为救走张爱玲被打破额头去缝针的姑姑，是与张爱玲十多年相伴的姑姑，那十多年的时光也是张爱玲创作的巅峰时期。

隔着近一个世纪的时间，如果时光回转，重新回到那艘英国客轮上，张茂渊与李开弟的选择会不一样吗？以李开弟的眼界胸襟说他没有选择张茂渊是因为张茂渊的家世背景，其实有点牵强，真正的原因应该是他们的相识真的晚了一步。尽管多年来，李开弟都对张茂渊有诸多照顾，但注重传统道德的他，在妻子去世前，一直不肯抛弃妻子另娶张茂渊，这也是张茂渊一直信任他的原因。

在1986年版《西游记》拍摄时，朱琳爱上了徐少华，在得知徐少华进剧组前刚新婚三天时，朱琳唯有叹息。《西游记》剧组二十年后再聚首，朱琳一上台就问："自女儿国一别，二十年不见，御弟哥哥，别来无恙？"原本欢声笑语的现场顿时一片静寂，是惋惜，还是遗憾？他们都没错，他们，都没错，只是时间错了。

相比朱琳，张茂渊至少还用五十年的光阴，换来与李开弟十二载的相守岁月，也算是一种慰藉。

下　卷

情谊：滚滚红尘中的相遇

与炎樱 / 一个像初夏，一个如深秋

快乐的吃梦小兽

　　张爱玲一直以旁观者的凛然姿态行于世间，落到笔下，字里行间全是悲凉，冷静得教人害怕。世人都说她孤高冷傲，却不知道她与千千万万的普通人一样渴望爱和被爱，在高傲冰冷的外表下，心底始终有一片柔软。除却饱受流言争议的爱情，张爱玲这样不同于世的女子，怎能没有一株抽出枝芽、兀自生长的闲蓇装点，何况炎樱又是如此颖趣纯真的姑娘。

　　虽然她们像两条相交线，曾经出现在彼此的生命里，留下浓墨重彩的一笔后成为永远的过客，但不可否认的是，无论此后种种如何唏嘘、如何无奈，她们的青春因为有了彼此而变得更加精彩完整。

　　关于"炎樱"这个名字，《双声》里有段饶有趣味的注："我替她取名'炎樱'，她不甚喜欢，恢复了原来的名姓'莫黛'——'莫'是姓的译音，'黛'是因为皮肤黑——然后她自己从阿部教授那里，发现

　　　　　　　　世间始终你好

日本古传说里有一种吃梦的兽叫作'獏'，就改'莫'为'獏'，'獏'可以代表她的为人，而且云鬓高耸，本来也像个有角的小兽。'獏黛'读起来不大好听，有点像'麻袋'，有一次在电话上又被人听错了当作'毛头'，所以又改为'獏梦'。这一次又有点像'獏母'。可是我不预备告诉她了。"

獏梦，实为梦獏，意为"吃梦的小兽"，单看"吃梦的小兽"这几个字，都教人读出满满的爱，想想当时的张爱玲看炎樱，一定都是些美好的词汇。难怪有许多人把她们的友情解读成同性恋了，只是如果事实真的是这样，张爱玲的传奇故事，似乎就要改写了。

炎樱姓摩希甸，名法提玛，父亲是阿拉伯裔锡兰（今斯里兰卡）人，在上海做的就是珠宝生意，珠宝店就唤作摩希甸。母亲是天津人，为了爱情跟家里决裂，多年不与家人来往。炎樱的父亲信的是伊斯兰教，后来张爱玲谈起炎樱的宗教信仰："'宗教'有时是扇方便之门。如炎樱——她固信教，不说谎，可是总别的办法兜圈子做她要做的事。我觉得这种'上帝'未免太笨，还不容易骗？"

值得一提的是，张爱玲《色戒》中写到的那个珠宝店就是炎樱家。显而易见，炎樱是个标准的"富二代"，但难能可贵的是，她的身上没有"富二代"的习气和架子，活泼开朗又讨人喜欢，从一些小事上就可以看出来。

炎樱是精明惯了的，细致到毫厘。炎樱买东西，软磨硬泡也好，调皮耍赖也罢，千方百计一定要把零头抹掉。好比有一回在犹太人的商店里，把钱包都翻了个底朝天，说："你看，没有了，真的，全在这儿了。还多下二十块钱，我们还要吃茶去呢。专为吃茶来的，原没有想到要买东西，后来看见你们这儿的货色实在好……"底气十足，难以置信的理直气壮，一般的姑娘，脸皮薄得连讨价还价都觉得害臊。

张爱玲这样写道："店老板为炎樱的孩子气所感动——也许他有过这样的一个棕黄皮肤的初恋，或是早夭的妹妹。他凄惨地微笑，让步了。'就这样吧。不然是不行的，但是为了吃茶的缘故……'他告诉她附近那一家茶室的蛋糕最好。""凄惨地微笑"实在是神来之笔，你甚至能马上脑补出店老板的神情。世界上就是有这样一种人，总是令人无法拒绝，炎樱大概就是这一种。

乍看之下，炎樱和张爱玲之间千差万别，一个像夏天，一个像秋天，似乎八竿子都打不着的两个人却建立了深厚的友谊。有这样一个观点：朋友一定要门当户对，交朋友的第一原则是交换，第二原则是对等。炎樱和张爱玲从家世、教育、学识，甚至是颜值上都是对等的，不是一方对另一方的单向输出，在交往的过程里，交换了感情、观点和利益。从某种意义上来说，炎樱和张爱玲在对方的身上都找到了自己的影子，又将自己的渴望投射在对方身上。

因而炎樱是张爱玲一生中最重要的好友和知己，两人几乎形影不离。

两人是香港大学的同窗，既是同行前往香港，这就有了不甚愉快的第一次见面。炎樱的"好玩"里多了些"恐怖和嫌弃"的意味，倒是张爱玲一见炎樱就觉得喜欢，"个子娇小，婴儿脸，肤色金黄，大大的眼睛"。还捧着一束红色康乃馨，一一握手寒暄，介绍大家认识，连妈妈那么挑剔的人都说："倒像个能干的女孩子。"

后来香港沦陷，炎樱和张爱玲辗转之中又一同进了上海圣约翰大学，张爱玲曾在文章中描述道："炎樱进上海的英国学校，任 prefect，校方指派的学生长，品学兼优外还要人缘好，能服众。我们回到上海进圣约翰大学，她读到毕业，我半工半读体力不支，入不敷出又相差过远，随即辍学，卖文为生。"

炎樱成绩优秀，是智商高；人见人爱，就是情商高了。这种双商都高且漂亮的姑娘，让张爱玲这样自我封闭的人，都放下了一道心防。

炎樱又是如此聪慧幽默，她从不自卑，心胸豁达，调皮起来简直让人猝不及防。有一次，她在报摊上翻阅画报，一副饶有兴趣的模样，悉数翻过一遍后，一本都没买。报贩揶揄道："谢谢你！"炎樱满脸笑意，眼里写满狡黠，答道："不要客气。"

有人说："我本来打算周游世界，尤其是想看看撒哈拉沙漠，偏偏现在打仗了。"炎樱说："不要紧，等他们仗打完了再去。撒哈拉沙漠大约不会给炸光了的。我很乐观。"这种没心没肺，要是放在一般人身上，不是显得愚蠢就是没来由的盲目自信，放在炎樱身上，却恰如其分。

从香港到上海，炎樱和张爱玲和世界上所有的好闺密一样，逛街、吃喝玩乐……整日地腻在一起，街头巷尾到处可以见到她们的身影。两人谈天说地，大有伯牙子期高山流水的意味，尽管有了一切尽在不言中的默契，却还是有言之不尽的话题。

有一回，从咖啡馆出来的两人，分别的时候很有些趣味。明明家住不同的方向，炎樱却偏偏缠着张爱玲送她回家，张爱玲一路絮絮叨叨地抱怨。后来炎樱只好妥协叫了一辆三轮车，尽管双方都能负担得起这些费用，却要在乘三轮车的小小费用上争执一番。真正好的友情便是这样，不必时时尽善尽美、无懈可击。偶尔莫名其妙、口无遮拦地斗嘴，把好的我、坏的我一并摊开在你面前，这是女孩儿特殊的情谊，有些说不清道不明，但却真实而温暖。哪怕是张爱玲这样清冷的性格，在这样的情谊面前都有了十足的小女生姿态。

世界只有一个张爱玲，也只有一个炎樱。炎樱用她的纯真、活泼感染了张爱玲，也为张爱玲的青春增添了一抹鲜亮的色彩，这是炎樱出现在张爱玲生命里最大的意义。

她是花朵的灵魂

活在张爱玲文字里的女子是复杂的，或美丽自私，或善良坎坷，抑或心机深沉。七巧、曼璐、薇龙……她笔下的女子总是需要人去细细解析，都是需要长篇大论才说得清的一些人。但是这些女子中唯有一个是例外，那就是炎樱。

"有一位小姐说：'我是这样的脾气。我喜欢孤独的。'獏梦低声加了一句：'孤独地同一个男人在一起。'""獏梦说：'许多女人用方格子绒毯改制大衣，毯子质地厚重，又做得宽大，方肩膀，直线条，整个地就像一张床——简直是请人躺在上面！'"这是《气短情长及其他》里妙语连珠的炎樱。

"我的朋友炎樱说：'每一个蝴蝶都是从前的一朵花的鬼魂，回来寻找它自己。'"这是《炎樱语录》中浪漫的炎樱。

"'嬷嬷！黄油没有了！'比比腻声抱怨着，如泣如诉。'嬷嬷你来摸摸看，咖啡冰冷的，嬷嬷你给换一壶来。’”这是在《小团圆》里化身为比比、任性撒娇使唤嬷嬷的炎樱。

天真，活泼，幽默，没心没肺，脑袋里装满奇妙的想法，张爱玲书写的炎樱永远像一个不谙世事的孩子，她的行为言语都带着令人微微捧腹的孩子气。

张爱玲写过这么一件事，两人在香港大学求学的某一年冬天，天气十分寒冷，于是炎樱就把台灯藏到被窝里，当成暖水壶取暖。可见炎樱不只是有活泼的性格，也是有生活智慧的。

张爱玲十分喜欢将炎樱放进自己的书里，《双声》《吉利》《炎樱语录》《炎樱衣谱》《气短情长及其他》《烬余录》《对照记》《小团圆》……炎樱以炎樱自己或其他的身份活跃在张爱玲的字里行间。为什么张爱玲那么喜欢写炎樱？可能有人会说，炎樱本身就是一个讨人喜欢的女孩子，圆润可爱，妙语连珠，且两人又是无话不说的闺密，张爱玲不过是如实描写生活罢了，并没有什么特别的含义。真的是这样吗？

其实张爱玲或多或少是羡慕炎樱的，羡慕她的孩子气。张爱玲生长在名门世家，父母离异，被后母及父亲虐待，又年少出名。从小到大，她看到了太多，经历了太多，天真被太早地从她身上抹去。孤傲，是被用在张爱玲身上最多的词。一个作家笔下的人物总会映带出自己的影子。她笔下的女子复杂，因为张爱玲本身也是复杂的，这些角色带有的尖酸刻薄自私功利，也不过是张爱玲情感的宣泄。生活中真正从心里喜欢孤傲的她的人并不多（不包括她的书迷）。

在张爱玲心中，青春的炎樱是花的灵魂，是寻找自己的蝴蝶，浪漫地飞在她的身边，飞到她的心里，也飞进了她的字里行间。

炎樱在张爱玲面前永远是无忧无虑没心没肺的样子，无所顾忌地讲话，无所顾忌地玩闹，无所顾忌地做着一切。而张爱玲的妈妈、姑姑、胡兰成、胡适夫妇……几乎所有人也都像喜欢一个孩子那样喜欢着这只吃梦的小兽。张爱玲的心扉也并非铜墙铁壁，她在心里的某一块地方也希望像炎樱一样，可以做一个简单的女孩子，被各种人喜欢与包容。所以炎樱于张爱玲而言，并不只是一个闺密，也是一个张爱玲希望的自己。

但是炎樱并非真的是那么无忧无虑的炎樱，她也有自己的小烦恼。她不喜欢张爱玲给她取的名字，不喜欢与张爱玲出门被一堆小女孩围着，也不喜欢张爱玲描写的自己。

在给胡兰成的信中，炎樱曾这么写道："兰你，你真是不知道现在同爱玲一块出去有多讨厌。从前，虽然我们两人在一起是很合理想的滑稽搭档，到底不十分引人注目，高兴在街上吃东西也可以。但是，怎样的呀！一群小女学生跟在后面唱着'张爱玲！张爱玲！'大一点的女孩子回过头来上下打量，那我还能够同情她们，因为我自己也最爱看人，但是我做小孩子的时候我不那么莫名其妙地凑热闹，我有较好的事可做……被一个名作家所欣赏，被用作题材，是很大的荣幸，我非常感谢的，可是我无论说了什么都被歪曲了，那又是一件事。难道我真的说了'个子高的人应当头发短'？当真我以为如此，爱玲的头发早就会剪短了，也不会留到现在！而且，要是你，你是否喜欢被形容作'圆脸，微黑，中等身材，会说话'？听上去有点像一个下级动物（譬如说一只猫）对于一个人虚拟的描写，或是一个植物学的学生在那里形容一只洋山芋，

（一）它是固体，圆形；（二）外皮是棕色；（三）上面有细孔。结果一只洋山芋还是趣味毫无。我是完全同情洋山芋的，能够了解它的委屈。但是，兰你，我比可怜的洋山芋到底高一着，原来我'会说话'！它还会说话——多了不得呀！"

虽然炎樱的经历比张爱玲少，但是她也在成长着，渐渐地会变得不简单，性格中慢慢地有了张爱玲不喜欢的部分。这点也可以从张爱玲对炎樱的描写变化中看出。

到最后写《小团圆》的时候，张爱玲与炎樱已经疏于联系了。而《小团圆》里对于炎樱的化身——"比比"的描写，也不再如从前灵动，反而带上了一丝无情与现实。在这本书里，张爱玲的化身盛九莉在战争中逃过一劫后曾如此说道："告诉谁？难道还是韩妈？楚娣向来淡淡的，也不会当桩事。蕊秋她根本没有想起。比比反正永远是快乐的，她死了也是一样。"这里的比比对盛九莉（张爱玲）依旧没心没肺，但却已经到了无情的程度。

其实，对于大部分人来说，炎樱更像是活在张爱玲笔下的人物。除了张爱玲，别人对于炎樱的描写与评价少得可怜，如果没有张爱玲，炎樱的存在就会变得模糊。对于这只小兽所有的认识，都只能依靠张爱玲带有强烈主观色彩的描写，再难有客观的评价。因着身为作家的好友，而被众多陌生人熟知，可熟知的却又不一定是真实的自己，这对于当时的炎樱来说，也算是一种不小的痛苦。

可是不管是主观还是客观，那个说"月亮叫喊着，叫出生命的喜悦；一颗小星是它的羞涩的回声"的浪漫的炎樱，那个会跟精打细算的犹太商人撒娇砍价的俏皮炎樱……通过张爱玲一撇一捺的刻画一直鲜活地存在着。

渐行渐远渐无书

在张爱玲的笔下，炎樱就像一道耀眼的流星划过张爱玲的人生。两个人在生命的某个路口相遇，又恰好有了一段同行的时光，到了下一个岔路口，因为选择了不同的路，便只能挥手道别。

炎樱，已经不再是那个单纯可爱的吃梦的小兽，她变得精明且善于算计，带有些许无法忽视的粗鄙。

1952年，张爱玲远赴日本与炎樱会合。此时的炎樱在日本过着不错的生活，张爱玲本以为可以借炎樱的帮助去美国，然而三个月后，她意识到了这只是个空想。相对于帮助张爱玲离开，这时的炎樱更倾向于向张爱玲展示自己的优越。在日本的三个月里，张爱玲心里的炎樱渐渐崩裂，以至于后来她对邝文美说出这样的话：

"无论谁把金钱看得重，或者被金钱冲昏了头——即使不是自己的钱，只要经过自己的手就觉得很得意，如炎樱在日本来信说'凭着自己的蹩脚日文而做过几 bilions（数以十亿）的生意'——我都能明了。假如我处在她的位置，我也会同她一式一样——所以看见一两个把金钱看得不太重的人，我总觉得差异，而且非常佩服。"

这些话由张爱玲这样的人讲出来，明显就是话里有话。世易时移，炎樱和张爱玲都有了各自的经历，都不再是当初的女孩儿。在曾经的炎樱看来，张爱玲是光芒四射的名人，有这样那样狂热的崇拜者和追随者。她也曾拥有作家梦，但是因为不精通华文又没有张爱玲的才情，需得时时仰赖张爱玲。风水轮流转，张爱玲离了故土，少了曾有的光环，又没有交际的手腕，渐渐不可与往日同语。而炎樱则如鱼得水，过着相当不错的生活。

其实张爱玲初到美国，得到了炎樱很多的帮助，她能入住麦克道威尔文艺营，也是通过炎樱的关系。甚至，在张爱玲婚后很长的一段时光里，还是和炎樱保持着如过去般的亲密关系。

至于后来她们慢慢疏离，是因为张爱玲觉得"她不够爱自己，自己也不够爱她"。过去在香港、在上海的时期，张爱玲对于炎樱的"不够爱自己"已经心存芥蒂。而千帆过尽后，内心的距离就被悄然放大。

张爱玲曾说："Fatima（炎樱的英文名）并没有变，我以前对她也没有幻想，现在大家也仍旧有基本上的了解，不过现在大家各忙各的，都淡淡的，不大想多谈话。我对朋友向来期望不大，所以始终觉得，像她这样的朋友也总算了不得了。不过有了你这样的朋友之后，也的确是宠坏了我，令我对其他朋友都看不上眼。"由此可见，此时张爱玲的知己和倾诉对象都已变成了邝文美。她已经将炎樱淡淡地否定了，当一个人把一段关系理解得这样透彻又平静时，也就意味着这段关系走到了尽头。虽是意料之外，但在情理之中，失望到头了连计较都成了多余。何况，曾与张爱玲约定同回上海的炎樱，实实在在地抛下了她，也抛下了这段友情。

后来赖雅将张爱玲带离纽约，张爱玲终于可以和越发陌生的旧友炎樱分道扬镳，这对她来说何尝不是一种解脱。后来张爱玲得知炎樱结婚的消息时，已经连一封书信也懒于下笔了。倒是炎樱，始终保持着给张爱玲写信的习惯，直到张爱玲去世前她都在给张爱玲写信，即使张爱玲不怎么回信。但是信中多是自我夸耀，令张爱玲十分反感。有人说，这种夸耀并不全是为了在这段关系里占得上风，而是天性使然。如果真是如此，那就更加招人厌了，这种不自知的浅薄和粗鄙，自以为是的纯良，再托以天真的说辞，更加有刺痛人心的效果。1992年，她给张爱玲写信："你有没有想过我是一个美丽的女生？我从来也不认为自己美丽，但George（炎樱的丈夫）说我这话是不诚实的——但这是真的，我年幼的时候没有人说我美丽，从来也没有——只有George说过，我想那是因为他爱我……"如果说这种话语里并无半点炫耀的意味，恐怕连炎樱自己都是不相信的。这把撒在张爱玲伤口上的盐，真是又准又狠。要知道当时的张爱玲已经孀居多年，早已是美人迟暮，再看到这样的炫耀，都不知道是该觉得可笑还是可叹。

在两人没有嫌隙的时光里，因为对彼此真诚的爱，所以对方的那些缺点，轻易就能原谅和包容。但当距离和经历将感情变得平淡，缺点和芥蒂也随之被放大，直到无法相容。既然是这样，还不如放开彼此紧握的手，给彼此一条体面又平静的活路。对张爱玲而言，这个世上，友情是一个出口，还能凭一点缘分和喜恶，若是连友情都要费尽心思地钻研和经营，倒不如狠心地舍去，互相成全来得好过。

她们的友谊最后惨淡收场，其实说不上谁对谁错，一段关系的失败，两个人都有责任，毕竟她们在这段感情里，均失败得切切实实、彻彻底底。

世间始终你好

很多人都说，炎樱和张爱玲的这种友谊，只能够共青春。即使后来没有那许许多多的变故和曲折，她们也不一定能走到最后，她们最爱的并不是对方，而是投射在对方身上的自我渴望。不是这个，便是那个，随便一点动因，便能轻易动摇这段关系。

尽管唏嘘炎樱和张爱玲的结局，但这段友情却是难得而可贵的，毕竟曾经的相伴温暖了彼此的青春岁月。

朋友抑或陌路／人生路途的不期而遇

汪宏声和佛朗士·温暖的师生情谊

> 繁华事散逐香尘，流水无情草自春。
> 日暮东风怨啼鸟，落花犹似坠楼人。

在许多人眼中，张爱玲都是凄美、孤高、遗世独立的，一如大观园中的林黛玉，多才、敏感、看透又执迷。但其实，张爱玲也曾是热烈的、天真的。然而，岁月的琢磨、现世的沧桑改变了她，将曾经的热烈变成清冷孤傲。但总有一些温暖的相遇，在柔亮的岁月里，带给张爱玲一抹醇厚的暖意。

第一个温暖的相遇，是遇见汪宏声。

1910年出生于浙江绍兴的汪宏声，身上总有一种吴侬软语般的精致，虽然他爱穿西装，但他骨子里是一个传统的文人。

1936年，汪宏声任上海圣玛丽亚女校国文部主任，而张爱玲，恰好就在圣玛丽亚女校读高三。

于是，他成了她的国文老师。

她是个早慧的女孩，生长在大家族中，看惯了蝇营狗苟、尔虞我诈，见多了人情冷暖、世态炎凉。她看世界，看他人，总是怀着一种刻薄、审视的态度，内心中有抗拒，有鄙夷，也有些满不在乎。

初次与汪宏声接触，张爱玲只觉得他不伦不类，这个先生，不土不洋，说话做事也有些不着调，但总归还是个有趣的人。

"大概，他的国文水平也不高吧。"那时的张爱玲，应该是这样想的。因为当时圣玛丽亚女校的校刊《凤藻》已经刊载了她的几篇文章：《不幸的她》《迟暮》，所以她对自己的文笔还是很自信的。

上了几堂课后，张爱玲渐渐地发现，这个先生，还是很有学问的。于是她开始对他好奇，开始认认真真地听他讲课；听说他的英文很好，她就去找他请教英文。她的心里，一直都有一个小小的愿望，想去留学，像母亲和姑姑一样。那时候的她，碧玉年华，虽然性子稍显冷清，可总归保持了一份少女独有的天真。

时间就这样慢慢地过着，张爱玲一如既往地活在自己的小天地里。

有一次，张爱玲没有完成老师布置的作业，少交了一篇作文，汪宏声找她谈心，问她为什么不交，张爱玲说："我……"汪宏声笑着接过她的话茬："忘了！"

"我忘了！"

中学时代，究竟用这个借口逃过多少作业，张爱玲已经不记得，但那一刻，汪宏声调侃中带着几分熟稔的接话，的确使她感到亲切。

她对他笑了笑，过了没多久，交上来一篇《霸王别姬》。

汪宏声忍俊不禁，因为这篇文章，在她上次交作业时就已经交过了。

"她一贯地懒惰，还是什么都'我忘了'。"1944年，汪宏声在《记张爱玲》一文中这样写道，他的话语很平淡，但字里行间，流溢的都是一个老师对得意弟子的欣赏和纵容。

她能感觉到这种纵容，这份纵容，让她觉得温暖。

所以，她说："中学时代的先生我最喜欢的一位是汪宏声先生，教授法新颖，人又是非常好的。所以，从香港回上海来，我见到老同学就问起汪先生的近况。"

熟悉张爱玲的人都知道，她是何等骄傲的一个女子，即便是真的对谁有好感，也不会直白地诉之于言语。能够被她称赞一声"人又是非常好的"，便足见张爱玲对汪宏声的倾慕。

在很多人眼中，张爱玲都是清冷淡漠、仙姿盛大的，但事实上，她也不过是一个内心敏感脆弱的女子，想要有人关爱，有人欣赏，有人理解。

这样的温暖，汪宏声给过她，佛朗士也给过她。

佛朗士是香港大学历史系的中文教授，是个中国通，喜欢中国，也喜欢中国文化。

在张爱玲笔下，佛朗士是一个有着"孩子似的肉红脸，磁蓝眼睛，伸出来的圆下巴，头发已经稀了"的人，不拘小节，崇尚自由，不喜欢住在学校，总是骑着自行车去校外。他的打扮很古怪，不像教授，更像个西部牛仔，脖子上总是"系着一块暗败的蓝字宁绸作为领带"。

1940年，张爱玲只身赴港求学的时候，已经和父亲闹翻，和母亲的关系也变得冷淡，在那段时光里，是佛朗士给了她切切实实的帮助。

香港和内地毕竟是不同的，文化背景不同，社会习惯也不同，所以张爱玲的才华并不被欣赏。年少多才的张爱玲在这里，一度找不到自己的定位。她想申请奖学金，缓解母亲的压力，也让母亲明白，自己是优秀的，不是累赘，但事与愿违，她并没有得到奖学金。

就在张爱玲内心彷徨，甚至对自己产生怀疑的时候，温淳的佛朗士出现了。

他寄给张爱玲一个邮包，里面有一叠面额不等的钞票，一共八百块。

除了这些钱，邮包中还有一封信，是佛朗士写的。他说："我听说你没有得到奖学金，这是我给你的小奖学金，若是明年你还能保持这样优异的成绩，我相信，你一定能得到学校的奖学金。"

信很短，但张爱玲看了却分外感动。

在陌生的地方，并且所有人都不认可她的时候，佛朗士老师认可了她，并且鼓励她，这对她而言，是何等可贵。

1942 年，日本入侵香港，佛朗士应征入伍，后来被同一个阵营的战友误杀。

听到佛朗士的死讯，张爱玲哭了，不是大哭，只是抽噎，她"抽噎起来，但是就像这自来水龙头，震撼抽搐半天才迸出几点痛泪"。

他死了，她心中那片温暖的净土便好似被人生生挖掉了一般，她痛，却流不出眼泪，因为已经痛到灵魂深处，好在那个时候，她还有炎樱。

她，是打心底里，在眷恋着炎樱，喜欢着炎樱的。

炎樱和妹妹在上海开服装店，一向清高的张爱玲破例在报纸上帮着她打广告。

在美国，张爱玲和赖雅迁居纽约的那段日子，她们一起逛街，一起喝咖啡，一起神采飞扬地谈论文学，一起去拜访旅居美国的胡适夫妇，一如大学时代。

虽然她们后来渐行渐远，但不管最后结果如何，曾经相遇，并且有一段同行的时光，便是一种缘分，一种幸福。

苏青·乱世桃花逐水流

在20世纪三四十年代风雨飘摇的大上海，还存在着另一位传奇女子——苏青。她几乎和张爱玲同时成名，是张爱玲承认的可以和她齐名的好朋友。与张爱玲相同，她也以文字为生，骨子里都有一种对真爱的信仰，性格都是我行我素……

然而，与张爱玲的孤傲、冷峻不同，苏青更世俗，更有人间烟火气，更喜欢热闹。因此，她的文字更显平实，充斥的是柴米油盐精打细算的美。这与她不寻常的经历有关。

苏青出生于宁波一个书香门第、家道中落的地主家庭，是个落魄的富家女。不过，瘦死的骆驼比马大，金钱上的充裕让苏青的童年过得很幸福。19岁时，她凭借优异的成绩考入民国第一学府——国立中央大学，就读于外文系。在学校期间，因其才情一等，再加上长相出众，被同学们称为"宁波皇后"，前景一片大好。

可是，这一切让与她有媒妁之约的李钦后看在眼里，着实担心坏了。

为了避免未婚妻爱上别人，李钦后不等她毕业，就着急忙慌地向苏青家提出要结婚。正沉浸在美好的大学生活里的苏青当然不愿，可拗不过母亲苦口婆心的劝说，书读得再多不如嫁个有钱人，于是她动摇了，放弃了学业，和李钦后结了婚，嫁入了"豪门"。

本想嫁入"豪门"后就乖乖地做个少奶奶，可惜，一入"豪门"深似海，苏青并没有体会到作为一名少奶奶的养尊处优。不懂珍惜她的丈夫到处拈花惹草，而自己也因一连生了四个女儿被婆家嫌弃。尽管后来生有一儿，但是婚姻生活并没有得到改善。二女儿的不幸夭折，丈夫的出轨和家暴，彻底激发了她骨子里的"独立"，她忍着内心的苦痛，毅然决然地选择了离婚，自己带着女儿开始靠写稿生活。在这段惨痛的经历里，她的灵魂不可避免地沾染上了世俗的味道。所以，她会斤斤计较，会尖酸，会妒忌，并将这种性情融入了文字里。

苏青拥有新青年的狂妄和韧劲，获得自由后她开始谋划自己的职业，并在文坛上崭露头角，也因此结识了很多文坛上的人物，这其中就包括胡兰成。对于这个言论有自己独到见解的人，苏青是心存几分好感的，所以才会在他因为与汪伪政府观点不同而锒铛入狱时，为他四处奔波求情。1943年，即离婚后一年多，她成功创办了《天地》杂志社，而这也成为了她与张爱玲日渐亲近的契机。

在一开始，苏青和张爱玲只是简单的编辑和写手的关系，两人因互羡才情而惺惺相惜，然而也只限于书信往来。

她们第一次见面是在1943年12月。那天中午阳光明媚，苏青正准备去大汉奸周佛海家替锒铛入狱的胡兰成求情，却在自己杂志社的门前见到了一个瘦弱的女孩。她着一袭清式旧袍子，手里抱着一沓稿纸，有点青涩稚嫩，她就是苏青当时非常欣赏的张爱玲。

女人之间熟络起来很快，再加上苏青性格直率豪爽，即使张爱玲再冷峻孤傲，也难抵挡苏青的热情。两人相谈甚欢之后，苏青甚至带上张爱玲一起去到周佛海家，一路上苏青聊起胡兰成对张爱玲的赏识，这时的苏青肯定没有想到他俩后来会产生错综如丝的情感纠缠。

据胡兰成所说，他第一次知道张爱玲是在1943年10月10日。有人推测张爱玲与胡兰成的相识，其实是比胡兰成所说的更早。因为张爱玲写于1943年10月的小说《金锁记》里的曹七巧据说就是以胡兰成的义母为原型。而苏青与张爱玲一起拜访周佛海，之后更是在周佛海公寓几进几出，为营救胡兰成四处奔走。否则，张爱玲凭什么仅仅因为胡兰成是自己作品的忠实读者，就不顾身份，四处奔走？

1944年初，胡兰成终于被释放了，急切地要从南京来上海。拯救他免于牢狱之灾的苏青自然喜不自禁，以为君乘东风来，正是为自己。

可是，当得知他千里迢迢而来竟然是为了见张爱玲，苏青的满心欢喜被失落取代。不过苏青虽然失落，但最后还是将张爱玲的地址给了胡兰成，自己倒成了他们的红娘，沦为了故事中多余的角色。

短短几个月里，胡兰成就和张爱玲十分熟络了。苏青心里是嫉妒的，但也害怕内心的这点小秘密被窥探到，所以她并没有提醒张爱玲，像胡兰成这样的已婚男人要少接触为妙。

他们的爱情发展得很快，1944年8月，胡兰成便与张爱玲秘密结婚，有趣的是，纸媒证人是张爱玲的另一闺密炎樱，而不是红娘苏青。

世间始终你好

虽然同为张爱玲的闺密，但在张爱玲心里，苏青和炎樱到底是不同的。炎樱活泼单纯，是那种清浅到可以一览无余的人，而苏青是离过婚的女人，张爱玲深知离过婚的女人是孤寂的，这种寂寞苏青曾毫不掩饰地在她的成名作《结婚十年》里呈现："我需要一个青年的、漂亮的、多情的男人，夜里偎着我并头睡在床上，不必多谈，彼此都能心心相印，灵魂与灵魂，肉体与肉体，永远融合，拥抱在一起。"

因此，张爱玲对苏青是怀有几分忌惮的。更何况在跟胡兰成结婚之前，在某天晚上张爱玲还恰巧撞见过胡兰成在苏青处逗留。这就像一根刺，卡在张爱玲的喉咙里，要完全下咽或吐出都不容易。再好的闺密情，也会因这种忌惮而生出隔阂来。

在爱情面前，再好的闺密都是要设防的，尤其是在自己的爱人和闺密均非常优秀的情况下。对于这一点，张爱玲还是有点慧根的。所以，后来她有意无意地疏远了苏青。

可惜，张爱玲防得了闺密，却防不了自己的爱人——一个处处留情的爱人。

在她和胡兰成秘密结婚的同月，胡兰成在苏青的另一本杂志《小天地》发表了《谈谈苏青》，大赞苏青："鼻子是鼻子，嘴是嘴；无可批评的鹅蛋脸，俊眼修眉，有一种男孩的俊俏。"又说，"在没有罩子的台灯的生冷的光里，侧面暗着一半，她的美得到一种新的圆熟与完成，是那样的幽沉的热闹，有如守岁烛旁天竹子的红珠"。

如此细腻深情的溢美之词，有几个单身女子能抗拒？况且还是专为自己所作。再加上苏青也曾在她的《谈女人》里，言及离了婚的女人对有夫之妇构成的威胁，"……横竖没有男人，便不怕别人侵夺我，而只有我去侵夺别人的了"。虽然是泛泛而言，却让张爱玲听者有心了。

种种可疑的迹象让张爱玲心中不无妒火，对苏青的隔阂更深了一层。不过，张爱玲是清高自信的，所以她并不会像普通的妇人一样直接找苏青对质，再者，她又深知苏青是个宅心忠厚的人，想必对自己不至刻意伤害。

所以，她选择了用文字来表达。因此，在同时期，张爱玲也发表了一篇《我看苏青》，委婉地表达了自己的妒忌："苏青与我，不是像一般人所想的那样密切的朋友，我们其实很少见面。也不是像有些人可以想像到的，互相敌视着。同行相妒，似乎是不可避免的，何况都是女人——所有的女人都是同行。"

写到某处，她还突兀地说道："即使她有什么地方得罪我，我也不会记恨的。"张爱玲巧妙地表达出自己对过往的"不计较"，实则是对苏青的劝诫。

此外，她还用不经意的口吻委婉地跟苏青表达过自己的嫉妒，"男人要是夸别的女人一声好，心里总是不舒服的，但又不能老发作，那么他下次就不跟你说了，再说脾气是越发越大的，忍一忍就好了"。

事实证明，忍忍也未必就一定好，张爱玲把自己低到尘埃里的结果是：丈夫一直和好友关系暧昧，来往密切。

对于张爱玲的各种旁敲侧击，苏青不是没有感受到。为了讨好张爱玲，她一有机会便对其极力夸赞，并努力克制自己尽量不和胡兰成有过多往来。

　　　　　　　　世间始终你好

苏青的一生，情路非常坎坷，并不比张爱玲好过。离婚后，她和当时伪上海特别市市长陈公博暧昧过，对胡兰成心动过，在晚年时喜欢过为她们母女提供住处的男人，可是终究没有一个人愿意为她停留。正如苏青自己所感慨的那样："天下竟没有一个男人是属于我的。他们也常来，同谈话同喝咖啡，有时也请我看戏，而结果终不免一别。他们有妻，有孩子，有小小的温暖的家。"言语间满是凄凉。

1945 年，胡兰成与张爱玲的婚姻被公开，张爱玲的心稍微安定了下来。但是苏青和张爱玲这对好友却因为胡兰成，在随后的年月里渐行渐远，最后一个留在了国内，一个去了美国，最终皆凄凉离世。

虽然友情之花最终凋零，但是，至少在那动荡不安的岁月里，她们曾互相偎依着温暖了彼此。

胡适·温情的忘年之交

胡适和张爱玲，一个出生于 1891 年，一个出生于 1920 年，年龄相差了将近 30 岁，但这却并不妨碍他们成为相互欣赏的朋友。

说起胡适，大家并不陌生，他是著名学者、诗人，还是新文化运动的领袖人物，是 20 世纪在中国具有举足轻重地位的思想家。

这样一个伟大的人物，在张爱玲还是个小丫头的时候，就已经盛名在外了。虽然年幼的张爱玲并没有和胡适见过面，但她对他不仅不陌生，反而有一种特别的亲切感。说起来有意思，张爱玲一家可都是胡适著作的忠实读者。

张爱玲的父亲张志沂、姑姑张茂渊都喜欢看胡适的书。所以，家里很早就买过胡适的《胡适文存》和他推荐的《海上花》，后来张茂渊与张志沂闹僵，互不往来，张志沂还惦记着要回被张茂渊借走的两本书，其中一本便是《胡适文存》。此外，张茂渊和张爱玲的母亲黄逸梵早年还曾与胡适在一个桌子上打过牌，虽然后来没什么来往，但胡适是个公众人物，所以，张爱玲常常能听到姑姑和母亲看着报纸上胡适的新闻谈论着胡适，且多为溢美之词。

如此耳濡目染，张爱玲想对他不熟悉都难，对胡适的敬畏之情也早早地埋在了心底。

后来张爱玲买了胡适推荐的书——《醒世姻缘》，看了很多遍都不够。她在香港当防空员时，发现驻扎的冯平山图书馆中有一部《醒世姻缘》，"马上得其所哉，一连几天看得抬不起头来。房顶上装着高射炮，成为轰炸目标，一颗颗炸弹轰然落下来，越落越近。我只想着：至少等我看完了吧"。可见其非常痴迷。

作为小辈且是文坛上的新人，张爱玲自然是不敢随便跟他联系的。直到1954年，在文坛上小有名气的张爱玲在香港写出一部自我感觉良好的小说《秧歌》后，她才胆战心惊地给远在美国的胡适写了一封信，并把小说稿件也一起附上。

这封信张爱玲写得极为小心翼翼，用词均字字斟酌，"原谅我这样冒昧的写信来。很久以前我读到你写的《醒世姻缘》与《海上花》的考证，印象非常深，后来找了这两部小说来看，这些年来，前后不知看了多少遍，自己以为得到不少益处。我希望您肯看一遍《秧歌》。假使您认为稍稍有一点接近'平淡而近自然'的境界，那我就太高兴了……"

这么谦虚又会说话的姑娘，怎能不讨喜，想必胡适读起来心里也是极受用的。因此，胡适并没有因为对方是无名小卒（对于当时的他来说）就敷衍了事，他不仅仔细阅读了《秧歌》，还对这部小说做了详细的批阅，并看出了这部小说的精妙之处。他给张爱玲回信道："你这本秧歌，我仔细看了两遍，我很高兴能看见这本很有文学价值的作品。你自己说的'有一点接近平淡而近自然的境界'，我认为你在这个方面已做到了很成功的地步！"

接到胡适的回信，张爱玲喜出望外，为此她还把这封信让朋友代抄了一份，尽管原件因后来几经搬家而遗失，但她还有"备份"，可见，张爱玲对胡适给她的信是多么珍视。

有了这次的书信交流，张爱玲变得勇敢起来，开始跟胡适进行更多的书信往来。而胡适因对其才华甚为赏识，也非常乐意和她一起谈论文学，自此他们成为了志同道合的朋友。

1955年11月，张爱玲从香港前往美国，终于有机会去拜访胡适了。由于害怕自己不擅与人交谈而尴尬，她特地约上好友炎樱一同前往胡适家，这是张爱玲跟胡适的第一次见面。在张爱玲眼里，胡适慈祥得像一位父亲，平易近人，而在胡适眼里，这位高高瘦瘦的姑娘言语不多，却充满才气，不够明丽的眼神里满是忧伤，便忍不住对她心生怜爱之情。

几天后，胡适回访了张爱玲，闲聊中，竟然发现张爱玲是张幼樵的孙女。而张幼樵即张佩纶，跟胡家的确是有一段渊源的。正是因为在光绪年间得到张幼樵的举荐，年过四十都未中举的胡适的父亲才有机会获得一官半职。

如此一来，胡适对张爱玲除了欣赏，更多了一份世交的亲近，与张爱玲的来往也变得更为频繁，对当时在美国举目无亲、孤苦无依的张爱玲也多了几分照顾。

感恩节那天，胡适约她去吃中国馆子，遗憾的是，张爱玲因随炎樱去吃烤鸭后又逛街，导致着凉呕吐而没办法应约。

身处异国他乡又生活窘迫，还能得到如此德高望重的友人的邀请，张爱玲心里充满了感激和温暖。

有一次，胡适去张爱玲的临时住所——纽约救世军办的职业女子宿舍来看她。那天天气很冷，张爱玲送他出来的时候，寒风隔着一条街从赫贞江上吹来，胡适望着街口露出的一角空濛的灰色河面，河上有雾，不知道怎么笑眯眯的老是望着，看征住了。张爱玲的心里也沉重得很，后来她写道："我也跟着向河上望过去微笑着，可是仿佛有一阵悲风，隔着十万八千里从时代的深处吹出来，吹得眼睛都睁不开。"

谁也没有想到，这竟是他们的最后一次见面。

离别之后，两人仍保持着书信往来，虽然是朋友，但是张爱玲对胡适却有种对父亲般的依赖。1958年，居无定所的张爱玲为申请到南加州亨亨屯·哈特福基金会去住半年，还请胡适做了担保人。而胡适也很爽快地答应了。

这样忘年的情谊，让张爱玲凉薄的一生里，多出了许多实实在在的暖意。

邝文美·她宠坏了张爱玲

在张爱玲的眼里，邝文美犹如一朵"兰花"，温婉大气，端庄贤淑，温和体贴，每每与她接触，都让张爱玲感觉其如玉般温润贴心。

邝文美出生在上海一个基督教家庭，母亲是美籍华人，父亲也曾赴美国留学过，并是一名忠实的基督教教徒。父母恩爱有加，家庭氛围良好，温暖和谐，让邝文美的童年成长充满了爱和阳光。再加上其父为人慷慨博爱，一生兼顾众多慈善事业，因此，邝文美从小就信守"博爱"的信条，懂得为他人着想。而她的经历也非常清晰简单，小时候在中西学校念书，英语自然很棒，在适合结婚的年龄，又遇见才华横溢且英俊的宋淇，彼此相爱并顺利地走入婚姻的殿堂，彼此扶持相爱一生。

像邝文美这种性格的人，无论谁和她相处都会很舒服，因为她内敛，不以才气逼人，没有攻击性，柔和得像春日的暖阳，给人温暖。遇见张爱玲后，她毫不吝啬地将这份温和熨帖赠予了张爱玲，给了她太多温柔和宠溺。

1949年，邝文美举家迁移香港，丈夫专任香港中文大学翻译研究中心主任，她也在设于香港的美国新闻处谋得高职，机缘巧合，三年后，张爱玲也在美国新闻处寻得一份翻译的工作。邝文美和张爱玲的友谊就是从最微妙的"同事"情慢慢发展起来的。

在与张爱玲相识之前，邝文美就阅读过张爱玲的作品，对她的文字尤为喜欢。而当这位已经声名大噪的作者出现在她眼前时，邝文美并没有过度崇拜，也没有带着八卦的心理，对她的生活进行窥探。她对张爱玲在与胡兰成的爱恨纠缠中受到的伤以及现在沦为翻译的境遇深切理解，并对这个高高瘦瘦充满才情的女子，生出心疼来。

受过情伤的女子是脆弱的，张爱玲的孤苦在邝文美这里找到了宣泄的出口，大张爱玲一岁的邝文美就像亲生姐姐一样，给了她家人的温暖。

不过，人红麻烦事情也多，原本在香港女青年会居住的张爱玲被热心读者发现，纷纷慕名来拜访，不喜与陌生人打交道的张爱玲甚为苦恼，邝文美便在距离自己家不远的地方为她租了一间屋子。平常无事，张爱玲便来邝文美家聊天，与邝文美及其丈夫宋淇相谈甚欢。

而邝文美也几乎每晚都会去张爱玲的小屋，一坐就是好几个小时，原本不爱与人闲聊的张爱玲在邝文美面前完全变了个人，就像打开了话匣子，总有说不完的话。但是，每过了晚上八点，张爱玲就会催促邝文美回家，免得宋淇担心，张爱玲还俏皮地给邝文美起了个绰号，叫"我的八点钟的灰姑娘"。可见张爱玲对邝文美甚是喜爱，而这样温暖平易的相处让两人的感情愈加深厚。

邝文美和宋淇的美满婚姻让张爱玲叹服。她称他们为绝世好夫妻，美好到让人根本产生不了嫉妒，反而涌起一股想要保护这份美好的念头。

在邝文美的眼里，张爱玲才华横溢，在香港这个城市里孤苦无依，从惜才到怜人，无一不体现了她对张爱玲深深的宠溺。

有学识有见地的邝文美不顾宋美龄的抬爱，以自己无暇照顾家庭为由婉拒了宋美龄的邀请，为的就是能时时陪伴张爱玲。

对此，张爱玲很是感激，她对邝文美说："S.M.L. 要你这样的

companion 而不可得，我倒可以常常同你在一起。你不情愿那样浪费时间，而情愿这样浪费时间。"

如果没有战乱，张爱玲一直在香港待下去，或许生活会更为顺遂一点。可是好景不长，战乱令香港动荡不安，张爱玲抓住美国允许学有所长的外国人迁居美国的机会，申请去了美国。

1955 年 11 月的一天，张爱玲离开香港前往美国，邝文美和宋淇前去送行。邝文美和宋淇转身离开的瞬间，张爱玲感觉轰然一声天坍了下来，眼泪流个不停。后来，她给邝文美写信说："自从认识你以来，你的友情是我生活的 core（核心）。我绝对没有那样的妄想，以为还会结交到像你这样的朋友，无论走到天涯海角也再没有这样的人。"可见在那时，她和邝文美的感情对于张爱玲来说是多么强大的精神支撑。

张爱玲和邝文美的友谊并没有因为相隔几万公里而变得疏远。相反，在异乡的孤独让张爱玲对邝文美更为依赖。每次写信，她都会将发生在自己身上的事无论大小均倾诉给邝文美。而邝文美也还是那个愿意耐心聆听她的絮叨和琐碎，并对她的生活和工作给予支持的人。

在美国期间，张爱玲依旧靠写文为生，日子过得非常窘迫，对她了解至深的邝文美一直支持丈夫宋淇为张爱玲各类著作的出版劳心劳力，做张爱玲生活背后的强大支撑。

不过，再深厚的感情也会有闹得不开心的时候。邝文美再贤淑也并非圣贤，依然有无法顾虑周全的时候。

1961 年，到国际电影懋业公司担任制片主任的宋淇让张爱玲为他的公司改编《红楼梦》剧本。为此，张爱玲回到香港想听听红学专家宋淇的意见，以便更好地进行创作。

然而，当张爱玲写完了剧本，电影公司方面却出了问题。公司因为知道宋淇和张爱玲的关系，让他回避对张爱玲剧本的审查。结果剧本没能通过审查，导致张爱玲的稿酬落空。对此，张爱玲心生埋怨，认为那是宋淇对剧本不满意的托词，甚至在写给赖雅的信中气愤地表示："元宵节前夕，红红满月，我走到屋顶思索。他们不再是我的朋友了。"

不过，很显然那是张爱玲一时的气话。等心平气和下来，就算没有邝文美的解释，她都会明白其中肯定藏有误会。因为她也懂得邝文美的为人。

所以，虽然这次的香港之行让张爱玲感到不快，但友情并未终止。离开香港后，张爱玲依然与宋淇保持合作。宋淇在邝文美的督促下，为张爱玲找来了台湾皇冠出版社老板平鑫涛，从此，张爱玲各类作品均由该出版社出版，为她赢得了稳定的版税收入。

在异乡的漂泊中，张爱玲变得越来越孤僻，就连年轻时的好友炎樱也刻意疏远了。只因生活越来越孤苦的张爱玲已经没有足够的心胸来包容比自己过得更好，且一度只会在她面前炫耀的朋友了。又或许是正如张爱玲对邝文美所说的那样："不过有了你这样的朋友之后，也的确是宠坏了我，令我对其他朋友都看不上眼。"是邝文美对她的爱宠坏了她，让她只愿意对邝文美敞开心扉了。

她们长年保持书信往来，现存的通信就达六百多封。信中她们无话不谈，从生活到写作，从现实到梦境，宛如当年在宋家客厅里的促膝长谈。步入晚年时，她们均为病痛所苦，通信内容又转为对病情的交流与探讨，

世间始终你好

平淡而温情的闲言碎语里，满满都是她们对彼此的牵挂与关切。

1995年9月8日，张爱玲离世，她把所有的遗产留给了好友邝文美。2007年，邝文美也离开人世，她们之间半世的情谊也沉入了时间之海。

是谁说女人之间没有永恒的友谊，只有永恒的猜忌？遇到真正欣赏彼此且相互包容的朋友，就是一辈子的懂得和守护。

潘柳黛·热烈之后终陌路

潘柳黛是民国时期又一才女，北方人，其心直口快、为人尖刻，常能一针见血地道破世事，颇为豪放。

潘柳黛出生于一个旗人家庭，受过高等教育，从小就有着天大地大任我闯的豪情，于是，当别人乖乖待在家里等着媒人上门提亲时，年仅18岁的她却提着行李只跟爹娘打了一声招呼，便只身到千里之外的南京报馆求职了，并从一名小小的誊稿员慢慢地晋升为采访记者。

孤身一人在外打拼事业，还是个年纪轻轻的姑娘，听起来都让人心疼。但内心强大的潘柳黛却对此甘之如饴，在文坛崭露头角之后，她又只身去了十里洋场人才济济的上海，着实有一种泼辣女强人的感觉。潘柳黛是个在事业上非常有野心的女人，但有野心的女人容易心急，也容易生妒。

在张爱玲走红之前，潘柳黛已经在上海《华文大阪每日》担任记者和编辑，被称为新时代女性的典范，而那时候苏青还在为离婚的事纠结，张爱玲才刚刚发表过几篇文章，都尚不能跟潘柳黛相比。潘柳黛可谓一枝独秀，好不风光。

然而，潘柳黛风光的时日并不长，很快苏青出来办杂志了，张爱玲也因为发表的几篇散文而被众人熟知和赏识，文坛顿时变得热闹起来。

这个圈子本来就小，而这个圈子里的女人圈就更小了，因此，潘柳黛和苏青以及张爱玲的相识也就是顺理成章的事。

大家都是二十出头的姑娘，相识即很容易成为朋友，而且又都是同行，都对文学有着十二分的热忱，于是，彼此相约着喝喝茶，聊聊对文学的见解，成了她们最热衷的事。

在几次的相处中，潘柳黛都快人快语，张爱玲对她的印象是极好的，甚至还多次跟她说出掏心窝的话。

一开始，张爱玲对潘柳黛这个敢独自闯天下的女生是很敬佩的，所以，张爱玲曾在一段时间内都视潘柳黛为座上宾，并经常邀请她去家中吃茶。张爱玲还在她们到访时，特意隆重地穿了一件柠檬黄袒胸露臂的晚礼服来接待她和苏青，对潘柳黛的重视由此可见一斑。

但是，这对于当时衣着随便的潘柳黛来说，不但没有受宠若惊之感，反而认为张爱玲的行为衬托出了自己不懂礼节的窘态。从张爱玲的寓所出来，潘柳黛便向苏青抱怨，而苏青只是淡淡一笑并不回答。

不过，这件事只是个小插曲，并没有影响张爱玲和潘柳黛之间的往来。但，潘柳黛对于张爱玲喜欢穿"奇装异服"以及孤傲清高的性格显然是欣赏不来的，所以才会有后来，潘柳黛公开讽刺她的穿着和清高。由此可以推断，早在相识之初，潘柳黛心里就暗藏了对张爱玲的妒忌。

曾看到这样一段话："友谊的本质以及友谊可以长久的根基就是相

世间始终你好

互认同，只有相互认同，你们才会发现对方的可取之处，才能英雄惜英雄。而对逐渐不认同的朋友及其生活方式，人们往往会产生排斥感，会有理性判断来默默地提醒自己，这段友谊已不值得投资、这段友谊已没有未来。"

这话说得不无道理，正因潘柳黛对张爱玲的不认同，才会对其生活方式甚至性格产生不满，而这种不满在彼此交往时偶尔流露出来，心思敏感的张爱玲定会感知。因此在貌似融洽的相处里，潘柳黛和张爱玲之间是存在一定的隔阂与芥蒂的，只是彼此都在压抑。

1944年3月16日，在《杂志》举办女作家聚谈会时，潘柳黛、张爱玲和苏青均受邀出席。潘柳黛偶尔吐出如珠妙语，让在座的女作家无不叹服，而这时张爱玲和苏青却形成了同盟，唱起了双簧。

苏青说："女作家的作品我从来不大看，只看张爱玲的文章。"张爱玲又道："踏实地把握生活情趣的，苏青是第一个。她的特点是'伟大的单纯'。经过她那俊杰的表现方法，最普通的话成为最动人的，因为人类的共同性，她比谁都懂得。"

这是怎么回事，那么我呢？我们不是常常聚在一起谈文说书的吗？苏青与张爱玲的彼此吹捧，让被排斥在外的潘柳黛错愕至极。

接下来，关于"怎样写起文章来的""对于外国女作家的意见""自己认为最满意的是哪一篇"等主题的讨论，潘柳黛的发言均不够积极，大多都只是被追问，因为她的处女作并非发表在定期刊物上，而只是《新北平报》的"中秋"征文评选出的优秀作品，她也不多产，对于外文也没什么研究，所以被人打破砂锅问到底时，潘柳黛招架不住，尽显窘态。

潘柳黛处境尴尬，再看看那两人却娓娓而谈，潘柳黛气急败坏，明明她风光的时候，那两人都还名不见经传呢，如今反而被她们压下去了，真是太丢脸了。

不过，这还不算什么，更大的打击在后面。

1944年春，正在热追张爱玲的胡兰成写了一篇名为《论张爱玲》的文章，对张爱玲大肆赞美，称她的文章"横看成岭侧成峰"，还提及她身染"贵族血液"，使得上海滩掀起一股追捧张爱玲的风潮。

更让潘柳黛感到不可思议的是，8月时，张爱玲新书《传奇》的集评茶会竟然没有邀请她参加！

怎么会这样？苏青倒向了她，一向两眼朝天的胡兰成用政论家的手笔吹捧她……自己真的被她们排斥在外了吗？

一种强烈的被抛弃感，彻底激起了潘柳黛压抑已久的对张爱玲的嫉妒之心。

因此，她用戏谑的口吻写了一篇《论胡兰成论张爱玲》，对张爱玲的"贵族血液"极尽调侃和讽刺，直言张爱玲父亲的妻子是李鸿章的外孙女，张爱玲是李鸿章的曾外孙女，说"这关系就好像太平洋里淹死一只老母鸡，上海人吃黄浦江的自来水，他自说自话是'喝鸡汤'的距离一样"，是八竿子打不着的亲戚关系。语言犀利尖刻，完全没有给交往甚好的友人留情面。

曾经不设防地"交心"却换来这样的结果，张爱玲更确定了潘柳黛是不值得自己继续交往的朋友，从此对她"敬而远之"，一段热烈的友谊，就此画上句号。即使在十年后的香港，有人向张爱玲提起潘柳黛，她仍冷漠地说道："潘柳黛是谁？我不认识她。"

想想也是，情人眼里出西施，别人对自己的恋人大肆赞美碍着你什么事了，你有何理由跳出来进行讽刺和调侃？甚至不惜拿出自己和张爱玲私交时的一些事情来排揎她。显然，这种种做法已经很不厚道了。

正如前面所说，有野心的人，容易心生嫉妒。正是对张爱玲才情的嫉妒，对张爱玲才华超越自己的恐惧，令潘柳黛心理失衡，情难自已地采取这种拙劣的方式来打压张爱玲。甚至到了1975年，潘柳黛还写了一篇《记张爱玲》，对张爱玲的穿着打扮以及当时已经身处美国的张爱玲的现状加以讽刺。她说："我想聪明的张爱玲很可能已经放下剪刀，拿起厨刀，在美国朋友面前，正在大力表演她的'祖传秘制''李鸿章杂碎'的'贵族'烧法呢。"

然而，打压了别人，自己也并不会因此上升到更高的位置，尽管自20世纪50年代开始撰写各种剧本，潘柳黛却并没有什么特别拿得出手的作品，也没有被太多人记住。而潘柳黛诸多拙劣的行径，也让她与张爱玲终成陌路。

周瘦鹃·被误伤的紫罗兰

周瘦鹃出生于1895年，无论在年龄上，还是在文学界，都称得上是张爱玲的前辈。

他出身于一个贫寒家庭，6岁时父亲因病去世，整个家靠母亲帮人缝补衣物赚取生活费，生活过得极其艰苦。不过，他的母亲是个很重视教育的人，所以，她宁愿自己拼命劳作也要将他送入私塾读书。

周瘦鹃深知母亲的用心良苦，读书便非常用功，成绩也非常优异，为了减轻家里的负担，他中学毕业后就放弃了学业。不过，热爱文学的他，16岁时就在《小说月报》上发表了第一部名为《爱之花》的剧本。从此便一发不可收，走上了文学创作的道路，并以写作和翻译为生。

1916年至1949年，他从一个文坛新人变成了文学界人尽皆知的著名作家，并在上海任中华书局、《申报》、《新闻报》等单位的编辑和撰稿人，其间主编《申报》副刊十多年，还主编过《礼拜六》周刊、《紫罗兰》、《半月》、《乐观月刊》等杂志。

在他的一生中，除了与文字为伍外，还对园艺工作极为钟情，打造了极具风格的"周家花园"，园艺技术精湛，深受各界人士赞赏，就连周恩来、叶剑英、陈毅等伟人都前去参观，一些外国朋友也不断登门拜访。

在众多花草中，他最爱的莫过于紫罗兰。而对紫罗兰的钟爱，主要源于他的一段青涩爱恋。中学毕业的那年冬天，周瘦鹃结识了务本女校学生周吟萍，两人一个英俊多才，一个年轻貌美，彼此心生爱慕之情。遗憾的是，周吟萍的父母认为才华不值钱，根本看不上周瘦鹃，更不会为了这个穷小子就退了已经给周吟萍安排好的婚事，佳人难违父母之命，最后忍痛嫁给了富家子弟。虽然有情人未成眷属，但是，周瘦鹃对吟萍的爱却从未停止过，因为周吟萍的英文名字为Violet（紫罗兰），他便将对她的深情全部寄托在了紫罗兰花上，甚至将自己主编的杂志也命名为《紫罗兰》。

也正是因为这本杂志，张爱玲才有机会和这位长自己25岁的文坛前辈相识。那是1943年，23岁的张爱玲因为战事，放弃了香港大学的学业回到了上海。那时候的她，还是个文坛新人，唯一让她拿得出手的也就是在《西风》杂志上发表过几篇作品。不过，张爱玲对自己的作品还是很自信的，她并不想让自己的文章被不懂赏识的人如扔垃圾般丢弃，所以，托了自己母亲黄逸梵娘家的亲戚，也就是园艺家黄岳渊，找到了周瘦鹃。

所谓志同道合者易结为友，对园艺颇有讲究的周瘦鹃与同样热爱园艺的黄岳渊是多年好友。如今好友推荐，自然是要认真对待。因此，当张爱玲带着自己的两篇中篇小说《沉香屑·第一炉香》和《沉香屑·第二炉香》与其姑姑一起登门拜访时，周瘦鹃热情地接待了她们。

当张爱玲将这两本书稿交给周瘦鹃时，周瘦鹃立刻被文章标题所吸引，觉得标题取得尤为别致，当即便让张爱玲将稿本留下，自己好细细品读。

初次见面，聊得不算多，但是该聊的也都聊了，而且谈论的多是张爱玲的情况，比如，张爱玲的写作经历，擅长哪类文稿，与黄岳渊的关系等，在一定程度上来说，张爱玲这次的登门拜访属于毛遂自荐。高傲如张爱玲内心其实是不屑这么做的。也正因如此，当时年少气盛的张爱玲对这次交流并没有欣喜之情，反而对周瘦鹃的印象大打折扣。

不过，周瘦鹃对她的作品还是相当欣赏的。只是见多识广的周瘦鹃眼睛很毒，一阅读就看出了小说风格与英国作家萨默塞特·毛姆的作品有些相似，且在叙述上留有《红楼梦》的痕迹。

所以，当一个星期后张爱玲来询问稿子结果时，周瘦鹃直率地讲出了自己的看法，张爱玲也承认自己是威廉·萨默塞特·毛姆的拥趸，并尤为喜欢《红楼梦》，因此在写作上受到这两者的影响也是自然而然的事。

周瘦鹃对此并不是很介意，询问她，是否愿意将这两篇中篇小说刊登在即将复刊的《紫罗兰》上。对于稿子被采用这件事，张爱玲还是很开心的，但是，对于周瘦鹃发表的对稿子的看法，张爱玲心里显然是很不舒服的。

1943 年 5 月，《紫罗兰》复刊第一期印刷出来了，上面刊载了《沉香屑·第一炉香》前部分，周瘦鹃拿着样刊去张爱玲和姑姑合住的爱丁顿公寓拜访。公寓略显窄小，却一点也不影响周瘦鹃谈话的兴致。他从文艺作品一直谈到园艺盆景，而张爱玲也依旧不忘介绍自己，拿出一份刊登了她的《中国的生活和服装》一文的《二十世纪》杂志，告诉他文中所有妇女新旧服装的插图均是她绘画而出，自豪之情溢于言表。对此，周瘦鹃心生佩服，不过一向沉稳的他，并没有当面给予过多赞美，敏感的张爱玲在满怀骄傲地介绍后，得到这样的回应，心里是隐隐有些不悦的。但无论如何，周瘦鹃对张爱玲的才华又多了一分了解。

因此，周瘦鹃在《紫罗兰》第二期出版时，索性将《沉香屑·第一炉香》剩下的部分全部刊登，并在卷首附上自己的《写在紫罗兰前头》，对张爱玲的这篇小说不吝赞美："请读者共同来欣赏张女士一种特殊情调的作品，而对于当年香港所谓高等华人的那种骄奢淫逸的生活，也可得到一个深刻的印象。"

这是国内第一篇盛赞张爱玲作品的评论文章，这篇小说很快就大受读者欢迎。张爱玲也从一个无名小卒慢慢地被众人知晓。作为主编，且

世间始终你好

具有商业头脑的周瘦鹃很懂得趁热打铁，紧接着又在杂志上连载了三期《沉香屑·第二炉香》。

从《沉香屑·第一炉香》到《沉香屑·第二炉香》连载完，在这四个月里，张爱玲逐渐成为了家喻户晓的文坛才女，声名大噪。

然而，让周瘦鹃没想到的是，这会是他和张爱玲的最后一次合作。

这主要是因为周瘦鹃出于商业利益的考虑，也由于稿子的篇幅过长，便断然拒绝了张爱玲一期就刊登完的提议，而将她的《沉香屑·第二炉香》分了三期连载，这让张爱玲大为光火。为此，张爱玲主动和周瘦鹃断了来往。

张爱玲的大热离不开周瘦鹃的推崇，对此，张爱玲应该是怀有感激之情的，然而，敏感如张爱玲却并不这样想，一心觉得周瘦鹃做任何事都是为了商业利益。

事实上，在某一方面过于敏感其实就是特别在乎这一方面的表现。对周瘦鹃是否赏识自己的过于在乎，让心高气傲的张爱玲变得异常敏感，以至于任何一件小事都能让她耿耿于怀。

这种耿耿于怀，甚至一直延续到晚年。对于这位帮助过自己的文人前辈，张爱玲在自传体小说《小团圆》里用"二〇年间走红的文人汤孤鹜"来指代他，并这样描写道："汤孤鹜大概还像他当年，瘦长，穿长袍，清瘦的脸，不过头秃了，戴着个薄黑壳子假发。"周瘦鹃幼年得过怪病，痊愈后须发眉毛脱光，平时总戴着墨镜和特制假发。张爱玲对此没有一点避讳，不是说"光头"，而是直接写"秃了"，并明确说出周瘦鹃对她的作品并不欣赏，可见，她对周瘦鹃一直心存不满。

而周瘦鹃早年在写到与张爱玲的来往时，文中表现出了对张爱玲才华的欣赏，并为她的作品以及她这个文坛新秀在自己的杂志上进行了浓墨重彩的推介。所以，周瘦鹃对张爱玲的作品完全不欣赏这一说法，只是张爱玲过于敏感所造成的误解。

夏志清·世间难有的知己

夏志清，一位西洋文学专家，但是以中国文学扬名，其《中国现代小说史》和《中国古典小说史论》奠定了他在西方汉学界关于中国文学特别是中国现代文学研究领域的地位，其中《中国现代小说史》是一部相当具有争议的著作。作者以其融贯中西的学识，宽广深邃的视野，探讨中国新文学小说创作的发展路向，尤其致力于"优美作品之发现和评审"，发掘并论证了张爱玲、张天翼、钱锺书、沈从文等重要作家的文学史地位，使此书成为西方研究中国现代文学史的经典之窗。

在爱情的世界里给了张爱玲最大伤害的胡兰成曾经可以算是张爱玲的"半个知己"，他曾悄无声息地走进孤傲的张爱玲的心里，也肆无忌惮地伤害了她。而夏志清则可以说是张爱玲真正的知己，蓝颜知己。所谓蓝颜知己，也叫"碳粉知己"，是一个与女性在精神上独立、灵魂上平等，并能够达成深刻共鸣的男性朋友，这种感情被称为游离于亲情、爱情、友情之外的"第四类感情"。他们视彼此为知音，张爱玲性格孤绝，甚至可以说是尖酸刻薄，但是夏志清一直对她倾心倾力地照顾，张爱玲给夏志清的信上说："我对不知己的朋友总是千恩万谢，对你就不提了，因为你知道我多么感激。"孤傲如张爱玲，都能对他如此信任和感激，可见夏志清是真的懂她。

夏志清认为张爱玲"该是今日中国最优秀最重要的作家"，可以看出他对张爱玲才华和她对中国文学所做贡献的肯定。他在《中国现代小说史》中对张爱玲的作品进行了生动的阐释和描摹，从该书中给张爱玲的篇幅，足见夏志清对张爱玲才华的欣赏和推崇。

夏志清对张爱玲的作品可以说是已经到了偏爱的程度，他称张爱玲的《金锁记》为"中国自古以来最伟大的中篇小说"、《秧歌》在中国小说史上是"不朽之作"等，足见其对于张爱玲的高度赞扬。夏志清却在自己的书中，将在当时尚未得到普遍认可的张爱玲的地位，排在鲁迅的前面。1961年年初，时年40岁的夏志清教授在《中国现代小说史》中专章讨论张爱玲，他在第十五章开宗明义地写道："对于一个研究现代中国文学的人来说，张爱玲该是今日中国最优秀最重要的作家。"夏志清深刻懂得张氏小说的魅力所在，他认为，张氏小说之所以迷人，在于"她的意象的繁复和丰富，她的历史感，她的处理人情风俗的熟练，她对人的性格的深刻揭发"。因此，夏志清不遗余力地推崇张爱玲的作品，这样看来，夏志清不光是张爱玲的蓝颜知己，也是她的伯乐。

张爱玲不善与人交流，她用冷漠将自己层层保护，轻易不让别人看透她的情绪与内心，只有夏志清和她保持长达几十年的书信往来。2013年，夏志清著《张爱玲给我的信件》出版，其中收录了张爱玲寄给夏志清的信件共计103封。通过这些信件，我们不仅能体会到张爱玲创作的初衷与辗转，也能看到她赴美后生活颠簸和被病痛折磨的困境，更能感受到张爱玲各个时期的心境。

曾经在想，遗世独立的张爱玲，到底什么样的人才能够走进她的心里，成为她的知己，现在看来，可能只有夏志清。因为只有夏志清能读懂张爱玲的悲喜与文字意蕴，读懂她的凉薄。

夏志清曾撰文《泛论张爱玲的最后遗作》，谈《同学少年都不贱》这篇文章，颇具索引的意味。夏志清认为，这本书"不论艺术成就之高低，把《同学少年都不贱》当成作者中学时代的生活实录看，该是非常有意义的。我想那些女同学，虽然姓名都改掉了，都是真有其人的"。而且他还认为，张爱玲的《同学少年都不贱》"真要为自己的中学时代留下一个真实记录""一个忠实的记录"。这只能说是夏氏真正了解张爱玲内心最深处的纪念。

夏志清像珍视一件宝物那样爱惜着张爱玲的才华。纵看张爱玲的一生，来来往往的过客很多，能与张爱玲成为朋友的却不多。因为她没有与人为善的想法，她的孤傲与凉薄深入骨髓，也正因如此，张爱玲与那些曾经的朋友大多是恩怨交集，甚至不欢而散，却唯独与夏志清是有恩无怨，这也正是因为夏志清的赤诚和宽容。当然最重要的一点，是他真正懂得张爱玲，他愿意和她共同呵护着她的才华和智慧，永远仰望着她的文学价值与文学成就。

柯灵·故人亦别来无恙

京剧《赠绨袍》中，秦相范雎穿着破衣服去拜访出使秦国的魏国使者须贾，须贾见到范雎，惊喜中带着一丝怀恋，问："范叔，别来无恙否？"见范雎衣着寒酸，还特意赠送了他一袭绨袍。而两人多年来一直是仇人。

人生就是这样，爱不能一辈子，恨也不能一辈子，恩怨交缠，情仇几多，但时隔多年再相见，也不过是相逢一笑。

一如，张爱玲和柯灵。

柯灵，原名高季琳，中国著名电影理论家、剧作家、评论家，一生著述颇丰，尤其是散文。他的散文总带着一种包蕴在空灵隽永中的沉厚与苍凉。

读柯灵的文章，无论是《故园梦忆》《人间万象》，还是《龙山杂记》《青岛印象》，总能体会到一缕隐隐的悲思。

1943 年 7 月，柯灵受邀到上海，接手《万象》，也就是那个时候，他读了《沉香屑·第一炉香》，劈面惊艳，张爱玲这个名字，也深深地印刻进了他的脑海。

但那个时候，他对张爱玲的感情还相当单纯，只是倾慕她的才华。

他想找《紫罗兰》的主编周瘦鹃帮忙引荐，又觉得这样做太过唐突，然而就在这个时候，她却出乎意料地出现在了他的面前。

他记得那一天，她穿着一件丝质碎花的淡雅旗袍，拿着一个报纸包，静静地站在位于福州路昼锦里的《万象》编辑室外面，清冷中带着一股桀骜。

那天他们的交谈很简短，她拿出一篇稿子给他看。稿子末尾，还附着她手绘的插图。他再次被惊艳到。

"众里寻他千百度，蓦然回首，那人却在灯火阑珊处"，有一次柯灵和友人谈及初见张爱玲时的心情，这样说道。

柯灵倾慕张爱玲的才华，不想让她明珠蒙尘。

于是，1943年8月，《万象》刊载了张爱玲的成名作之一《心经》。

或许，从现实的角度来看，柯灵当年的力捧对张爱玲来说不过是锦上添花，但无可否认的是，张爱玲能在短短两年的时间里走上文学的巅峰，红遍上海滩，柯灵也是助力之一。

《心经》发表后不久，张爱玲又相继发表了《金锁记》《倾城之恋》《琉璃瓦》《花凋》《红玫瑰与白玫瑰》《殷宝滟送花楼会》《桂花蒸 阿小悲秋》等文章，红极一时。

看着盛放的张爱玲，柯灵心中却总有一丝担忧。

那个时候，上海是日本的军事占领区，已经沦陷，文学界呈现的是清浊不分的一片乱象，一些老一辈的文学家都选择了隐退，不想沾染是非。一些惜才的文人，也希望张爱玲能够隐退，毕竟力捧她的很多报纸媒体，都有着汪伪的背景。

与其平白无故地沾染了"灰尘"，为什么不等河清海晏、政治清明的时候再站出来，求一世的灿烂呢？

柯灵，是真正地在为张爱玲着想。

但那个时候，他们之间不过是点头之交，清淡如水，他害怕自己交浅言深的劝说会令她反感。正在踌躇的时候，她写来一封信，说《万象》的后台老板平襟亚很欣赏她，想要帮她出一本小说集。她想问问柯灵对此有什么看法。

柯灵便给她回了一封信，信上说"只有白纸上写着黑字是真的……"劝她委婉谢绝，但她却曲解了他的好意，"趁热打铁"再版了《传奇》。

他心中的忧虑更重了，但面对她的清高、骄傲，他能做的不过是竭尽全力帮她。

她要把《倾城之恋》改编成舞台剧，但不会写剧本，找他帮忙。他便不厌其烦地指导她，不管修改多少次，都耐心得很。不仅如此，他还帮她去找罗兰、舒适等名角，请他们主演此剧。他把老东家明星影片公司的幕后掌权人周剑云介绍给她，游说周剑云投资她的作品……

在他的周旋与奔走之下，《倾城之恋》在新光大戏院上映。

上映的那一天，张爱玲送给柯灵宝蓝色的绸袍料作为酬谢。

柯灵用它做了一袭旗袍，多年来，一直非常珍视。

1944 年 6 月，因为"反动"的罪名，柯灵被捕，被关押在当时恶名昭彰的"贝公馆"，他感到前所未有的绝望。他以为自己这一辈子就这么毁了，但不久之后他就被释放了，回到家，他看到了张爱玲的留言。

她在他最落魄的时候来看望他，柯灵很是感动。

那时在沦陷区，像他这样被冠以"反动"罪名的人是神弃鬼厌的，谁也不想和他有一丝牵扯，沾上了就会倒霉，旧日的一些朋友都已经同他疏离，反而是张爱玲毫不避嫌地来探视他，这番情谊，让柯灵毕生难忘。尤其是当他从胡兰成的《今生今世》中了解到，自己之所以被释放，是因为张爱玲帮他奔走的缘故，这种感激便发酵到了极致。

柯灵应该是有一丝爱慕张爱玲的，即便不是深沉的爱，也多多少少有几分情愫。

柯灵一直都不觉得这种爱有什么错误，1984年，他还特别撰文，深情款款地写了一篇《遥寄张爱玲》。

但在张爱玲眼中，他的爱却有些变质了。

在遗作《小团圆》中，张爱玲用生动刻薄的笔触，描写了她印象中的柯灵：圆滑、世故、猥琐。其中有些桥段，更是让读者浮想联翩。

这或许只是张爱玲自己误会了，当然，空穴来风未必无因，柯灵或许曾经用一种相当拙劣的方式表达过自己的爱慕，但他总归还是一心为她好的。

他珍藏了她20世纪40年代出版的所有著作，拜读了她在香港出版的所有作品，收集了关于她的一切资料……他对她的关心，自始至终从未断过，只是她误解了他，决绝地将他推出了自己的小世界。

多年以后，放下了一切的张爱玲于晚年忆起曾对自己真心以待的柯灵，大概也会有一丝"故人别来无恙否"的关切吧……

傅雷·恩怨终究会消散

张爱玲是一个清凛的女子，独立而阑珊，但她的作品却繁华如诗，奢侈而精致。

喜欢她的人赞她风华绝代、才华横溢；不喜欢她的人憎她冷漠刻薄、虚伪矫情。但实际上，张爱玲也不过是一个以我笔写我心的文人。

每一个文人都是自负的。

这种自负，不是盲目的骄傲，而是对自己作品与情怀的一种自信。

世间始终你好

张爱玲说，写文章是她的宿命，她自己也喜欢这种宿命。

两个自负的文人相遇会发生什么？

不是惺惺相惜就是针锋相对，而张爱玲和傅雷，显然是后者。

1944 年 5 月，著名翻译家、文学评论家傅雷以笔名"迅雨"在《万象》上刊载了一篇名为《论张爱玲的小说》的文章。

在文章中，傅雷说张爱玲的《金锁记》是"我们文坛最美的收获"，盛赞不已，剧作家柯灵在后来发表的评论中，也说这是"老一辈作家关心张爱玲明白无误的证据"，事情若这般发展下去，张、傅之间，自然是"相见欢"，只有恩而没有怨。

但不知傅雷当时是怎么想的，又或者他性情就是如此，在盛赞了《金锁记》后，笔锋一转，却对张爱玲的成名作《倾城之恋》狠狠地批判了一番。

他认为，《倾城之恋》中，范柳原和白流苏的爱情就像"六朝的骈文，虽然珠光宝气，内里却空空洞洞，既没有真正的欢畅，也没有刻骨的悲哀"，两人在战争中相互倾心，最后"死生契阔"也是在走"平凡的、庸碌鄙俗的下山路"。

或许，傅雷本身并没有恶意，贬斥《倾城之恋》也不过是在衬托《金锁记》的完美，但显然，张爱玲并不这看，更不愿意领受这份情。

少年成名的张爱玲，对自己的文笔是相当自信的，她不蛮横，也愿意接受别人善意中肯的批评。胡兰成、赖雅、桑弧、柯灵、苏青、炎樱、宋淇等，都对她的文章提过一些意见，她也都欣然接受，但她对傅雷的意见却很大。在张爱玲看来，傅雷并不懂她，只是自私地站在自己的角度来审视她的世界，既不客观，也不中肯，更没有丝毫的善意，完全是为了评论而评论。

这种牵强附会的评论是张爱玲所不能接受的。

心有不忿的张爱玲立即写了一篇名为《自己的文章》的文章回敬傅雷，并在同年 11 月，发表了一篇影射傅雷的小说《殷宝滟送花楼会》。在小说中，傅雷被描写成了一个"古怪、贫穷、有些神经质"的音乐系教授，而他的婚外情女友"殷宝滟"则被描写成了一个痴情、善良，却又无法忍受"罗教授"，最后只能选择离开的悲情女子。

文章发表后，殷宝滟的原型、傅雷的红颜知己成家榴受不了刺激，远走香港，和一个空军结了婚，又迅速离婚，傅雷的名声，也因此受到了一定的影响。

而小小报复了傅雷一把，本应十分高兴的张爱玲却并没有开心，反而感到懊悔，尤其是知道傅雷"宁为玉碎，不为瓦全"，在十年动乱之中不堪欺辱英勇赴死之后，这份懊悔的情绪发酵到了极点。

她在给友人的信中，明确地表示："《殷宝滟送花楼会》写得实在太坏。我为了写那么篇东西，破坏了两个人一辈子唯一的爱情。"

成家榴自然不是傅雷"唯一的爱情"，傅雷和妻子朱梅馥感情深厚，但毫无疑问，傅雷是爱成家榴的，成家榴也爱傅雷。傅雷的长子傅聪曾直言不讳地表示："成（家榴）不在身边，父亲就无法工作。"傅雷和成家榴之间的确有一份深厚而美好的感情，张爱玲也的确破坏了这份感情，不管是有意无意，终究是给他们带来了伤害。

而且，成家榴与张爱玲也是闺中密友，若不然，成家榴也不会把自己与傅雷的"私密事"讲给张爱玲听，而张爱玲却将这些隐私堂而皇之

世间始终你好

地公之于众，这种做法，对成家榴来说，无异于背叛。

当年年轻气盛的张爱玲自然不会考虑这么多，一时冲动，一时不忿，却造成了一辈子的遗憾，让她和傅雷之间、和成家榴之间，有了一个无法解开的结。

张爱玲有错吗？

有错，但也情有可原，毕竟，无论哪个作家都无法容忍一个不熟悉的人对自己的作品肆无忌惮地批判。

傅雷有错吗？

也有错。因为"战火"就是他挑起来的，他是一切事情的始作俑者。无论他是好心还是歹意，总归是办了坏事，他太自我、太刚正，却忽略了张爱玲的感受。

在两人没有交集、互不了解的情况下，傅雷这么做无疑是唐突的，被张爱玲视作挑衅，也是理所当然。

傅雷自幼丧父，身世坎坷，在母亲的"严苛"之下，形成了太过是非分明的性格；而张爱玲则恰恰相反，她少年成名，早慧而沧桑，在她眼中，太过黑白分明本就是一种不真实，她喜欢的是参差对照，所以，她的文字多是含蓄、婉约的，需要读者自己去体悟、去理解。

背景不同、经历不同，两人之间"战火纷飞"也就没什么好奇怪的了。

当然，时至今日，对与错已经不再重要，一切恩恩怨怨也都随着当事人的离开而消散，剩下的，不过是一声叹息。

戴文采·她与张爱玲为邻

张爱玲是中国当代最有传奇色彩的女作家之一，所以她一直备受关注。想了解她的生活，想见到她本人，也在情理之中。

年轻时的张爱玲，纠缠于尘世的纷纷扰扰，而晚年的张爱玲则以她对尘世的决绝，保持了一份冷峻与神秘。

要想采访到晚年的张爱玲并不是一件容易的事，就连唯一采访到晚年张爱玲的水晶，也是在被拒绝了两次后，才获得了采访她的机会。

同在美国的女作家戴文采却没有水晶的幸运。她希望能采访张爱玲，然后写出一篇惊世骇俗的报道。但知晓张爱玲的性格，便不难想象戴文采多次失望着打道回府的结局。

戴文采在被张爱玲很干脆地拒绝后，她另辟蹊径，搬到了张爱玲在洛杉矶的寓所旁，做了张爱玲的邻居，然后与台湾的《联合报》打算一起写一篇名为《侧写张爱玲》的文章，可张爱玲毫不犹豫地拒绝，让这个计划一直无法展开。

戴文采做出了一个令人惊骇的举动——去翻张爱玲的垃圾箱，把张爱玲的垃圾全部带回家，再细细地捡拾整理，然后根据自己的臆想对张爱玲的私生活进行了一番"创作"，最后写出了一篇长文——《我的邻居张爱玲》。稿子完成以后，戴文采先发给了《联合报》，《联合报》的副刊主编是诗人痖弦，他看到稿子之后非常震惊。他没想到戴文采能如此没有底线地去窥探一位著名女作家的隐私，他不耻这种低劣的行为，于是拒绝刊发。

世间始终你好

戴文采自然是不死心，转而把稿子发给了《联合报》的对手《中国时报》，《中国时报》也断然拒绝。在辗转了多家刊物后，最终只能在北美的一个不太知名的小报上发表。但即便如此，也引起了不小的轰动。戴文采的目的基本达到，她果然因此一鸣惊人了。

1995年张爱玲逝世后，这件事情被逐渐淡忘了。

其实，一些人想借着张爱玲的名头沾沾她的光也无可厚非，但戴文采的行为已经触及了他人的底线。戴文采后来也确实因为翻张爱玲的垃圾箱出了名，此后的几十年里，无论她如何为自己辩解，她的名字每每被人提起时都和张爱玲的垃圾箱联系在一起。以这样的方式被世人所了解与记忆，不知道她作何感想。

戴文采发表于1988年11月的《我的邻居张爱玲》，最著名的一段文字是这样的：

"我在她回房之后，半个身子吊挂在蓝漆黑盖大垃圾桶上，用一长枝菩提枝子把张爱玲的全部纸袋子勾了出来，坐在垃圾桶边忘我地读着翻找着，在许多满怀狐疑的墨西哥木工之前，我身上的浆白了的浅灰棉裙子与垃圾桶参差成优雅的荒凉，我与张爱玲在那天下午的巷里，皆成了'最上品的图画'。"

这种风格完完全全地继承了胡兰成的衣钵。当胡兰成把那部往自己脸上贴金的《山河岁月》寄给张爱玲后，被张爱玲原封不动地寄回，然后她以"骇笑"两个字来概括自己的心情。胡兰成的行为让她惊骇万分，却一笑置之，不反驳，不辩解，可见张爱玲对此已然不屑。假如戴文采有勇气把稿子寄给张爱玲，不知道会不会也收到原封不动的稿件，而评价也只有"可笑"两个字，连惊骇都没有了，完完全全地不屑。

2016年，台北国际书展的"爱玲进行式"部分，里面不仅展出了张爱玲的数十件旧衣服，像打开了她的衣柜，里面有眼镜、泳镜，还有若干的手稿。这些对于我们了解张爱玲，似乎还说得过去，因为张爱玲的"奇装异服"是出名的。

但是，最让人无法理解的是，书展居然展出了非常隐私的，张爱玲的四顶假发，引发了许多流言与无聊的讨论。

借着名人的影响力提高自己的知名度，虽然不厚道，但还不是世所不容。只是，这种"借力"也需要底线，扛不住自己的私欲，无底线地窥探别人的隐私，那就是最大的媚俗与悲哀。

世间始终你好

尾声 / 永远的张爱玲

民国女人张爱玲

乱世多巾帼，临水应照花，张爱玲，从来都是一个独特的女子。

她憎恶"生活的戏剧化"，可她的人生却实实在在的是一部折子戏，戏名为《活色生香》。

色为色彩，诠释的是一种雕琢在时光里的穿衣文化；

香为香味，升华的不仅仅是美食的精致，还有一种生活的绮艳。

文坛几经繁盛，张爱玲，却永远都是最特别的那一个。

张爱玲的一生，命途多舛，起伏于波澜，爱过、恨过，尊贵过、潦倒过，无论哪种境遇，她的生活始终都是精致的。

不是虚荣，而是一种孤高。

相比于"丝毫不矫饰"的苏青、多愁善感的关露、刻薄辛辣的潘柳黛，"四大才女"中，张爱玲的才情最为惊绝于世，甚至她的"奇装异服"都为人津津乐道。

张爱玲说"衣服是一种言语,各人住在各人的衣服里"。《对照记》中,四五十幅照片,仿佛是无声的细语,喃喃讲述着张爱玲一生的"桃红"与"葱绿"。

在《小团圆》中有这样一段描述:"翠华从娘家带来许多旧衣服给九莉穿,领口发了毛的线呢长袍,一件又一件,永远穿不完,在她那号称贵族化的教会女校实在触目。"少女时期在女校中的"衣着寒酸",让她一直耿耿于怀,不是虚荣,而是爱美之心使然。

成年后,张爱玲标新立异的穿衣方式,其实多多少少还是受了往事的影响。

在穿衣方面,张爱玲喜欢强烈的撞色,喜欢参差的对照,搭配衣服对她而言,就是在创作一幅色彩浓烈的画,画板和作画者,都是她自己。

她的"画风",浓烈中带着一种遗世的清冷,鲜艳的背后,总萦绕着一股淡淡的凄凉。

她一生中"画作"很多,镌刻在岁月中的,却只有三幅。

一是游园会上,她与李香兰合影时穿的一件"米色薄绸上撒着淡色墨点,隐有暗紫凤凰"的齐膝连衣裙,裙子是用祖母留下的一床被面改的,素淡中带着一种雅致和贵气。

二是战后初返上海时,穿的"乡下只有婴儿穿的"广东土布做的衣服,衣服上是"最刺目的玫瑰红印着粉红花朵,嫩黄绿的叶子",穿在身上,有些土气,有些复古,就像是"穿着博物馆的名画"。

三是《传奇》茶话会上,她穿的"橙黄色绸底上套,像《传奇》封面那样的蓝颜色裙子",妖媚中带着几许柔凉的风情。

世间始终你好

张爱玲穿衣，只遵从自己的喜好，从来不在乎别人怎么看，就像她为人处世。

后世读张爱玲，读的是她的文艺，但又何尝不是在品味她的人生，品味她生命中的种种悸动。

著名文学家陈子善先生对张爱玲的解读是"永远带着俗世的烟火"，又"永远高不可攀"。

高不可攀，是因为她才情绝世，俗世的烟火，则是因为她和大多数女人一样，爱美、渴望爱情。

除了对衣饰的极致追求，张爱玲还酷爱美食，随便翻看张爱玲的小说，总能在不经意间看到美食的影子。

她见过的美食很多，吃过的、爱吃的美食更多，最爱的是合肥丸子和黏黏转。

合肥丸子是合肥的地方美食，做法很讲究，要用不熟不烂的糯米包裹上新鲜的肉糜，用蛋汁滚过之后再油炸，炸完之后，外酥里脆，风味独特。

黏黏转是安徽一道民间美食，张爱玲在《谈吃与画饼充饥》中曾数次提到，"从前田上来人带来的青色的麦粒，还没熟……下在一锅滚水里，满锅的小绿点子团团急转"，吃起来既美味又带着一种别样的浪漫。

张爱玲写衣服，写美食，写精致的生活，这又何尝不是她对人生的一种企盼。

民国如画，张爱玲便是画卷中最隽永的那首诗，精致清丽、韵味悠长，悠长得仿佛一个永远都解不开的谜……

她是天才插画师

说起张爱玲，为人称道的都是她的文学天赋，其实她的才华不仅局限于文学的创作，她还是一位天才插画师。

可是，她在文学上的创作太过耀眼，提起张爱玲，回答肯定是"哦，那个作家"。有谁能想到她绘画的才能。"出名要趁早！"她大声呼喊，想要得到"痛快的快乐"。她是很早便出名了，可是她却没有得到全部的快乐，她爱绘画，却很少有人知晓她的绘画天赋，这样看来她的快乐只得到了一半。她出过一本散文集，名为《流言》，这本书别具一格，收录了她30余篇散文，其文风干净利落，机敏犀利。当然这不是特别之处，它最别具一格的一点就在于全书配有作者张爱玲亲绘的22幅精美绝伦的插画，使得这本图文并茂的散文集更受读者的喜爱和追捧。

无意间看到了所有张爱玲的绘画，确实令人惊讶，很难想象是出自没经过任何训练的人之手，这样看来，她的确是一个绘画天才。简单的勾勒，一个人物形象就活跃于纸上。张爱玲一定对自己的绘画才能感到骄傲，因为她小说中很多女性角色不需读者想象，看她的插画，就能明白她想要塑造的人物模样。

我曾看过她用文字描绘的和用线条勾勒的曹七巧，那尖酸刻薄、暴躁扭曲的性格，都在画中展露无遗，人物的形态传神，仿佛就是从书里走出来的。一般单单看了这幅肖像画，就让人对曹七巧不寒而栗。张爱玲尖刻冷漠的笔触，配合线条简洁、栩栩如生的人物插图，成就了独一无二的主人公形象。

世间始终你好

张爱玲从小就热爱绘画，她说过"九岁时就踌躇着不知道应该选择音乐还是美术作为我终身的事业"。据说张爱玲最早在正式刊物上发表的作品并不是文学作品，而是漫画，这幅漫画让她拿到了五元大洋的稿酬。之后张爱玲一直没有放弃绘画这一爱好，连俄国的老师都愿意出钱买她的画，可见张爱玲的绘画功底十分深厚。

出于对绘画的强烈热爱，在1943年至1944年间，张爱玲的《茉莉香片》《心经》《倾城之恋》《金锁记》《花凋》《红玫瑰与白玫瑰》等在杂志上发表时，均有配图，这些都是张爱玲勾勒出的心目中主人公的形象。柯灵曾说过："张爱玲女士在小说作者中颇引人注目，她同时擅长绘画，所以她的文字似乎也有色泽鲜明的特色。"《流言》中的插图有的根据某篇散文的意境而设，有的是再现某种生活场景，能与整部散文集浑然一体，有助于读者充分理解文章的意旨和意境，每幅图都是锦上添花，与文字相得益彰。苏青在她主编的《天地》杂志上推荐《流言》时，就曾强调：

"本书所载各篇，思想巧妙，文笔幽丽，如溪水之潺缓，如月下梵和琳独奏，凄迷动人。附图多幅，亦饶风趣，如《夫主·奴家》诸幅，辄叹其构思之奇艳。"

这句话可以看出当时苏青对张爱玲画作的推崇，对张爱玲绘画技术的高度赞美。张爱玲的绘画作品良多，不仅仅为自己的作品配插图，也曾为苏青创办的杂志《天地》设计过封面，张爱玲在上海的一个综合性英文月刊《二十世纪》上发表的《中国人的生活与时尚》，配上了她手绘的12幅插图，她对时尚有着敏锐的眼光和嗅觉，画出了一部民国女性服装大全。不仅如此，张爱玲还曾为女性画过肖像。但是像散文集《流言》那样集中展示绘画才能的，在张爱玲的绘画史里只有这一次。《流言》凸显出了张爱玲独具特色的风格，图文并茂也给了读者最好的阅读体验。在这之后，无论是小说集还是散文集，都仿佛失去了这种写作配图的闲情逸致，绘画越来越少。

万燕和止庵先生著的《张爱玲画话》一书，除张爱玲的小说、散文外，还收集了诸多绘画作品，包括为自己或他人之作所画的插图、漫画，为杂志所画扉页和设计的书籍封面等。目前所见张爱玲的最早画作，是1936年12月上海圣玛利亚女校校刊《国光》第四期所载的《某同学之甜梦》；最后则为1944年12月出版的散文集《流言》中收录的多幅插图。现存共计76幅（组），又炎樱所作4幅，因炎樱与张爱玲的关系，均以原貌收入本书。这本书也指出，张爱玲"大部分用线条和黑白块"，"线条极其准确而自信"，"画美女用的线条很抽象艳异"，这几句话概括了张爱玲的绘画特点。

设想一下，如果张爱玲只专注于做绘画这一件事，全身心地投入到绘画领域，也许会成为著名的画家而享誉世界。可是她偏偏还有另外一个身份——作家，而且这个身份给她带来了无上荣耀和光辉，以至于遮掩住其他一切，所以，张爱玲的绘画天赋很少有人知晓。

晚年的张爱玲，孤身一人，过着离群索居的生活，甚至去世几天后才被人发现，她那孤傲冷漠的性格陪伴她一生，直至生命的尽头。她的绘画作品风格和她的文字一样孤冷悲凉，那些绘画作品传递出她的绝代风华和孤寂低吟。这样一个兼具绘画与文学创作的天才香消玉殒，给"张迷"留下了无尽的遗憾。

是与非，粉与黑

夏志清先生说"爱玲是二十世纪最重要的女作家"，她的横空出世，惊艳了一个时代，也造就了一个时代。

李碧华说："'张爱玲'是一口井，不但是井，且是一口任由各界人士、四方君子尽情来淘的古井。大方得很，又放心得很，古井无波，越淘越有。"

张爱玲开创了世情小说的先河，她的文字，世俗中带着一种难言的精致，超脱里带着一丝不泯的烟火气，看上去疏离，却又深入灵魂。

很多人说她无情，说她世俗，但活在这世间，谁又能不世俗呢？

出身张家这样的高门大阀，从小就见惯了亲人之间的尔虞我诈，看多了笑里藏刀的伪善与虚情，她对这个世界，就自然而然地怀着一种理所当然的戒备。

她不是无情，而是不轻易动情，一旦动情，便是深情。

"文坛寂寞得恐怖，只出一位这样的女子。"

盛名之下，她背负了许多，但她却活得最真实、最坦率，所以，她的文字、她的人生，才会引起许许多多如她一般的"俗人"的共鸣。

细细地品读她，很容易就能感觉她与众不同的精致，这份精致融合在世俗中，所以才更容易被接受、被铭记、被怀念。

毕竟，生活原本就是一种艺术，世俗才是文学最初的模样。

倘若少了身上那许精怪的世俗气，少了那份特立独行的清冽，张爱玲便也不是张爱玲了。

　　"一个人假使没有什么特长，最好是做得特别，可以引人注意。我认为与其做一个平庸的人过一辈子清闲生活，终其身，默默无闻，不如做一个特别的人，做点特别的事，大家都晓得有这么一个人，不管他人是好是坏，但名气总归有了。"

　　张爱玲是这样说的，也的确是这样做的。

　　她喜欢穿奇装异服，喜欢幽幽的红与无尽的绿中那种特别的意蕴。

　　她写剧本、写小说、写杂文，也写散文。轻轻掀开她人生的书页，我们总能感受到华丽背后婉转的嘲讽，不知道是在嘲讽自己，还是在嘲讽"人性"。

　　"我本人一向把张著当《圣经》。"

　　"商业社会年轻一代为生活奔波得透不过气来，张爱玲的作品无疑可以点缀生活，如一对罕见的白底蓝花古瓶。"

　　著名女作家亦舒在谈及张爱玲的时候这样说。

　　张爱玲曾笑着调侃"出名要趁早"，而她这一生，又何尝不是被盛名所累。

　　人活着，有时候活的不是人生，而只是一个故事。

　　张爱玲不愿意写故事，她想要做自己。

　　"八岁我要梳爱司头，十岁我要穿高跟鞋，十六岁我可以吃粽子汤团，吃一切难于消化的东西。"

　　她也曾为了一个人"低到尘埃里，从尘埃里开出花来"。

　　她有些自恋，但自恋的背后隐藏的是不被懂得的孤寂。若有人愿意

　　　　　　　　　　　　世间始终你好

与她"相见欢",愿意给她一份"倾城之恋",她又何必孤孤冷冷地度过一生。

是与非,粉与黑,她从未在意过,她也从未将自己定义成某类人,她希望的,不过是由着性子做真实的自己和难觅的一份懂得。

唯有灵魂香如故

一炉沉香屑,烬余多倾城,

婉转花凋处,灵魂香如故。

张爱玲,是一个从灵魂里生出香气的女子。

20世纪40年代,在上海,她以惊世才情绚烂了苍凉的天空;20世纪90年代,在美国加州,她却如暗夜的紫罗兰在冷月中默默凋零。

她的一生,浓淡转笔,几多绚烂,几多辗转,有人责她世俗,有人赞她清冷,有人说她无情,有人怜她倔强,但其实,她只是一个才华横溢却穷尽一生想要寻得一份温情的普通女子。

看她的书,不是在看一部作品,而是在读一个人,在看一段人生,字里行间飘溢出的凉薄之意,不知不觉间便深入心底。

不记得是谁说过,张爱玲的文字,就像是围城,让人渴望,让人深陷,让人欲罢不能,拼命想要进去,进去了就再也出不来。《金锁记》《倾城之恋》《红玫瑰与白玫瑰》《半生缘》《封锁》《色,戒》《孽海》等便是只属于张爱玲的围城。

她写小说、写散文、写剧本,也写英文通讯,她善于将生活艺术化,又善于将艺术生活化。她的作品充满了尘世的烟火气息，本人却清高中带着一丝疏离，种种矛盾在现实中交织，织出了云锦满空，也织出了世情小说的里程碑，织出了女性新闻学的广阔天地，更织出了压在中国现当代女作家头上的一片沉厚的乌云。

现当代女作家中，才华横溢的比比皆是，或清新，或婉约，或柔和，或俏皮，但若仔细品鉴，便不难发现，她们的作品中，总带着一丝张爱玲式文学的影子。所以张爱玲没有人可以替代。

"人生是个苍凉的手势"，活在其中，太多的人被伤得千疮百孔，想要回头，但"一条长长的路已经走到了尽头"，于是，"我们再也回不去了"。

张爱玲的一生也是如此。

跌跌撞撞 75 年，她求的只是岁月静好、现世安稳，但终不可得。

童年时代，她眷恋着父亲温暖的臂膀，但继母的出现，让这份眷恋支离破碎。

少女时代，她祈盼着母亲轻柔的温情，但母亲的淡漠以及两人性格的不合将彼此隔离。

韶华灿烂时，她希冀一份"死生契阔"的爱情。胡兰成将滥情当成美德，而她的隐忍和矜持，自然而然被当成了软弱好欺。

短短三年的时间，张爱玲在爱情中沦陷，等她走出来，除了满心伤痕，还有"我自将萎谢了"的哀叹。

"也许每一个男子全都有过这样的两个女人，至少两个。娶了红玫瑰，久而久之，红的变了墙上的一抹蚊子血，白的还是'床前明月光'；

娶了白玫瑰，白的便是衣服上的一粒饭黏子，红的却是心口上一颗朱砂痣。"

张爱玲懂了，所以她在《倾城之恋》里写："炸死了你，我的故事就该完了。炸死了我，你的故事还长着呢！"

当她彷徨时，桑弧出现了。

桑弧的确是她理想中的良伴，若是在正确的时间相遇，他们将是镌刻在岁月中最温馨的伴侣。只可惜……一切都是可惜。

1956年，张爱玲与赖雅邂逅，从此，相偎相伴。风华绝代的她愿意"因为懂得"，"慈悲"地为他收敛自己的光彩，为他荆钗素裙，洗手做羹汤，只可惜，这种最朴素干净的温情也没能长久，1967年，赖雅因病逝世。那一年，爱玲47岁。

此后近三十年，曾经显赫一时、惊艳了整个中国文坛的张爱玲选择了与世隔绝，除了和宋淇等少数友人偶有通信外，她的世界便只有她一个人。

"只有张爱玲才可以同时承受灿烂夺目的喧闹与极度的孤寂。"

她如山泉般清洌，放在铜香炉中，这股泉水便沉淀成了一炉沉香，静静地燃烧着，烧尽了，便再无牵挂，剩下的，只有一缕萦绕在灵魂深处的幽香，袅袅在岁月的流岚中，依然香气如故。

张爱玲年谱

张爱玲作品简析

张爱玲年谱

1920 年

9 月 30 日，张爱玲出生于上海麦根路（今康定东路），祖籍河北丰润，原名张煐，10 岁时改名张爱玲，曾用笔名梁京。

1921 年

12 月 21 日，弟弟张子静出生。

1922 年

父亲张志沂任天津津浦铁路局英文秘书，举家迁至天津 32 号路 61 号大宅。

1924 年

张爱玲进入私塾读书，同年，母亲黄逸梵与姑姑张茂渊一同赴英国留学。

　　　　　　　　世间始终你好

1928 年

全家迁回上海。不久后，母亲回国，她跟随母亲学习绘画、钢琴和英文。写过一篇乌托邦式的小说《快乐村》。

1930 年

张爱玲进入上海黄氏小学读书，正式更名为张爱玲。

同年，父母离婚，张爱玲跟随父亲生活。

1931 年

张爱玲进入由美国圣公会成立的贵族学校圣玛利亚女校就读，并且开始阅读《红楼梦》。

1932 年

在圣玛利亚女校校刊《凤藻》上，发表了她的短篇小说处女作《不幸的她》。

1933 年

在圣玛利亚女校校刊《凤藻》上，发表了她的第一篇散文《迟暮》。

画了一幅漫画，投到上海《大美晚报》，并收到报社寄来的第一笔稿费 5 元钱，为自己买了一支小号丹琪口红。

1934 年

父亲张志沂与民国政府前总理孙宝琦之女孙用蕃结婚。

同年夏天，张爱玲升入圣玛利亚女校高中部。

写了生平第一篇章回小说《摩登红楼梦》，父亲为她拟了回目。

1936 年

散文《秋雨》发表于圣玛利亚女校校刊《凤藻》上。

1937 年

从圣玛利亚女校毕业。

其间，在《国光》刊载小说《牛》《霸王别姬》及《读书报告三则》《〈若馨〉评》，在校刊《凤藻》上刊载了《论卡通画之前途》。

同年，张爱玲因与后母发生口角，被父亲责打，并被拘禁半年。

1938 年

旧历年前，趁父亲不注意，在女佣何干的帮助下，逃出父亲的家。转而投入母亲黄逸梵的怀抱。

1939 年

获得伦敦大学奖学金，准备留学。不久"二战"爆发，张爱玲被迫改入香港大学文学院。并在此结识了终生的朋友，斯里兰卡女子炎樱（Fatima Mohideen）。

　　　　　　　　世间始终你好

1941 年

4 月 16 日，《西风》月刊三周年征文揭晓，张爱玲的《我的天才梦》获名誉奖第三名。

1942 年

香港沦陷，香港大学停课，张爱玲被迫中断学业，回到上海，进入美国圣公会中国差会主办的圣约翰大学就读，但是两个月后就因为经济窘困而辍学。从此她选择从事文学创作为生，并开始为英文《泰晤士报》写剧评、影评，也替德国人办的英文杂志《二十世纪》写《中国人的生活与时尚》(Chinese life and Fashion)。当时她租住赫德路爱丁顿公寓（即常德公寓，现址上海市常德路 195 号）51 室（1942 年迁至 65 室），与姑姑张茂渊同住。

1943 年

张爱玲结识了上海著名作家和编辑周瘦鹃，并受其赏识。

1943—1944 年

连续发表多篇中短篇小说，在《紫罗兰》杂志连载中篇小说《沉香屑：第一炉香》《沉香屑：第二炉香》，《杂志》月刊刊载《茉莉香片》《到底是上海人》《倾城之恋》《金锁记》，《万象》月刊刊载《心经》《琉璃瓦》，《天地》月刊刊载《散戏》《封锁》《公寓生活记趣》，《古今》月刊刊载《洋人看京戏及其他》《更衣记》，引起轰动，在沦陷时期的上海一举成名。

1944 年

结识汪精卫伪政权的宣传部次长、作家胡兰成（1906—1981），并与之交往。其实自 1942 年起，胡兰成便一直与上海极司菲尔路 76 号特工总部警卫队长吴四宝遗孀佘爱珍有染。

8 月，胡兰成与张爱玲在上海结婚（婚礼上只有炎樱和胡兰成的侄女胡青芸在场）。不久，胡兰成前往武汉办报，在医院期间结识一名 17 岁的护士周训德，并与之同居。

1945 年

8 月，日本投降，胡兰成化名张嘉仪，逃亡至浙江温州，任教于温州中学。在流亡期间，胡兰成与范秀美同居。

1946 年

2 月，张爱玲前往温州探视胡兰成。与胡兰成因为情人之事发生争吵，最后黯然回上海。

11 月，《传奇》（增订本）由山河图书公司出版，炎樱设计了封面。

1947 年

与电影导演桑弧合作，创作了《不了情》《太太万岁》等剧本，颇为成功。

世间始终你好

6月10日，张爱玲写信与胡兰成分手。

1949年
5月27日，上海解放，张爱玲继续留在上海。

1950年
以梁京的笔名，在上海《亦报》连载《十八春》(后改名为《半生缘》)。

张爱玲曾经随上海文艺代表团到苏北农村参加土改两个月，但是由于无法写出政府要求的"歌颂土改"的作品，颇感困惑。她感到与当时的社会环境格格不入，加之与胡兰成的关系，她面临着极大的政治压力。

1951年
11月，《十八春》由上海《亦报》出版单行本。

11月至次年1月，《小艾》在上海《亦报》连载。

1952年
7月，张爱玲声称要"继续因战事而中断的学业"，只身离开中国内地，迁居到香港。随后就职于美国新闻处（United States Information Service）。在港期间，张爱玲结识毕生挚友宋淇夫妇。在宋淇力捧下，张爱玲成为电懋的编剧主力之一。

1953 年

父亲张志沂在租住的上海江苏路 285 弄 28 号吴家小客厅去世，终年 57 岁。

《秧歌》英文本在美国出版，美国的《纽约时报》《星期六文学评论》《时代》周刊相继发表书评。

1954 年

发表以土改为背景的小说《秧歌》（中文版）与《赤地之恋》。结果其作品被称为"毒草"，在内地受到批判。

1955 年

离港，赴美国定居。

1956 年

3 月到 6 月，生活窘迫的张爱玲居住在新罕布什尔州彼得堡的麦克道威尔文艺营（MacDowell Colony)，在此她结识了 65 岁的左翼剧作家赖雅（Ferdinand Reyher）并怀孕。

同年 8 月 18 日，两人结婚。但由于各种原因，张爱玲在寓所进行人工流产。

1957 年

母亲黄逸梵在英国伦敦去世，终年 61 岁。因经济状况，张爱玲没有前去出席葬礼。

1960 年
7 月，张爱玲成为美国公民。

1961 年
到香港和台湾寻求机遇，这是她有生之年唯一一次造访台湾。张爱玲先到台北，在作家王祯和的陪同下到花莲观光。中途赖雅在美国中风，被迫中断台湾之旅。

为寻得合作，她转机香港。因创作《红楼梦》剧本，而滞留在香港。后来，因为种种原因，《红楼梦》剧本没被采纳。

1962 年
年初，回美国，与赖雅移居华盛顿。

1967 年
10 月 8 日，赖雅去世。

获邀担任美国雷德克里夫女子学校驻校作家，并且开始将清朝的长篇小说《海上花列传》翻译成为英文。

英文长篇小说 "The Rouge of the North"（即《怨女》）在英国伦敦出版。

1968 年

7月，《怨女》单行本由台湾皇冠出版社出版。

长篇小说《秧歌》《张爱玲短篇小说集》《流言》先后在台湾皇冠出版社出版。

1969 年

《半生缘》由皇冠出版社出版。

《皇冠》杂志发表《红楼梦未完》。

移居加州，受聘于加州大学伯克利分校。

1972 年

定居洛杉矶，于寓所深居简出。

1973 年

《幼狮文艺》刊载《初详红楼梦》。

1974 年

《中国时报》人间副刊刊载《谈看书》。

1975 年

《中国时报》人间副刊刊载《谈看书后记》。

完成英译《海上花列传》。

世间始终你好

《皇冠》杂志刊载《二详红楼梦》。

1976 年

散文集《张看》由皇冠出版社出版。

《联合报》副刊刊载《三详红楼梦》《张看自序》。

1977 年

十年心血之作红学专著《红楼梦魇》由皇冠出版社出版。

1978 年

《皇冠》刊载《色，戒》。

1979 年

5 月，《联合报》副刊刊载《表姨细姨及其他》。

1980 年

7 月，《联合报》副刊刊载《谈吃与画饼充饥》。

1981 年

《海上花列传》由皇冠出版社出版。

1983 年

《惘然记》由皇冠出版社出版。

1984 年

《联合文学》刊载电影剧本《小儿女》《南北喜相逢》。

1986 年

2 月，小说集《传奇》由人民文学出版社重新排印，前附作者像。

1987 年

《余韵》由皇冠出版社出版。

1988 年

《续集》由皇冠出版社出版。

1989 年

5 月，剧本《太太万岁》在《联合报》连载。

《联合报》副刊 9 月 25 日刊载《草炉饼》。

1991 年

6 月，姑姑张茂渊在上海去世。

7 月，《张爱玲全集》典藏版：《秧歌》《赤地之恋》《流言》《怨

世间始终你好

女》《倾城之恋》《沉香屑·第一炉香》《半生缘》《张看》《红楼梦魇》《海上花开》《海上花落》《惘然记》《续集》《余韵》由皇冠文化出版有限公司出版。

1992 年

《爱默森选集》由皇冠文化出版有限公司出版。

《张爱玲文集》（四卷本）由安徽文艺出版社出版。

《张爱玲评传》由花山文艺出版社出版。

1993 年

历时三年的《对照记》完成。

《联合文学》刊载电影剧本《一曲难忘》。

1994 年

《对照记》由皇冠文化出版有限公司出版。

1995 年

9 月 8 日，张爱玲被发现逝世于洛杉矶公寓，当时身边没有一个人，享年 75 岁。

9 月 19 日，林式同遵照张爱玲遗愿，将其遗体在洛杉矶惠提尔市玫瑰岗墓园火化。

9 月 30 日，林式同与数位文友将她的骨灰撒入太平洋。

张爱玲作品简析

小　说

1.《不幸的她》

这篇小说是张爱玲的处女作。主要讲述了一对少女时代的密友，长大以后，一个为反抗母亲为她订的婚姻而漂泊四方，一个自由恋爱结婚后过上了幸福的生活。十年后，两人相见，一星期后，"不幸的她"悄然离去。因"不忍看了你的快乐，更形成我的凄清！"《不幸的她》中，明显地投影着作者母亲的形象，而倔强地坚持独自咀嚼"凄清"的"她"又正是作者的自画像。

2.《霸王别姬》

《霸王别姬》是一部由张爱玲编著的短篇历史小说。该小说以虞姬为主线，通过虞姬与项羽的对话、虞姬外出营房巡视等所见所闻及所产生的心理活动，深刻地揭示了虞姬的心理发展历程，为虞姬最后的自刎巧妙地做了铺陈。

3.《沉香屑·第一炉香》

作品叙述的是上海女学生葛薇龙求学香港，被其姑母梁太太（富豪遗孀）利用来吸引男人，满足其虚荣、荒糜的生活。在求学的过程里，生活在梁家的葛薇龙最终不能幸免也陷入其中，变得热衷于这种享乐主义的声色犬马的生活，与花花公子乔琪乔开始了从一开始就注定是悲剧的恋爱与婚姻。故事的结局不言而喻：葛薇龙失去了利用价值之后被乔琪乔无情地抛弃。

4.《沉香屑·第二炉香》

作品叙述的是一个把自己女儿永远看作孩子的母亲为了保持她们"思想的纯洁"而把她们与性知识进行隔离，使她们对于"性"一无所知。无知使出嫁的大姐靡丽笙误以为有生理需求的丈夫佛兰克丁贝是个变态，而了解此事的母亲由于溺爱自己的女儿而宁愿促使大女儿离婚也不愿对女儿进行适当的性教育。同样的事情也发生在二女儿愫细身上，不懂性知识的她在新婚之夜出逃，让不了解事情真相的人误以为其丈夫罗杰是一个鲁莽的色情狂，致使罗杰在工作、生活中屡屡受挫，受到别人讽刺之后的罗杰最终选择了与佛兰克丁贝相同的道路——自杀。

5.《茉莉香片》

《茉莉香片》是张爱玲的一篇中篇小说。它主要描述了从小到大都没有得到过父爱的聂传庆，在碰到母亲旧日的情人言子夜的女儿言丹朱之后发生的事。聂传庆从小是个怯懦、变态的男孩，有三分像女孩子。

世间始终你好

言丹朱想帮助聂传庆。聂传庆是个仇恨一切，对待一切都持悲观态度的角色。所以他憎恨天真少女言丹朱在学校里给他的温情，却又无法摆脱言丹朱给他的亲近，于是，他的精神陷入了病态。

6.《倾城之恋》

《倾城之恋》是张爱玲最脍炙人口的短篇小说之一，是一篇探讨爱情、婚姻和人性在战乱及其前后，怎样生存和挣扎的作品。

故事发生在香港，上海来的白家小姐白流苏，经历了一次失败的婚姻，身无分文，在亲戚间备受嘲讽，看尽世态炎凉。在偶然认识了多金潇洒的单身汉范柳原后，便拿自己当作赌注，远赴香港，博取范柳原的爱情，想要得到一个合法的婚姻。两个情场高手斗法的场地在浅水湾饭店，原本白流苏似是服输了，但在范柳原即将离开香港时，日军开始轰炸浅水湾，范柳原折回保护白流苏。狂轰滥炸，生死攸关，牵绊了范柳原，白流苏欣喜中不无悲哀，够了，如此患难，足以做十年夫妻。

7.《琉璃瓦》

《琉璃瓦》是张爱玲的短篇讽刺小说，讲述了姚先生为三个女儿选择婚姻时费尽心力，最终却不遂人愿的故事。

姚先生是一家印刷公司的广告部主任，他的太太多产，生了七个女儿，个个貌美如花，姚先生曾在亲戚面前得意地说女儿们为琉璃瓦。

大女儿由姚先生作主嫁给了印刷所大股东的独生子熊启奎。她为了回避自己出嫁是为父亲职业发展的言传，和娘家人不怎么往来。

姚先生把二女儿推荐到某大机关去做女秘书，希望能攀上一个顶头上司。却不料她与一个三等小书记王俊业相爱了，闹得满城风雨。姚先生害怕二女儿会影响其她几个小女儿，只好成全了他们的婚姻。

三女儿不善交际，姚先生物色了杭州富室嫡派单传的青年陈良栋。但在相亲时，三女儿认错了人，与身边的程惠荪情意想投。姚先生坚决反对二人交往，却因承受不了巨大的压力病倒了。

在姚先生卧病期间，大女儿到病床前向他诉苦，其老公有了外遇，但与姚家疏远了这么久，姚先生不管了。三女儿与程先生趁机密切来往，得到其夫人认可。姚先生病愈后不管三女儿的事情，任其发展。

8.《金锁记》

《金锁记》写于 1943 年，小说描写了一个小商人家庭出身的女子曹七巧的心灵变迁历程。七巧做过残疾人的妻子，欲爱而不能爱，几乎像疯子一样在姜家过了 30 年。在财欲与情欲的压迫下，她的性格终于扭曲，行为变得乖戾，不但破坏儿子的婚姻，致使儿媳被折磨而死，还拆散女儿的爱情。"30 年来她戴着黄金的枷。她用那沉重的枷角劈杀了几个人，没死的也送了半条命。"

张爱玲在本书中从空前深刻的程度上表现了现代社会两性心理的基本意蕴。她在她那创作的年代并无任何前卫的思想，然而却令人震惊地拉开了两性世界温情脉脉的面纱。主人公曾被作者称为她小说世界中唯

世间始终你好

一的"英雄"，她拥有着"一个疯子的审慎和机智"，为了报复曾经伤害过她的社会，她用最为病态的方式，"她那平扁而尖利的喉咙四面割着人像剃刀片"，随心所欲地施展着淫威。

张爱玲将现代中国心理分析小说推向了极致，细微地镂刻着人物变态的心理，那利刃一般毒辣的话语产生了令人惊心动魄的艺术效果。《金锁记》在叙述体貌上还借鉴了民族旧小说的经验，明显类似《红楼梦》之类的小说手法已被作者用来表现她想要表现的华洋杂处的现代都市生活。

9.《封锁》

整个作品中的人物、故事，表面看来都显得漫不经心、简简单单，这样的"封锁"状态常常出现于本世纪的任何年代以及任何都市。张爱玲深具敏锐的社会洞察力，人们以为高雅的，她却能一针见血地指出其俗；人们以为世俗的，她能欣赏俗气后面扑面而来的无限风情，以及无法逃避的众生世态。

封锁期间登场的男主人公吕宗桢，是一家银行的会计师，"他是孩子的父亲，他是家长，他是车上的搭客，他是店里的主顾，他是市民"。女主人公吴翠远，是年轻的大学教师，"她是一个好女儿，好学生。她家里都是好人……翠远不快乐"。他们偶然相遇了，事先谁也不认识谁。吕宗桢无意间坐在了吴翠远的身后，并低声地搭话。翠远最初表现出"端凝的人格"。"他咬一咬牙，重新向翠远进攻。"非常戏剧化的场面出现了：翠远观察出这是一个"真的人"，于是他们开始谈话，宗桢从商科学校谈到银行的秘密，然后他"吞吞吐吐"万分为难地说："我太太——一点都不同情我。"

至此话题开始深入到关键地段，仿佛他们只是一个单纯的男子和一个单纯的女子恋爱了。如果小说到此结束，这篇小说奉献给读者的就将是一部新时代的安徒生童话。封锁没有锁住要害，张爱玲也将失去她那一份浸凉而真实的冷峻。

接下去，宗桢忽然说他不能离婚，他要顾全女儿的幸福，但他可以当她是妻子。想到自己一家的"好人"，翠远此时觉得很痛快，略有报复色彩的快乐一点一点增加。然而宗桢清醒了，他凄楚地喊："我不能让你牺牲了你的前程！……我又没有多少钱！我不能坑了你的一生！"翠远觉得"完了！"她哭了，不是淑女般的哭，"她只要他的生命中的一部份，谁也不希罕的一部份"。

之后，"封锁"开放了，一阵欢呼的风刮过这座城市，灯亮了，宗桢"遥遥坐在他原来的位子上"。封锁期间的一切，等于没有发生，当做了一个不近情理的梦。张爱玲的这篇小说就这样描写出两个在平淡、疲乏的都市生活中的世俗男女，在某一特定环境允许的情势之下，表现出不至于引发严重后果的对各自常规生活的瞬间反叛。《封锁》的内容实质和旨意就在于此。在一切有序的生活轨道上，每个人都保持着恰如其分的"位置"，这个位置，于生命深处也许有着种种的遗憾，那是对自己没有得到的那些所怀有的不甘心。电车上的"封锁"是人性的一个出逃机会，也是一场试验，它引发了心里积蓄已久的躁动。然而"封锁"终究是短暂的，这种短暂也意味着"安全"，让"封锁"中的男女有了

世间始终你好

现实中的退路。"封锁"中的情与爱，终究是一场要谢幕的演出。

10. 《连环套》

作品讲述的是一个女子一生在一群男子身边相继周旋的故事。她自小被人贩子带大，后被卖给第一任丈夫，一个印度商人。她聪明精干，为了自己的生存不断与一个又一个的男人结婚，钻进一个又一个的连环套子里。她从没有自由，没有幸福，唯一一点点对爱情的期待也被狠狠地辜负。她将自己的青春全部葬送在了一个又一个男人身上，每每有了一点暖意，却很快发现被欺骗、辜负、背叛……唯一幸运的是，她始终能有巨大的勇气去闯去赌，带着她那强悍的美企图征服一个又一个男人……最后，当第一任丈夫的弟弟提出要娶她的女儿时，她终于老了，心老了，心底的一生，也终结了。

11. 《年青的时候》

《年青的时候》是一篇在现代文学史上被忽略了的短篇佳作，其鲜明的特点让这部短篇小说具有了不可替代性。小说通过一段年轻人的情感经历，揭示了人的二重性，展示了人生固有的、普遍的、深层的"底子"，以深刻的哲学内涵表现出对特定时代的超越，可谓寓哲理于凡俗，寓大悲于平静。创造性的对比和象征手法的运用是其艺术形式上的突出特征。

12. 《花凋》

《花凋》是一部短篇爱情小说，讲述了一位身患肺痨的可怜少女凋零的全过程。

主人公名叫川嫦，是家中最小的女儿。父母与诸位姐姐都不甚在意她，她们自己打扮得花枝招展，只把穿过的衣服、剩下的东西给她，并且说她还是打扮得朴素些好看。大姐成婚以后，通过介绍她遇见了留学归来的一名医生，并爱上了他，两人到了谈婚论嫁的时候，她却突然病了。医生刚开始对她极尽温柔体贴，天天照顾她，说等她病好就成婚。可是后来，看到她没有好起来的希望，就另寻了一名护士结婚了，但还是会来给她治病。川嫦因此受了刺激，病情加重，甚至起了轻生的念头，自己买安眠药自杀未遂，回家后继续被家人照顾，但最终郁郁而终。

《花凋》里描写的是一个封建遗少的女儿的爱情和人生，张爱玲静静地叙述着那段苍白无力的爱，完全不带主观色彩，理性得让人越发觉得苍凉起来，一朵鲜花的凋零，凋零在腐朽颓败的家庭里，凋零在风雨飘摇的时代中。

在《花凋》中，张爱玲对于亲情与爱情的冷漠与淡倦描写得很刻骨。"笑，全世界便与你同声笑；哭，你便独自哭。"但整篇《花凋》也未见张爱玲对于导致川嫦死去的她的家人如泣如诉地控诉，她只是用她自己特有的活生生的讽刺语言将川嫦一家人的面目表现得淋漓尽致，将美好的事物破坏给了我们看。

"她死在三星期后。"张爱玲就这样轻描淡写地将一个年轻美好的生命的凋谢展现给世人看。

世间始终你好

13. 《红玫瑰与白玫瑰》

留洋回来的振保在一家外商公司谋了个高职。为了交通方便，他租了老同学王士洪的屋子。振保留学期间，有一个叫玫瑰的初恋情人。他曾因拒绝玫瑰的求欢而获得了"柳下惠"的好名声。王士洪有一位风情万种的太太，她总令振保想入非非。有一次，王士洪去新加坡做生意，经过几番灵与肉的斗争，在一个乍暖还寒的雨日，振保被这位叫娇蕊的太太"囚住"了。令振保所料不及的是娇蕊这次是付出了真爱的。当她提出把真相告诉王士洪时，振保病倒了。在病房，振保把自己真实的想法告诉了娇蕊——他不想为此情而承受太多责难。娇蕊收拾起纷乱的泪珠，出奇地冷静起来，从此走出了他的生命。在母亲撮合下，振保带着点悲凉的牺牲感，娶了身材单薄、静如止水的孟烟鹂。新娘给人的感觉只是笼统的白净，她无法唤起振保的性欲。振保开始在外边嫖妓。可是后来，他发现了一直处在他阴影里没有任何光泽的白玫瑰孟烟鹂，居然和一个形象猥琐的裁缝关系暧昧。从此，振保在外边公开玩女人，一味地放浪形骸起来。有一天，他在公共汽车上巧遇了他生命中的"红玫瑰"娇蕊，她已是一种中年人的俗艳了。岁月无情，花开花落，在泪光中，振保的红玫瑰与白玫瑰都已是一种现实中的幻影。旧日的善良一点一点地逼近振保。

14. 《殷宝滟送花楼会》

作品主要叙述了殷宝滟到张爱玲居所倾诉她的那些事，她和罗潜之的事，最后请张爱玲写成小说。这个故事实际上影射了张爱玲眼中傅雷跟他的女学生的故事。并且，这是张爱玲唯一的一部写过之后后悔了的小说。从文体上来说，与其说是小说，不如说这是部长篇日记，只是执笔人是张爱玲而已。

15.《桂花蒸 阿小悲秋》

作品叙述的是一个女佣的生活，女佣的家庭、身份以及处境，并以女佣的视角来观察她的主人和主人的女人。

16.《鸿鸾禧》

作品讲述了一个人家婆媳妇，新娘子叫邱玉清。婚礼过后，邱玉清的婆婆回想起自己小时候看见的婚礼，那些婚礼给她一种一贯的感觉，而她儿子的喜事是小片小片的，却不知为什么。整个小说，读来就是这样一种淡淡的悲哀。

17.《郁金香》

作品是张爱玲在《小日报》以连载的方式逐日发表的小说，从1947年5月16日至5月31日，共计16天。每期载于该报第二版左下方，长短不等，最长者几乎通栏，大约在六七百字左右。美丽的女仆推开一扇沉重的门——张爱玲写于1947年，近万字的小说《郁金香》在这样的意象中缓缓展开。

这部作品依然是讲述男女情感纠葛的故事。一个旧式大家庭中，女仆金香与大少爷真心相爱，而二少爷也对金香展开了虚伪的追求，同时贯穿着家族中正房、侧室的明争暗斗。小说结尾，也充满着浓郁的"张风"，月亮、深夜中突兀的声音等张爱玲最喜爱的意象，一应俱全。

小说所塑造的女仆金香的形象和宝初、宝余的兄弟形象，完完全全是张爱玲式的；小说结构的完整和情节的巧设，也完完全全是张爱玲式的，特别是小说所营造的情感氛围和精妙细节，更是张爱玲式的，出人意料的结局，余音袅袅，充满张爱玲独有的"苍凉"。宝初这个人物虽然着墨不多，却分明能在他身上看到《十八春》（后改为《半生缘》）中沈世钧的影子。

从文本上看，《郁金香》无论在结构、文字、细节等各个层面，都具备张爱玲独特的韵味。而《郁金香》悲剧性的结尾，也令人隐隐地联想到了《十八春》。

18. 《多少恨》

作品是根据张爱玲写于 20 世纪 40 年代的电影剧本《不了情》于 30 年后的 70 年代改编的，并以《多少恨》命名。小说叙述了一对有情人难成眷属的故事。相爱的两位主人公被世俗的舆论和偏见紧紧束缚，他们的爱情一开始就注定不得善终。作品有作者自己的影子，父母离异，自食其力，与恋人两情相悦却无法摆脱命运的折磨，故最终忧伤并坚强地选择离开。

19. 《小艾》

作品讲述了出生在旧社会时期的小艾自幼被卖到上海，从小受人欺凌，后被老爷强暴并怀孕，然而孩子却被姨太太打掉，小艾流产并留下病根。后来的小艾遇见冯金槐，两人相爱结婚。适逢战乱，冯家老小来投靠，为了养活婆婆，小艾不得已又给人当了女佣。小艾的一生是一个平凡女人的悲剧人生。时间和空间是被割裂的，人们生活在自己的世界中，无暇顾及他人，即使对面相逢也只是自顾自地走过。

20. 《十八春》

作品于 1951 年结稿。后来张爱玲在旅美期间进行改写，删掉了略带政治色彩的结尾，易名为《半生缘》，是张爱玲第一部完整的长篇小说。男女主角和相关人物离离合合了十八个春天，正暗合传统京剧《汾河湾》的旧典。《十八春》所着力表现的还是张爱玲最为得心应手的都市男女之间的情感纠葛。小说从沈世钧的立场回忆往事，以沈世钧与顾曼桢的悲欢离合为轴心，描写几对青年男女的爱情婚姻在乱世暌隔中阴差阳错。而同时翻天覆地的中国近代社会的种种事件：九一八、一·二八、抗战胜利、国民党接管、上海解放、支持东北，只是做了他们的背景，隐隐约约地给他们的故事刷上一笔动乱的底色。

沈世钧本与顾曼桢相爱，可家里却催促他和表妹石翠芝结婚。顾曼桢的姐姐顾曼璐为维持一家人的生活开支而辍学当了交际花，最后在万般无奈之下与有妇有子的祝鸿才结婚。面对沈世钧的家人，顾曼桢深感自卑，而沈世钧却误以为顾曼桢爱上了曾是顾曼璐男友的张豫瑾。家中老父临危之际将家业托付给他，他只得回到南京，与顾曼桢两地相隔。而顾曼璐为了讨好祝鸿才，不惜牺牲妹妹的幸福，令她替祝鸿才产下一子，并阻止沈世钧寻找顾曼桢。顾曼桢终于逃离顾曼璐和祝鸿才的魔掌后再找沈世钧时，沈世钧已和石翠芝结婚。不久后，顾曼璐去世，顾曼桢为照顾儿子又回到了祝家，最后和祝鸿才结了婚。

沈世钧的良善和软弱，顾曼桢的痴情和不幸，还有顾曼璐的自私，祝鸿才的无耻，在小说中无不栩栩如生。

21. 《秧歌》

作品于 1953 年写于香港。这部长篇小说是张爱玲到香港后以 Eileen Chang 为笔名发表的，最初是写给英语圈的读者看的，后来翻译成中文。

1952 年张爱玲离开上海重返香港，投入美国驻港新闻处，《秧歌》是一部有着明显的自由与反抗精神的作品。它仍然是以女性视角来叙述，讲述了土改后的江南农村，在上海帮佣三年的月香响应号召回到家乡。回乡后发现家乡实际上依然赤贫，饥饿横行，合作社干部情感冷漠。即使这样，文联导演顾刚依旧面对着哀鸿遍野编造着自己的"农村神话"。年关将至，当地人民的生活更加窘困，这时候却仍然要给军属送年礼，于是发生暴动，农民洗劫粮仓死伤无数。月香与缴粮的粮仓同陨于灰烬。小说结局是第二天一早，村民扭着秧歌簇拥着年礼照常拜年去了。

22. 《五四遗事》

《五四遗事》是张爱玲的喜剧小说，刊登在台北《文学》杂志上。作品讲述了两对青年男女为追求所谓高雅的爱情却最终沦落世俗的故事。

这是一篇特别具有震撼力的小说，尤其是对于青年人来说。张爱玲在小说中并没有给主人公取上具体的名字，只是用简单的姓氏代替，代表着她要表现的不是一两个人的问题，而是一群人，特别是现代青年人的问题。小说以中学老师罗的婚姻为主要情节，反映了五四运动的不彻底性和不要过分迷信自由恋爱。

23.《怨女》

作品被誉为"文坛最美的收获之一"。这部作品是在小说《金锁记》原有情节人物的基础上进行改编的。更换了一些人物的姓名，比较详细地交代了女主角出嫁前的情况，扩充了女主角与小叔的故事、女主角儿子的故事，删去她女儿的故事，其他的框架基本没有改变。

24.《色，戒》

《色，戒》是张爱玲的小说中，少数以前卫的手法来探讨女性心理及情欲的作品。

作品写于1950年，故事发生在上海。一群进步青年为刺杀汉奸特务头子易先生，派出最漂亮的女子王佳芝实施"美人计"。但在刺杀就要得手之际，剧情却戏剧性地发生了逆转——王佳芝在老易为她买钻戒的过程中深受感动而改变初衷。

这部小说深得张爱玲的喜爱，她虽然在1950年就完成书稿，但是却经过近30年不断修改，直到1978年才将这篇小说和两个小故事《相见欢》《浮花浪蕊》以及其他一些作品集结成《惘然记》出版。张爱玲在其中写道："这三个小故事都曾经使我震动，因而甘心一遍遍改写这么些年，甚至于想起来只想到最初获得材料的惊喜，与改写的历程，一点都不觉得这其间三十年的时间过去了。爱就是不问值不值得。"

25.《小团圆》

《小团圆》以一贯嘲讽的细腻工笔，刻画出张爱玲最深知的人生素材，在作者过往人生中的人和事，在此得以团圆。那余韵不尽的情感铺陈已臻炉火纯青之境，作者回味无穷的感情铺垫已达至境，每每读来，倍感惆怅。故事中的痴男怨女恩恩情仇清晰地反映了我们内心深处复杂的情绪。

26.《同学少年都不贱》

作品讲述的是两位女孩恩娟、赵珏之间的情谊沧桑。故事开端于两人在上海重逢叙当年。恩娟嫁了位犹太人汴·李外，后来移民美国华盛顿，汴·李外成为第一位入阁移民，赵珏则境遇不如恩娟。因是多年后重逢，相对于当年两人平等的身世，重逢后便见出高低。或者这正是取名《同学少年都不贱》的深意。言语间充满张爱玲式一贯的讥诮，人物刻画鲜明，情节铺叙细腻，在轻快的故事节奏里，透着对人生变化无常的沧桑凄凉感。

27.《雷峰塔》

《雷峰塔》是张爱玲以自己四岁至十八岁的成长经历为主轴，糅合其独特的语言美学所创作的自传体小说。情节在真实与虚构间交织，将清末的社会氛围、人性的深沉阴暗浓缩在小说中这个大家族里。

琵琶出生在显赫的上海贵族家庭里，围绕着她的是丝绒门帘、身穿水钻缎子的宾客、裹小脚的老妈子，和关系庞杂的二伯、姨奶奶、表姐表哥们。但父母的缺席却是永恒的常态，沉迷在鸦片与旧时繁华里的父亲难得现身，而坚持要离婚的母亲则与琵琶的姑姑出洋念书。在这种文化、利益相冲突的幽森豪门里，难怪四岁的琵琶总带着怀疑的眼光看待一切。

或许也因为这段万花筒似的童年经历，琵琶的脑子里经常转着超龄的念头：她幻想能无穷无尽地一次次投胎，变成金发小女孩住在洋人的房子里；她看到书里压着的褐色玫瑰花瓣，就伤感人生苦短；她觉得十八岁是在护城河的另一岸，不知道有什么办法能过去。

美好的人生固然值得等待，然而，眨眼间当琵琶已跨到另一岸时，等到的却是不堪的、囚禁她一生的凄伤……

28.《异乡记》

《异乡记》为张爱玲当年从上海到温州寻访胡兰成时写下的所见所闻。《异乡记》记载了张爱玲在农村过年、看见杀猪、农民生活等细节，精练的文字佐于真挚的情感流露，使得通篇读来生动有趣，农村百景跃然纸上。此外，《异乡记》不仅记录了张爱玲人生某个重要的日子，书中的文字更成为她日后创作《秧歌》《怨女》，甚至是《小团圆》等作品的灵感来源。张爱玲文学遗产继承人宋以朗表示发表这篇轶稿的原因

　　　　　　　　世间始终你好

是："《异乡记》的发表，不但提供了有关张爱玲本人的第一手资料，更有助于我们了解她的写作意图及过程……"

29．《散戏》

戏散了，一位话剧女主演，形单影只地在戏台上逗留了一会儿。然后她出了戏院，雇了一辆黄包车回家。到家了，文章也就完了。文章虽然只是写一个人这段不到一个小时的过程，说的却是这位女主演的表演、家庭以及围绕着她的一批人，展示了演员的一种私人生活。

散 文

1．《张看》

作品为张爱玲的第二部散文集。她对其解释为："'张看'就是张的见解或管窥——往里面张望——最浅薄的双关语。"该书分为五辑，分别是"日常生活""亲友素描""未名小草""艺文天地"和"著译自述"，每辑作品均按最初发表或首次结集的时间先后编排，以便让读者对张爱玲散文创作的进程有一个比较完整的把握。

2．《流言》

本书是国际"张学"权威人物陈子善教授主持编校，增补散佚的作品，首度全面恢复了张爱玲作品的原貌。《流言》是张爱玲的随笔散文集，可以说是大珠小珠满玉盘。张爱玲称爱默生"警句很多"。在本书中我们倒可以看到张爱玲满篇的警句佳句。如"上海人是传统的中国人加上近代高压生活的磨炼"（《到底是上海人》）；"中国人喜欢法律，也喜欢犯法"（《洋人看京戏及其他》）；"多数的女人非得'做下不对的事'，方才快乐。婚姻仿佛不够'不对'的"（《谈女人》）等，不胜枚举。

　　　　　　　　　　世间始终你好

3.《私语》

该书涉及张爱玲生平以及创作，通篇分两大部分。前一部分收集和张爱玲有过接触的海内外各种人，比如张爱玲的老师、亲朋、同事、学者、研究者甚至初恋，有关她生活和创作的回忆。这些资料提供了很多非常重要且不为人知的第一手史料，参考价值不容忽视。后一部分为美国郑树森与主编陈子善教授挖掘张爱玲的生平与创作资料汇编。这些资料的陆续出现，填充了张爱玲创作历史上的很多空白。

该书收录文章三十余篇，其中包括胡兰成的《〈今生今世〉选》，胡在文章中说张爱玲是"民国世界的临水照花人"。该文揭示了张爱玲情感生活的一面风景。

4.《迟暮》

十二岁，在别的小伙伴仍在过家家的时候张爱玲已经在试着用她手中的笔雕刻成年人的生活。散文中的人物很像张爱玲的母亲，张爱玲幼时，母亲游学在外，后与父亲离异。年幼的她有很多机会探究母亲心境，那时她的母亲也是三十多岁，与该作品人物极似。

学术著作

1.《红楼梦魇》

《红楼梦魇》是张爱玲的一部重要作品。她以十年时间研究《红楼梦》,此书正是其晚年研究的结晶。书中共收入其七篇研究文章,包括《〈红楼梦〉未完》《〈红楼梦〉插曲之一》《初详〈红楼梦〉》《二详〈红楼梦〉》《三详〈红楼梦〉》《四详〈红楼梦〉》《五详〈红楼梦〉》。

《红楼梦魇》像迷宫,像拼图游戏,又像推理侦探小说。早本各个不同的结局又有《罗生门》的情趣。偶遇拂逆,事无大小,只要"详"一会儿《红楼梦》就好了。收在这集子里的,除了《三详〈红楼梦〉》通篇改写过,此外一路写下去,有些今是昨非的地方也没去改正,因为视作长途探险,读者有兴致的话可以从头起同走一遭。

红学大师周汝昌曾说过:"只有张爱玲,才堪称雪芹知己。我现今对她非常敬佩,认为她是'红学史'上一大怪杰,常流难以企及。张爱玲之奇才,心极细而记(记忆力)极强,万难企及,我自惭枉做了'红学家'!"

2.《海上花列传》

《海上花列传》是一部清末小说,作者韩邦庆。这部长篇小说的主

世间始终你好

要内容是写清末中国上海十里洋场中的妓院生活，涉及当时的官场、商界及与之相关的社会层面。《海上花列传》是最著名的吴语小说，也是中国第一部方言小说。亦名《绘图青楼宝鉴》《绘图海上青楼奇缘》，凡64回。

后世张爱玲曾将其翻译为英语、汉语，汉语版新命名为《海上花》，分为《海上花开》和《海上花落》两部。

捧 读 文 化
触及身心的阅读

全国总经销

出 品 人　张进步　程　碧

特约编辑　孟令堃
封面设计　陈旭麟 @AllenChan_cxl
内文排版　杨瑞霖

出版投稿、合作交流，请发邮件至：innearth@foxmail.com
了解新书，图书邮购、团购、采购等，请联系发行电话：010-85805570

捧 读

触及身心的阅读

世间始终你好

三毛传

Echo's Story

程碧 著

南方出版社
海口

图书在版编目（CIP）数据

三毛传 / 程碧著. -- 海口 : 南方出版社, 2022.6
（世间始终你好）
ISBN 978-7-5501-7601-0

Ⅰ. ①三… Ⅱ. ①程… Ⅲ. ①三毛（1943-1991）—
传记 Ⅳ. ①K825.6

中国版本图书馆CIP数据核字(2022)第079620号

世间始终你好：三毛传

SHIJIAN SHIZHONG NIHAO：SANMAO ZHUAN

程碧　【著】

责任编辑：　　古　莉
封面设计：　　陈旭麟 @AllenChan_cxl
出版发行：　　南方出版社
邮政编码：　　570208
社　　址：　　海南省海口市和平大道70号
电　　话：　　（0898）66160822
传　　真：　　（0898）66160830
经　　销：　　全国新华书店
印　　刷：　　天津创先河普业印刷有限公司
开　　本：　　880 mm×1230 mm　　1/32
印　　张：　　22.5
字　　数：　　495千字
版　　次：　　2022年6月第1版　2022年6月第1次印刷
书　　号：　　ISBN 978-7-5501-7601-0
定　　价：　　169.00元（全三册）

人生是由
无数个小圆圈组成的

　　三毛是我在青春期时读过的女作家，她也是第一个将自由的种子埋进我心里的人。

　　那些年，读着她用跳脱的文字讲述的故事，读着她在地球的某个角落过着浪漫、肆意的生活，我才了解了人生有很多种可能性，并不一定是每天按部就班的生活模式，这让年少的我对未来充满了期待。

　　在信息不是很发达的 20 世纪 90 年代末，阅读是了解外界的最好方式。不像现在，你只要拥有一部手机，就可以每天收到别人展示给你的各种讯息。这个时代，好像每个人都在兜售自己的价值观、世界观——其中也有一些经过包装的观点。也许，写出那些讯息的人并未认真审视他所传达的生活是否值得过，而三毛，则是在用生命亲身实验着她的生活观。

　　三毛少年时，经历过一段自闭的时期，那时的她像一只蝴蝶被关进了封闭的小黑屋里，这段时间长达七年。好在最终她从里面飞了出来，并在那团"黑"里完成了一个小小的进化——她明白了人与世界的短暂关系，于是她认真地给自己出了一道题：这一生该如何度过？然后，她用整个余生来完成这个题目。

为了满足自己对这个世界的好奇心，也为了给自己的内心一个交代，瘦小的她脱离了平常人的轨道，去开拓另一种人生的可能性。原先不喜见人，把自己关闭在小世界的那个女孩，对外面的世界充满了向往，她要去实践那些年少时被传统教育否定的价值观，于是她便离开台湾，独自一人去西班牙留学。自那以后，她便步履不止，先后在西班牙、德国、美国念书，后来又到环境恶劣的撒哈拉沙漠生活了三年，之后定居大加纳利岛，又游历了南美洲。这一路，她身体上吃了不少苦，精神上却收获满满。当初把她从那团黑暗里拉出来的最大力量是书，所以后来她的大部分时间都在近乎疯狂的阅读和写作中度过。33岁时，她因《撒哈拉的故事》一举成名。几十年过去了，她的作品和行为仍然影响着很多人。她这一生，无论身体上还是灵魂上，都活了别人的几个人生。最重要的是，她在每个生活过的地方都汲取了很多能量。

对于一些人来说，活着是在消磨漫长的时间；对于另一些人来说，活着却是争分夺秒地体验。三毛属于后者，她的一生是马不停蹄的，除了行走了很多国家，还写了二十多本书。她曾经说过："人生那么短，抢命似的活是唯一的方法，我不愿慢吞吞地老死。"她的人生被自己安排得很密集，她这样的活法可能与她长达七年的自我封闭有关，"抢命似的活"也许是为了弥补早期那段"坏掉"的时间。她为这样的生活方式付出了许多。这种生活，需要很大的勇气去实现，因为现实中的牵绊太多，退缩一步，便是普通的人生。何况，在她之前也并无太多此类的例子可供参考。

大家喜欢三毛，我想是因为她做了很多人想做却又没做成的事情。这种肆意、任性的生活方式，即便是在无论是物质还是精神层面都比几十年前有了很大进步的今天，人们也不能随意做到，因为并不是人人都能真正遵循自己的内心去生活。

之前读三毛，我会读她的流浪生活，现在成熟一些了，开始关注她的居所、她的收藏、她穿什么样的衣服和鞋子，会去看她在某一天做了什么事情、吃了什么东西，这些生活的日常比流浪生活本身更能吸引我。

我没有按照一般写传记的思路将她从出生到去世一路写下去。我更像在做一个化学实验，用来写作的书房更像是一间化学实验室，我在里面分析三毛这种"物质"是由何种成分组成的。

在青春期读三毛，我只是读了一个表象，只看到了她被贴上的那个巨大的标签——流浪。就像看日常的一杯水，它的形态就只是水，不会去考虑它与氢离子和氧离子有什么关系。人年轻时，总是容易被最表面的东西吸引。

这次为了写这本书，我把她所有的作品都找出来重读一遍，她跳脱、欢乐的文字很轻易地将那些沉淀在我心底的尘埃激荡起来。再细细分析，才发现三毛的"成分"实在太复杂了：她的流浪、旅行、爱情、友情、居所、厨房、收藏、鞋子、衣服、车子……她热爱的沙漠和岛屿，她的快乐和悲苦，她的明媚与阴暗，这所有组成三毛的"成分"都一并被释放了出来。三毛很复杂，而她的复杂又很显而易见。

在从"陈平"变成"三毛"的经济状况不好的初期,她在撒哈拉沙漠用"废物"打造出一个温馨的住所,在简易的厨房里为丈夫煮一餐中国食物;后来,生活的境况好一些时,她住在大西洋岸边的大房子里,为丈夫烤一只鱼形蛋糕当晚餐,站在窗前看星星出现又隐去……当我看到了这些之后,就会想,她哪是在流浪啊?她只是在生活——在地球上不同的角落体验着不同的生活。

只是,再精彩的人生也不过是苦中作乐。年轻时,她忍受过贫穷,状况刚刚好转时,又失去了心爱的丈夫。她被这世界宠过,也被虐过,也许这是一个作家所需要接受的考验。三毛的父亲曾经用"燃烧"来形容女儿的生活方式,这也是在所有对"三毛的一生"的评价中,我认为最贴切的两个字。

这次要写她的一生,我不但把她写的书全部读了一遍,也看了很多她写给家人、友人的信件。三毛写的中文字很特别,是与水平线呈45度倾斜的,像一个人迎着风沙赶路的姿势。也许,一个人的命运会透过各种细节渗透出来。

在我刚开始写这本书不久,一个冬天的傍晚,我走在马路上,忽然听到街边有人在弹唱《滚滚红尘》——起初不经意的你 / 和少年不经世的我 / 红尘中的情缘 / 只因那生命匆匆不语的胶着……这首走红于20世纪90年代的歌是罗大佑为三毛编剧的电影《滚滚红尘》创作的主题曲,氛围有些悲苦,现在已不再流行,通常不会在公共场合被播放出来,我也已经有很多年没有在公共场合听到它了。那时,我还不知道何时能写完这本书,这首悲苦情调的歌却忽然给了我很多积极的情绪。因为我听到了跟三毛有关的信号，也许正如歌里所唱的那样，这是来自"滚滚红尘里隐约的耳语"，我固执地认为它是在鼓励我早点写完。

当年，我在教室的后排捧着她的书读得津津有味的时候，也未曾想过跟她会有什么联系。而今，我坐在书桌前写这本书来解读她的一生，隔了这么多年，我们又重新有了联系。

你在人生的某个时刻画下起始的一笔，总会在另一个时刻闭合成一个圆圈。一生中所遇到的人和事大抵都可以如此解释，人生便是由无数个这样的小圆圈组成的。

就像三毛，在成为作家之前，她从未想过要当作家，她只是爱读书，爱到痴迷——这也是她人生初始的一笔吧。

目　录

CONTENTS

Chapter

1

壹·爱情

三毛与荷西的生活

Chapter

2

贰·追梦人

她走过的路有一生那么长

Chapter

3

叁・生活趣味

对照记

Chapter

4

肆・父母的爱

暖暖内含光

Postscript

后记

永远的女孩

～～～～～～～

壹·爱情

三毛与荷西的生活

相逢的人会再相逢

「马德里。1973 年 4 月的一个清晨，30 岁的三毛给合租的三个西班牙女孩留下租金和一封信，没有惊扰睡梦中的她们，便带着自己的全部家当，搭飞机去了撒哈拉沙漠。」

六年前。

圣诞夜前夕，一个名叫荷西·马利安·葛罗的西班牙男孩去朋友家过圣诞节。西班牙的风俗是：圣诞夜十二点一过，邻居们就要前往左邻右舍，一家家地恭贺节日快乐，有点类似中国的拜年。那晚，十二点的钟声刚过，荷西便准备上楼去祝贺左邻右舍圣诞节快乐。他雀跃着往楼上跑的时候，遇到了正在下楼的三毛。就这样，在西班牙首都的马德里大学哲学系读三年级的中国女孩三毛，第一次见到了还在读高中三年级的西班牙男孩荷西。当两个人在狭窄的旧楼梯上"狭路相逢"时，有那么几秒钟，空气是安静和凝固的，周围的喧闹仿佛被隔绝，突然都沉寂了下去。在对视的电光石火间，三毛脑子里闪过的念头是：世界上怎么会有这么英俊的男孩子？如果有一天可以做他的妻子，在虚荣心上，也该是一种满足了。

世间始终你好

而对于荷西来说，这个有着一头黑色浓密长发的中国女孩就像窗户外忽明忽暗的烟火一样，是那么的神秘和难以捉摸，他心里升起一股难以名状的情愫——眼前的这个中国女孩，她将是我的妻子。

恰好三毛的朋友也是荷西的朋友，自那之后，荷西常常在下课后和周末来三毛住的公寓楼下找她一起玩。公寓楼后面有一片空地，荷西常常约她来和朋友们一起打雪仗、玩棒球。他偶尔也会单独约三毛去一个叫"海盗市场"的旧货市场，两个人常常从早晨一直逛到下午，虽然有时候逛了大半天也只是买了一根鸟的羽毛这样的小玩意儿。在那个寒冷、沉闷的冬天里，两个人在马德里度过了很多美好的时光。

有一次，逛了一天后不知道要再去哪里的两个人将街上的长凳移到地铁的出口，坐在那里蹭着地铁口吹出的热风，一边呵着手取暖一边聊着天，直到夜晚的灯都逐渐亮起。

在城市星星点点的灯光里，荷西忽然认真地对三毛说："你等我六年，让我四年念大学、两年服兵役，六年以后我们就可以结婚了。我一生的想望就是有一个小小的公寓，里面有一个像你这样的太太，然后我去赚钱养活你。"

突如其来的表白让三毛有点不知所措。虽然初见荷西时三毛对他有一种怦然心动的感觉，并且在听到荷西的这个梦想时也差点感动得流下眼泪，但这个很甜蜜的承诺毕竟是从一个18岁男孩的嘴里说出来的，里面总会有些不成熟和冲动。

她问荷西："我们都还年轻，你也才高三，怎么就想结婚了呢？"

荷西说："我是碰到你之后才想结婚的。"

在荷西认真表白之前，敏感的三毛就觉察到，两个人之间的关系因为这段时间的相处变得有些微妙：原本荷西都只是在下课后才去找她，但后来，有几次在上课的时间他也翘课跑出来了；原本他隔几天才会约她逛次街，但后来他几乎每天下课都来等她；原本是一大帮人一起玩，但后来荷西却用仅有的十四块钱单独邀请她去看电影。

那时的三毛是个热情开朗、喜欢玩闹的女孩，她敏感、难以捉摸又充满魅力。有很多来自不同国家的男同学追求她，甚至常常有男生抱着吉他在楼下为她唱歌，虽然她也会内心雀跃，但表面上看起来始终不为所动。从台湾来到马德里求学的她，刚从一个闭塞的环境里挣脱出来，世界在她面前铺展开了一幅新画卷，她所遇到的一切都是未知的，她内心深处疯狂的小念头也一个个迸发出来。她曾在书上读到过一句话："每夜上床时，你一定要觉得今天可真活了个够，那么你的一生都不会遗憾。"这句话对她触动很大，让她觉得一定要把每一天都过得精彩，才不枉费这一生，所以她向往自由自在的生活。在马德里求学期间，不安于安稳生活的她已经独自去了很多国家旅行，她还想要去更多的地方流浪。她也常说："生命不在于长短，而在于是否痛快地活过。"那时的她并不想、也不曾想过要跟什么人许下一辈子的承诺，加上来自中国人骨子里关于男女年龄的传统想法，让她只把比自己小八岁的荷西当成弟弟一样看待。她也知道，人的情感和想法是会随着时间流动的，六年的时间内，两人的学业和生活都会发生变动，谁知道前方会有什么样的未知在等待着他们？况且，六年之后，两个人心里是否还如现在一样彼此喜欢？虽然她很喜欢荷西，与他在一起也感到开心和轻松，却没想这么快就到结婚的地步，她不想贸然接受这个承诺，谁都说不准六年以后的事情，所以在听了荷西的表白之后，她决定把他爱的小火苗熄灭在这个冬夜。

"你从今天起不要再来找我了。"三毛狠着心对荷西说。

但三毛是个善良的女孩，她担心自己生硬的拒绝会伤到这个单纯的男孩子，因为这是荷西最宝贵的初恋。他有可能因为自己的拒绝失去再相信爱情的能力。所以在拒绝荷西的时候，三毛的心里是痛苦和矛盾的，她对荷西讲了很多话，最后，荷西说了一句"除非你自己愿意，我永远不会来缠你"。在两人分开的那一刻，她能给他最后的安慰便是看着他先离开。此时，已是深夜，天空飘起了雪花，荷西慢跑着转过身子，手中挥舞着一顶常戴的法国帽向三毛喊着："Echo，再见，Echo，再见……"直到他的身影渐渐消失在马德里飘着雪的黑暗街道的尽头，三毛才转身离开。

此情此景让三毛记了一辈子。后来，她每次读《红楼梦》，读到贾宝玉出家的那一节，总会想到荷西挥舞着帽子向她说再见的这一幕。很多年后，三毛在一篇写她与荷西的故事中，记下了这个飘雪夜晚的细节：

我跟他说："荷西，你才十八岁，我比你大很多，希望你不要再做这个梦了，从今天起，不要再来找我，如果你又站在那个树下的话，我也不会再出来了，因为六年的时间实在是太长了，我不知道我会去哪里，我也不会等你六年。你要听我的话，不可以来缠我，你来缠的话，我是会怕的。"他愣了一下，问："这阵子来，我是不是做错了什么？"我说：

"你没有做错什么，我跟你讲这些话，是因为你实在太好了，我不愿意再跟你交往下去。"接着，我站起来，他也跟着站起来，一齐走到马德里皇宫的一个公园里，园里有个小坡，我跟他说："我站在这里看你走，这是最后一次看你，你永远不要再回来了。"他说："我站这里看你走好了。"我说："不！不！不！我站在这里看你走，而且你要听我的话哟，永远不可以再回来。"那时候我很怕他再来缠我，我就说："你也不要来缠我，从现在开始，我要跟我班上的男同学出去，不能再跟你出去了。"这么一讲自己又紧张起来，因为我害怕伤害到这个初恋的年轻人，通常初恋的人感情总是脆弱的。他就说："好吧！我不会再来缠你，你也不要把我当作一个小孩子，因为我们这几个星期来的交往，你始终把我当作一个孩子，你说'你不要再来缠我了'，我心里也想过，除非你自己愿意，我永远不会来缠你。"

自那以后，荷西真的没有再来找过三毛，但因为他的住处与三毛的学校离得很近，两人还是偶尔会在路上遇到。他也偶尔看到过三毛跟与她年龄相当的男孩子逛街，这时候，荷西会大方地走上前去与三毛问好，并平静地以西班牙礼仪亲吻她的脸颊。当三毛把自己的男朋友介绍给他的时候，他也会礼貌地跟那个人打招呼。

六年后。

在西班牙服兵役的荷西听说他和三毛共同的那位朋友要去台湾，便写了一封信，并附上一张自己的近照，请朋友帮忙带给三毛。这些年，三毛一直步履不止，她完成了在马德里大学的学业之后，又去了柏林，在歌德书院学习德语，并得到德文教师证书。在德国时，她得到一个可以在美国攻读陶瓷专业的机会，于是又带上行囊去了美国的伊利诺伊大学芝加哥分校，不过最终因为一些原因没有读此专业。这些年，她一边学习一边打工赚取生活费、旅行费，她曾当过美国图书馆管理员、西班牙马略卡岛导游、德国商店香水模特等等，也游历了德国、波兰、捷克、丹麦等国家。兜兜转转之后，她回到了家乡台湾。

在台湾，朋友转交荷西的信之前对三毛说："如果你已经忘记他，就不要看这信了。"

怎么会忘记呢？寒冷的马德里冬天、城市街道暖气井上滋滋冒出的白气、羞涩的高中生、在楼下自称"表弟"的英俊少年、挥舞着帽子消失在黑暗街道尽头的身影、不断下落的雪花……

三毛从朋友手中接过了信和随信附上的照片——此时的荷西已经不再是那个青涩少年，他蓄了胡须，看起来比以前更成熟，眼神也比以前更深邃，如希腊神话中的海神波塞冬。他的信很简短：

过了这么多年，也许你已经忘记了西班牙文，可是我要告诉你一个秘密，在我十八岁那个下雪的晚上，你告诉我，你不再见我了，你知道那个少年伏枕流了一夜的泪，想要自杀吗？这么多年来，你还记得我吗？我和你约的期限是六年。

隔了六年，荷西还记着当初的承诺，三毛读了信虽心生感慨，却未给荷西回信。因为那时，她在台湾有一个德国籍男朋友，对方是画家，三毛很喜欢他，并且已经答应了他的求婚。

但就在他们打算结婚前不久，未婚夫却突发心脏病去世。这给了她猛烈的一击。此时的台湾，处处都让她触景生情，她暂时停航的心又有了去流浪的念头。于是，在未婚夫去世半年之后，三毛离开了这个伤心之地，重回阔别了六年的西班牙。

有一天，在马德里的住处，三毛接到一个朋友的电话，她让三毛火速去她家，说是有要紧的事情商量。当三毛匆忙赶到的时候，她发现朋友家里还有其他人，他们让三毛在客厅里闭起眼睛后就退了出去。三毛还以为朋友们要搞恶作剧，弄出些毛毛虫之类的东西吓唬她，闭上眼睛的同时，也提防地握紧了拳头。几秒钟的安静之后，三毛忽然被人从背后抱了起来，她紧张地睁开眼睛，扭头看到的却是分别了六年的荷西。虽然在几个月前，她已经在照片上看到过他的模样，但六年之后，他重新来到她面前，仍然让她兴奋得又喊又叫。那天她穿了一条曳地宽摆的大长裙，他抱着她不停地转圈，裙子里灌满了风，鼓了起来，像迎风开放的饱满的花朵。所有的朋友都在客厅外看着这一幕，为他们的久别重逢而感到开心。

现在，我想到一段话：每个人都有属于自己的一片森林，也许我们从来不曾走过，但它一直在那里，总会在那里。迷失的人迷失了，相逢的人会再相逢。

这六年，荷西高中毕业后考上了海洋大学，读完大学后又服完了兵役。一直都喜欢大海的他，还取得了全西班牙仅 28 个人持有的一级潜水工程师资格证。荷西带三毛去他的家，三毛才知道，荷西的卧室里贴满了她的放大照片。当年三毛离开马德里后，不时会写信和寄照片给在马德里的朋友，荷西去朋友家玩的时候，就把照片偷偷拿出来去照相馆放大，贴到墙上。三毛看到此情此景，心中涌现出无限感动，想到六年前荷西说想要同她结婚的话，突然冲动地问荷西："你现在还想同我结婚吗？"问完又瞬间后悔了，一些陈年旧爱、新愁旧怨的事情突然涌上心头，三毛突然哭了，哽咽着说："还是不要好了，不要了。"荷西紧张地问："为什么？怎么不要？"她抽泣着对荷西说："你那时为什么不要我？如果那时候你坚持要我的话，我还是一个好好的人，今天回来，心已经碎了。"

三毛对结婚一事有着复杂的心情，她说自己"心已经碎了"，是因为过去那六年的感情经历。那几年的她，看似过得自由自在、风生水起，爱情却不甚如意，身边的男友换了一个又一个：在西班牙时，有一个日本籍的富商同学；在德国时，有一名后来成为外交官的德国同学；在美国时，有一名中国台湾的留美化学博士……这几任男友都很爱三毛，即便以世俗的眼光来看也都是既靠谱又优秀，三毛与他们相处时也很愉快，他们为人豁达，对待感情认真，也都曾深情地向三毛求过婚。有时候，三毛也觉得对方是不错的人，但每次到了被求婚这个节点，她心里都有些焦虑。

那位日本的富商同学对三毛近乎宠溺，每天都给她送花，最后买了一辆车向她求婚，三毛却犹豫了。当时宿舍里的同学和修女舍监都对三毛说："嫁，当然得嫁。这么爱你的人不嫁，难道要让他跑了吗？"后来的那位留美化学博士，不管在三毛还是三毛的父母、朋友看来都是不错的男人，三毛甚至都想要答应他的求婚了。但在那个要给对方答复"yes or no"的关键时刻，她还是拒绝了，有一种"不舒服"和"被胁迫"的感觉占据了她的心。大概是冥冥中掌管她爱情的神在施力，将她从那些男人身边拉走。

最后一任画家男朋友因心脏病去世之后，三毛的心也差不多破碎成片了。所以，当再同荷西谈到结婚这个话题时，她的心情极为复杂，以至于哭了起来。她不想自己以一颗破碎之心来迎接荷西那颗单纯、执着的心。之前种种不愉快或最终没有成功在一起的那些爱情的经历，都提醒着她"求婚"和"眼泪"总是交织在一起的。她曾一度怀疑自己是否还有与人相爱的能力。

她在一篇文章中写过：

好像每一次的求婚，在长大了以后，跟眼泪总是分不开关系。那是在某一时刻中，总有一种微妙的东西触动了心灵深处。无论是人向我求，我向人求，总是如此。

三毛大概是有承诺恐惧症的人，这种性格的人往往把承诺看得很重，不敢轻易许诺。因为一旦许下诺言，就算历经千辛万苦也要完成，如若不能完成，心里总会被那个诺言哽住，一辈子难以安宁。对于他们来说，许下诺言的瞬间，就像亲手在自己头顶悬起一把尖刀，总是担心它会突然掉下来，伤到自己。他们也害怕给了别人承诺之后，自己却是最先逃开的那一个。既然这样，不如就潇洒地一个人生活，谁都不会辜负。

那日，荷西对哭泣着的三毛说："碎的心，可以用胶水把它粘起来。"三毛说："粘过后，还是有缝的。"荷西把三毛的手拉向他的胸口说："这边还有一颗，是黄金做的，把你那颗拿过来，我们交换一下吧！"

在爱情里，总是需要有一个勇敢的人来引领另一个人。即便两个都是勇敢的人，也需要有一个更勇敢的。

我想，每个人身边都有一个看不见的守护神在保护、指引着自己，当守护神看到他偏离了宿命之路的时候，总会适时地制造一些事端，把他拉回属于他宿命的那条路。而大部分当事人在当时却傻傻不知情，很多年之后才恍然大悟。

爱情也是如此吧，当你在错误的那个人身边时，你的守护神也在想办法排除重重困难，把你引领到对的人面前。

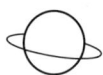 我们
夏天结婚好吗

「我想得很清楚，要留住你在我身边，只有跟你结婚，要不然我的
心永远不能减去这份痛楚的感觉。我们夏天结婚好吗？」

——荷西

三个月前。

马德里一个寒冷的冬天。清晨，三毛同荷西坐在街边的长椅上，两
个人都穿得像棕熊一样，三毛只留出一只手向围着他们的麻雀丢着面包
屑，荷西坐在她旁边看一本关于航海的书。这与六年前他们约会的场景
如出一辙，只不过，曾经三毛身边的青涩的高中生荷西已成了现在的大
胡子荷西。

过了一会儿，荷西合上手中的书，问三毛："你明年有什么大计划？"

荷西之所以这样问三毛，是因为他已经制订了一个很精彩的航海计
划。这时的他已经服完兵役，重获自由后预备给自己放一个长假——一
个类似"间隔年"那样的长假。他朋友的父亲有一艘船，答应借给他，
他打算和朋友一起驾船航海去希腊，并且计划整个夏天都要在海上度过。

三毛告诉荷西："明年我想去撒哈拉沙漠。"

　　　　　　　　　　　　　　世间始终你好

很早之前，三毛无意中读了美国《国家地理》杂志上一系列关于撒哈拉沙漠的专题，唤起了萦绕在她心头的一缕乡愁。但因很多现实的原因，那些年她并没有去撒哈拉，尽管这样，沙漠还是将诱惑的种子一粒一粒埋进了她的心里，并时隐时现地提醒着她。而今，她在流浪了很多国家又经历了一些感情的事之后，重返西班牙，居住在离这片沙漠1000公里的马德里。这是她离撒哈拉沙漠最近的一次，那缕难以言说的乡愁又重新浮上她的心头，对撒哈拉沙漠的向往又蠢蠢欲动起来。

　　荷西把他的航海计划告诉三毛——他想让三毛一起去，让她负责做饭、拍照片和管钱。三毛先是欢呼雀跃，但继续聊下去后，却失望地发现，她的"撒哈拉时间"与荷西的"航海时间"是重叠在一起的。对此，荷西的失望更多一些，他甚至都有点懊恼，很少抱怨的他有点生气地对三毛说："认识那么久了，你总是东奔西跑，好不容易我服完兵役了，你又要单独走，什么时候才可以跟你在一起？"那次的聊天，两人并未达成共识，以三毛的坚持和荷西的不开心而结束。

　　三个月后。

　　在马德里的公寓里，三毛收到一封来自撒哈拉沙漠的信。

　　原来，在那个冬日清晨的"长椅聊天"之后不久，荷西竟然收拾行装一声不吭地跑去了非洲。他很快在撒哈拉沙漠的磷矿公司找了一份潜水工程师的工作，并在离公司100公里左右的小镇——阿雍，租下了一栋房子。安顿下来后便写信给三毛，让三毛去撒哈拉。三毛给他回信说：

你实在不必为了我去沙漠里受苦，况且我就是去了，大半时间也会在各处旅行，无法常常见到你——

他回信道：

我想得很清楚，要留住你在我身边，只有跟你结婚，要不然我的心永远不能减去这份痛楚的感觉。我们夏天结婚好吗？

这封简短平实的信，三毛读了近十遍，她本来就不是个冷漠的人，这封信将她埋藏在心底的感情又激发了起来。她跑下楼，在大街上走了一个晚上，天蒙蒙亮的时候才回到公寓，然后做了个决定——

1973年4月的一个清晨，三毛给在马德里合租的三个西班牙女孩留下租金和一封信，信上写着：

走了，结婚去也，珍重不再见！

她没有惊扰睡梦中的她们，便带着自己的全部家当搭飞机来了撒哈拉沙漠。

来接三毛的荷西对她说："你的沙漠，现在你已在它怀抱里了。"

非洲西北部的撒哈拉沙漠在历史上曾是西班牙殖民地，阿雍是西撒哈拉沙漠最大的城市，也是西撒哈拉的首府。虽说是首府，却没有一般首府的繁华，在2016年的时候也只有十几万人口。据此推算，三毛20世纪70年代在那边生活时，人口应该更少，所以她在书中称它为小镇。镇上只有三五条街、几家银行、几间铺子，法院和邮局在一栋楼上，还有一家漆成黄土色的电影院——阿雍唯一的娱乐场所。放眼望去，小镇中心的一切便尽收眼底了。在这里，能看到骆驼，偶尔也能看到奔驰牌出租车，有几分西部电影里荒凉小镇的景色和氛围，时光仿佛一下子倒退了二十年。

这个沙漠里的法院从未办理过公证结婚，撒哈拉威人[1]都是按照当地风俗结婚的。三毛是外国人，结婚的程序更复杂一些。那天，三毛与荷西去询问结婚事宜的时候，法官将厚厚的法典翻了很久才找出外国人在撒哈拉沙漠结婚所需要开具的各种证明条款。看了这些烦冗的条款，害怕麻烦的三毛一度不想结了，但荷西坚持要正式娶三毛为太太。

那个年代，未婚同居不像现在这么普遍。三毛曾在一篇游记中写过一次在欧洲住旅店的小细节。那是他们结婚后的一次旅行，他们要入住一家小旅馆，本来已经预订好了房间，但等他们到达之后，旅馆的老板娘却搪塞他们说，已经没有双人房间了，只有两间单人房，意思是要他们分开住。不过，三毛很快看出了老板娘的心思，老板娘把他们当成还没结婚就随便住在一起的男女了。因为大部分的欧洲人看不出亚洲人的年龄，三毛30岁的时候常常被误以为只有十几岁。最后她把结婚证拿出来给老板娘看过之后，才得以入住原来预订的大房间。

在感情上，荷西给了三毛安全感，并教会她坚持。他总会适时地把想要逃跑的三毛捉回来，大概他知道，三毛的内心其实并不想真正逃跑。

---

[1] 指撒哈拉沙漠的原住民。

从法院回家后，荷西与三毛便各自到大使馆写申请，给家人写信请他们帮忙准备结婚所需的证明文件，等所有的文件都到齐时，已经过去了一两个月的时间。在提交了各种证明之后，大概又过了两个月，有一天，三毛去阿雍中心区买淡水时路过法院，进去询问后得到通知：明天你们就可以结婚了。而那时候，荷西还在离家100多公里的公司工作。三毛刚到沙漠的时候，荷西每天都要奔波于公司和家之间，晚上下班后披着满天星辉回到阿雍的家，第二天一大早，晨星未散又离开。三毛心疼荷西，让他不要每天都在路上奔波，只在周末回家即可，这样每周可以在家里休息两天，周一再去上班，不必为此增加身体上的劳苦。提着水桶毫无准备的三毛听到这个可以结婚的消息后，赶忙跑到路上寻找可能去磷矿的人捎口信，站了很久才拦住一辆荷西公司来阿雍办事的车，请司机带话给荷西——明天请他回家结婚。司机感到莫名其妙，以为她是那种想结婚想疯了的女人，看着她自言自语道："难道他自己不知道明天要结婚吗？"

在沙漠那样的地方，一切都是未知的，发生什么都不必吃惊。

这是沙漠法院成立以来第一次办理公证结婚。结婚当天，整个法院的工作人员都早早地到达法院做准备。从未主持过公证婚礼的年轻法官比新郎、新娘还要紧张，他隆重地穿起了黑色缎子法衣。在法院工作多年的老秘书也将压箱底的西装穿了出来，并认真地系了丝质的领结。法院的工作人员还很贴心地找来了拍照的人，"埋伏"在法院门口，等新郎、新娘出现。为了让婚礼看起来热闹一些，他们还替新郎、新娘请来了小镇上的居民来观礼，这些人大都是这几个月荷西和三毛在这里认识的朋友和邻居，来观礼的人们也隆重地穿了正式的礼服。三毛与荷西在沙漠里步行了四十分钟来到法院时，着实被这阵势吓了一跳，每个人都打扮得如此隆重，又有照相机对着他们咔嚓咔嚓地拍照，倒是他们这对新郎、新娘，穿着随意得像个旁观者。

那天，荷西穿了一件日常的深蓝色粗布衬衫，下面配了条牛仔裤和凉鞋；三毛穿一件浅蓝色细麻布长衫，这还是看见荷西正在穿深蓝色衬衫时临时决定穿的衣服，这样看上去多少有点情侣装的意思。她脚上穿了一双样式简单的凉鞋，头戴一顶草编的阔边帽子。沙漠里没有鲜花，临出门前，她在厨房里随手抓了一把香菜别到胸前代替。只有她颈上一条"布各德特"是隆重的，"布各德特"是撒哈拉威女人结婚时佩戴的饰品。结婚之前，三毛很想拥有一条，但它对于撒哈拉威女人来说不是普通的饰品，那是她们的信物和传家宝，所以她们不会轻易送人或者卖掉，顶多摘下来让她欣赏一下。但有一天，有个蒙着面纱的女人找到她，不知道出于什么原因，把她的"布各德特"卖给了三毛。下班回家的荷西看到后也非常开心，他去沙漠小店买了几粒小琉璃珠子，再加几个脚踏车上的小零件给细细点缀了一下，让它更好看一些。这条项链成为他们结婚当天三毛唯一隆重的饰品，也是三毛一生最爱的一件饰品。

在结婚典礼上，也许是受了法院隆重、紧张气氛的影响，在回答法官提出的"三毛，你愿意嫁给荷西吗"这个问题时，本应该回答"是"的三毛却激动地说了个"好"，使得大家哄堂大笑了起来。由于是第一次主持婚礼，在问完"荷西，你愿意娶三毛为妻吗"，荷西回答完"是的，我愿意"之后，法官就不知道下一步该做什么了。一阵沉默的小尴尬之后，法官大声宣布："好了，现在你们已经成为夫妻了，恭喜，恭喜。"两个紧张的人一听仪式结束，立刻变得活泼起来，观礼的朋友、邻居们也纷纷上前与他们握手。而荷西忽然想起自己的户口簿还在法官那里，就一边冲出人群一边喊着"我的户口簿……"追了出去。这时，忽然有人提出，怎么没有交换戒指？三毛才从围着她祝贺的人群里跳起来问已经跑开的荷西："戒指呢？戒指呢？"荷西边跑边喊着："在我这里呢。"然后将他自己的那个拿了出来，套在了手上，完全忘记了也要给三毛戴戒指。

举办完婚礼仪式后，荷西提议要带三毛去国家旅馆吃一顿大餐庆祝。这家国家旅馆是当时的西班牙官方创办的，是沙漠里唯一的豪华饭店。餐厅布置得好似阿拉伯皇宫，那里的菜价也很贵，吃一顿的钱够买一个星期的菜了。已经成为荷西太太的三毛想到那些钱都是荷西在沙漠里辛辛苦苦赚来的，便决定不去了。两个人又步行40分钟走回家。不过，他们刚一到家就发现门口放了一个大大的结婚蛋糕，上面有一对男女娃娃，是荷西的同事们一起送的——这是结婚当日最惊喜的礼物了。切蛋糕后，荷西才给三毛补戴上戒指。

就这样，虽然没有鲜花，也没有婚纱，但在一片嘻嘻哈哈中，三毛成了荷西的太太，也成为第一个在撒哈拉沙漠结婚的中国女人。七年前，青涩的荷西还常常假扮三毛的"表弟"去三毛学校找她；七年后，当年那个青涩大男孩已经长成一个成熟可靠的男人了。刚搬到沙漠时，三毛

　　　　　　世间始终你好

独自一人在家，邻居家的小孩问三毛："三毛，你爹爹怎么不在？"三毛哈哈大笑：哪里是爹爹？那是她未来的丈夫。

一直以来，荷西都像是站在河对岸的人，小心又谨慎地向岸这边受伤的小鹿伸出手，以眼神示意——跟我走，我会照顾好你，不会再让你受到伤害。而对人类有了防备之心的小鹿却一直犹豫着，要不要放下顾虑跨过这条河。

三毛心地善良、热爱自由，对于这样的女人，给她爱，给她自由，但千万不可死缠烂打。如果他表现得太过于迷恋，暴露了自己的底线，就会吓跑她。如果当年荷西在被拒绝时，痛哭流涕，寻死觅活，想来三毛也不会爱上这样的男人。虽然后来荷西坦诚地对三毛说，那一次被拒绝时，他痛苦得想要自杀，但最终还是一个人默默承受了。

起初，荷西因为三毛去了撒哈拉，后来，三毛因为荷西留在了撒哈拉。三毛最初计划只在撒哈拉住半年，但由于荷西在撒哈拉工作，他们一住便是三年。

多年以后，回想当时，三毛说：

他知道我是个一意孤行的倔强女子，我不会改变计划的。在这个人为了爱情去沙漠里受苦时，我心里已经决定要跟他天涯海角一辈子流浪下去了。

有情饮水饱

「结婚之前，荷西曾问三毛："你要一个赚多少钱的丈夫？"

三毛说："看得不顺眼的话，千万富翁也不嫁；看得中意，亿万富翁也嫁。"

"如果跟我呢？"荷西继续问。

"那只要能吃得饱的钱就行。"

荷西思索了一下，又问："你吃得多吗？"

"不多，不多，以后还可以少吃点。"」

——三毛与荷西的一次聊天

三毛与荷西一起生活的前几年，钱常常是困扰他们的大问题。在撒哈拉，三毛结婚后就成为家庭主妇，没有收入。在磷矿公司的工作是荷西的第一份正式工作，在此之前两人也没有积蓄，虽然他经常代同事加班赚取加班费，但要在沙漠里建起一个家，还是要耗费很多钱的。沙漠里的物价非常高，蔬菜、淡水这些基本生活用品匮乏，而且蔬菜的种类很少，价格是当时台湾蔬菜价格的四倍左右。他们初到沙漠时，只有一栋租来的空房子，里面所有的生活物件都是后来一点点置办、添补进去的，而这栋毛坯房的租金是200美金，那可是20世纪70年代的200美金。当他们的沙漠之家建成后，几乎每个周末都要请荷西那些无处可去的单身同事们来家里吃饭、聚会。在沙漠工作了半年之后，他们买了一辆小汽车，周末的时候还会开上汽车、带着帐篷在沙漠里四处旅行。后来，西班牙、摩洛哥争夺西撒哈拉沙漠的主权，战争一触即发，他们不得不离开沙漠，去了对岸的加纳利群岛[2]重新打造一个新家。那些年生活的变故与动荡耗费了他们很多钱。还有一个重要原因是，两个人金钱观念淡薄，都不擅理财，所以常常用到囊空如洗。

三毛初到沙漠时的家当，除了一个装了大半箱书籍和杂物的箱子、一个背包之外，还有一个神秘的大枕套。荷西带着三毛去买家居用品时，才知道三毛一直拿在手里的枕套里装的竟然全是钱。那是三毛的父亲知道她去沙漠的决心已定，担心她在恶劣的环境里受委屈，所以给了她一笔不菲的安家费。但荷西在这方面有点大男子主义，"娶三毛，然后努力工作养家"，这是荷西18岁就想要的理想生活，所以他不肯用三毛的钱来置办家当。他让三毛把钱存进银行，并坚持让她只花他赚的钱。

磷矿公司的工作是荷西第一份能够养家的正式工作。他每次领了薪水都很兴奋，把钱装进袋子里带回去，见到三毛便兴奋地大喊一声"哈"，

---

[2] 加纳利群岛位于非洲西北部的大西洋上，是非洲大陆西北岸外火山群岛。东距非洲西海岸130公里，东北距西班牙约1100公里，属于西班牙的领土。加纳利群岛由特内里费岛（又译丹纳丽芙岛）、大加纳利岛、拉芭玛岛、拉戈梅拉岛、费罗岛、兰萨罗特岛、富埃特文图拉等七个主要岛屿和若干小岛组成，分布在东西两个岛群上。

然后扔给她，便再也不管了。三毛也只是把它们收起来，放进一件中式棉袄的口袋里，谁想用就去拿，如果想起来就记一下账，想不起来就算了。有一天，三毛在家闲着无事可做，就做了个账单。荷西下班回家后，三毛开心地把荷西这半年的收入情况拿给他看。荷西一看高兴坏了，除去基本工资和补贴，再加上给同事的替班，竟然积攒下来这么多。他一高兴就带着三毛去了国家旅馆吃大餐。那晚，他们两人置身于皇宫般的国家旅馆，忘记了屋外的黄沙漫天，仿佛又回到了繁华的现代化大城市。他们点了上好的红酒、海鲜汤、牛排、大明虾、冰淇淋蛋糕，并且大明虾和冰淇淋蛋糕要的是四人份的，那大概是他们来沙漠后"最美好的时光"。两个人酒足饭饱之后，三毛突然想起来她只算了收入没有算支出，等她回家把那段时间支出的账大致算出来后，才发现根本就所剩无几了。

两个人一想到未来的好长一段日子里只有干面包、煮土豆这些东西可以吃，并且周末的沙漠旅行也要泡汤，瞬间觉得人生暗淡无光了。对于他们来说，饭可以少吃一些，但是不能不旅行，那样的生活简直生不如死。这时候，他们忽然想起，平日他们都是去沙漠深处探险，但沙漠相反方向的海边却从未去过。三毛灵光乍现，提议去海边探险，既满足了旅行的愿望，又可以捕些鱼带回家吃。于是，一个周末的早晨，两个人兴致勃勃地开车来到了海边。他们果然没有来错，因为那片海几乎没有其他人踏足过，无论是海滩还是岸边的礁石都是一派原始状态，他们像是进入了《阿里巴巴与四十大盗》里的藏宝库：

海潮退了时岩石上露出附着的九孔，夹缝里有螃蟹，水塘里有章鱼，有蛇一样的花斑鳗，有圆盘子似的电人鱼，还有成千上万的黑贝壳竖长在石头上。

那天，两人分好工，荷西潜到水里用射鱼枪捉鱼，三毛在岸上的礁石丛里捡螃蟹、贝壳类的海鲜。等捕得差不多了，两人就在岸上把鱼一条条清理干净，再装进事先准备好的袋子里。荷西凭借自己一级潜水师的本事，捕了很多肥美的大鱼，多到袋子都盛不下了，三毛就脱下牛仔裤，将裤腿系起来打上结，把鱼装进裤筒，最后装了满满两个牛仔裤筒。他们一边清理一边盘算着要把一次吃不完的鱼腌起来，可以以后慢慢吃，这样会节省一些菜钱。但等到他们开车回到家时，腌咸鱼的事情早就被他们抛在脑后了。三毛和荷西把捕来的鱼一部分招待了荷西的同事们，一部分则送给了邻居。

有了这次成功的捕鱼经历之后，两个人想，干脆每周都去海边捕鱼，然后出售。于是，接下来的两个周末，他们都是天不亮就出发去海边，每一次都满载而归。可是两个人都不是做生意的料，他们羞于开口叫卖。第一次卖鱼，他们把车开到小镇中心区，买了一块小黑板，在上面画了两条鱼，旁边写上价格，然后打开后备厢，把小黑板摆在车旁边，既不叫卖，也不招揽客人，就呆呆地站在小黑板旁边。恰好荷西的一个性格豪爽的同事路过，看到这两个呆萌的卖鱼人，觉得太好笑，便替他们喊了几嗓子，才使得鱼被顺利地卖掉。为了庆祝第一次卖鱼成功和感谢这位同事的帮忙，他们又叫上了荷西的其他同事一起大吃了一顿。

第二次卖鱼，他们不打算零售，荷西鼓起勇气到国家旅馆的厨房去推销。因为他们捕来的鱼新鲜肥美、要价又低，国家旅馆的后厨十分满意，就把这些鱼全部要了，不过不是现款结算，饭店主管给了他们一张月底结算的欠条。就在他们俩开开心心准备离开的时候，却迎头遇到荷西的上司来这里吃饭，并热情地邀请他们俩一起吃，他们推脱不过，本来经济窘迫的两个人也只好坐下来陪上司吃这昂贵的一餐。而他们刚刚卖掉的鱼，很快成了饭店主推的菜品，荷西的上司在服务生的推荐下点了这道菜。吃完饭后，在与上司"抢着付钱"的游戏中，荷西胜出，就这样，他们花了十二倍的价钱吃了他们自己捕捞的鱼。虽然有些心疼，但一想到月底至少还有一张欠条可以兑换，于是他们又开心起来。一开心就容易忘形，一回到家，三毛就脱下脏牛仔裤扔到洗衣机里，洗到一半，忽然想起那张欠条还在口袋里，等她捞出来的时候，那张欠条已被洗烂，化为纸浆了。

本来因为没钱而去捕鱼，虽然捕了不少鱼，却没有像预期那样赚到钱，并且加上耗掉的车油钱、招待朋友们的啤酒和罐头钱、豪华饭店的三人餐费以及被洗坏的欠条，家里的储蓄反而比之前更少了。

1976 年，西撒哈拉北部被摩洛哥占去，生活在此地的西班牙人也都离开了。三毛与荷西也告别生活了三年多的沙漠，搬到沙漠对岸的加纳利群岛居住。

荷西因这突如其来的战争而失业，虽然经过交涉，公司支付了他一笔遣散费，但是后续的工作仍没有着落，所以他们也不敢乱花钱。为了找工作，他们给世界各地的潜水工程机构发去很多求职信，但最后都石沉大海。走投无路的三毛甚至给蒋经国写了一封求助信，她在信中写：

荷西是中国女婿，想在台湾找一份潜水的工作，待遇不计。

蒋经国给她回信，说道：

很抱歉，一时没有合适的工作给他。

那段时间，两个人常常失眠，在黑暗中拉着手躺着不说话。在荷西没有找到工作之前，他们每日只吃一餐。那阵子，他们俩常常讨论，是拿面包蘸盐还是蘸酱油比较省钱。也因为这次失业，三毛日食一餐的习惯保持了很多年。

在失业十二个月之后，荷西终于在朋友的介绍下去了一家潜水工程公司。这家公司的主要业务是打捞沉船，公司在尼日利亚的港口城市拉哥斯。为节省机票钱，荷西一个人先飞到拉哥斯工作，三毛暂时留在加纳利群岛。荷西去了之后，才知那是个很不正规的公司，老板是一个带着情妇的德国人，为人极其刻薄。老板的合伙人是一个同样不厚道的当地医生。荷西和一个叫路易的朋友刚到，就被没收了护照和潜水证。他们工作了几个月之后，老板许诺的薪水迟迟不发，理由竟是"你们在这里，也花不到钱"。四个月后，三毛去看荷西的时候，荷西瘦了一大圈，他穿着三毛的牛仔裤，裤腿都显得空荡荡的，看到这幅情景，三毛眼圈红了好久。而那个精明的德国老板一看三毛去了，就找了个借口把在当地请的厨师和打扫卫生的两个工人都辞退了，把做饭、打扫房间的活儿都交给三毛去做。

这个打捞沉船的公司只有两个潜水工程师，一个是有一级潜水证的荷西，一个是只有三级潜水证的路易，其他的都是打杂的工人。有一次，公司打捞到一艘沉船，里面没有贵重的物品，只有一些不值钱的水泥，但数量很多，有一千多袋。这种工作只能靠潜水员潜下去一袋一袋捞上来。路易一看工作量如此巨大，就装病请假了，只有厚道的荷西每天在水中工作十六个小时，奋力地往上打捞。公司只派了几个打杂工在岸上做些配合工作。但他们对工作极其不负责任，荷西刚一下水，他们就在岸上偷懒睡觉。有一天，中途下起了雨，潜在水底的荷西感受不到海面上的天气，等他上来之后，发现那些打杂工都找地方避雨了，根本没有人管在水底的他。那段时间没有休息日，更别提假期，荷西每天工作完回到宿舍，累到倒头就能睡着，还因为长期待在水中，患了肺炎。但因为需要那笔老板允诺的钱，所以不得不做下去。

那段日子是他们最艰苦的一段时光。三毛于五月份离开大加纳利岛去尼日利亚陪荷西，在那里待了整整一个月。后来三毛写了一篇题为《五月花》的文字，记录了那个绝望的五月里每一天所发生的事情，这一篇文字的章节名字是每一天的日期：五月一日、五月二日、五月三日……三毛将那些日子一天天记录了下来，度日如年一般。到了月底，三毛先回大加纳利岛，荷西继续留下工作，德国老板本来允诺可以先让她带走8000美金，但他一直拖到三毛临上飞机，才不情不愿地给了她1250美金。那段时间，他们见识了人性的丑陋，失望不已。其间，三毛也为杂志社写了不少文字，得到一些稿费，但是荷西不愿意用三毛的钱支付家用，因此坚持在那种没有保障的环境下又工作了十六个月。因为被不公平地对待，不知这种日子何时是尽头，还出于心疼荷西，三毛有时会跟荷西吵架。那个五月，在一个看不到希望的地方，在热带漫长的雨季里，几乎每一天，三毛的眼睛、心都是潮湿的。

荷西只适合在正规的大公司工作，因为他心地柔软又不善于与人讨价还价。一级潜水工程师，在当时整个西班牙才只有二十八个，荷西可谓是稀少又珍贵的人才。也就是说，如果他真的耍起性子辞职不干，那个老板也是会害怕的，就因为荷西太相信别人，也不会讨价还价，以致自己每天要工作十几个小时，还得不到相应的报酬。而精明的老板却向他的客户收取每小时 5000 美金的高额打捞费用，这些活儿几乎都要靠荷西独自完成。就因为最初德国老板承诺了会给他薪水，他便认为对方一定会兑现。后来，路易因为长期拿不到薪水而辞职，三毛也在大加纳利岛拍电报给荷西让他辞职，让他不要再相信那位德国老板，钱也不要了，让他尽快离开尼日利亚。那一趟尼日利亚之行她已绝望，她与德国老板也讲过道理，也吵过架，可对方总是一副无赖的样子。三毛要荷西赶紧辞职离开，因为她觉得他再继续待下去会有生命危险。但就在那时，刻薄的老板出车祸受了重伤，当时荷西跟他坐同一辆车，但只受了一点轻伤。因为车祸，公司一时间陷入停滞状态。苏醒过来的老板发了无数电报求三毛，恳请三毛不要让荷西离开尼日利亚，让他留下来帮他。三毛与荷西到底都不是那种狠心的人，在还是没有拿到钱的状况下，又为老板工作了一段时间，公司重新稳定后荷西才离开。在这个工作之后，荷西找到的都是正规的大公司的工作。

我觉得老天会偏爱简单、纯良的孩子，如果你不擅长某件事情，那么你的人生将会自动绕开这件事，你也会生活得很好。我指的不是必需的生存技能，而是指潜质，比如，沉默寡言、不擅长人际交往的人，他可能会是一个靠写作便可以养活自己的作家或是刻苦钻研的科学家，反正是一个不需要他站出来讲太多话就可以生存的职业。反过来，一个侃侃而谈的人，可能是做外交家、推销员之类的职业。因为每个人都有自己的生存之道。

不过，即便两个人有过穷苦的生活，但在用钱上都不是小气的人。他们在买东西时，如果对方给他们打折，他们反而会觉得不安；如果对方是个手艺人，他们更不接受对方的折扣。

在大加纳利岛上居住的时候，他们在中心港口附近的创意市集上邂逅了一个日本手艺人，他在市集上有个摊位，靠卖手工制作的银饰为生。三毛和荷西很喜欢他制作的银饰，加上那个岛上的亚洲人很少，三毛会讲一点日语，当他们要买的时候，那个日本手艺人执意要给他们打折，但他们俩慌乱地拒绝了，不肯少给一分钱。后来，手艺人和他们成为朋友，三毛和荷西常常邀请他去家里吃饭。因为手艺人不是久居在岛上，没有固定的住所，所以每天都背着全部家当去住岛上的小旅店，有一晚在他睡着的时候遭遇了小偷，他的手工作品、摆摊赚到的钱和衣物几乎全部都被偷走了。后来他不得不用仅剩的一点儿钱批发一些廉价货品来卖，以赚取基本的生活费用，日子非常落魄。三毛知道后，找了她一个朋友冒充顾客，把他摊位上的货品全部买走了。

还有一次，在一个烈日当空的午后，有个年轻人去他们住的社区推销西班牙语版《百科全书》。大加纳利岛是个阳光充足、适合度假的美丽小岛，有很多来自气候寒冷国家的人在此居住或度假，三毛居住的社区更是有"小瑞典"之称。但在一个瑞典人多的社区推销一本价格不低的西班牙语版《百科全书》，其难度可想而知。当这个推销员敲开三毛家的门的时候，满脸的紧张与愁苦。荷西请他进屋坐下，并请他喝了家里仅存的几罐啤酒，与他聊过之后，才知道他们有着类似的遭遇：这个年轻人随他的军人父亲在阿雍生活了十五年，也是因为摩洛哥的进军而来到大加纳利岛的，一时不知怎么谋生，于是挨家挨户推销《百科全书》。荷西听完，把三毛拉进卧室，问三毛可不可以买一套他的书。虽然三毛也喜欢那套书，但实在太贵，并且荷西那段时间刚好没有工作，那时候，他俩已经开启了日食一餐的穷困生活模式。但最后，他们还是分期付款买下了那套29公斤重的《百科全书》，然后开车把卖书的年轻人送回家。两个人在楼下目送着那个年轻人跑上楼梯，他边飞奔着边喊："爸爸，我卖出了第一套……"然后两个人心情复杂地开车回家继续饿肚子。

女人不知何时落下了"爱钱"的名声，但我觉得，有许多女人虽然也爱钱，但她们更愿意陪着自己的男人一起赚钱，一起吃苦，并不是所有的女人都需要男人把辛苦赚来的钱双手奉上。如果问一个人爱吃什么食物，他会大大方方地说出来，我爱吃苹果，我爱吃草莓，但在对待钱的时候却容易口是心非，好像钱是龌龊的东西。或许很多人对钱的态度大概都是"看起来对钱的感觉淡薄，但总会幻想一觉醒来拥有很多钱"的吧？我发现一个有趣的现象：越是公开表明自己不在乎钱的人越是容易因钱与人闹出是非。反之也说得通——有些人口口声声说自己爱钱，但真遇到用钱的事，也没有把钱看得很重。曾经说过"我喜欢钱"的张爱玲，在与胡兰成分手后，还不是千里迢迢地把自己一部电影剧本的稿酬全部赠给了他，而那时候的她正逢乱世，自己也没有太多的钱。三毛也不止一次地透露过她觉得钱很有用，她爱钱，但她还是选了在所有追求她的男人中唯一一个没有钱的人做自己的丈夫。荷西曾经对他一个因缺钱不能结婚而陷入痛苦的朋友说："世界上有些笨女人就是不要钱的。像三毛，我没花钱她就跑去沙漠嫁给我了。"

对于三毛来说，钱不是供她肆意挥霍的东西，不是让她买奢华珠宝或是名牌包那样的东西。钱是一张张带她飞去远方的飞机票，钱能帮她把那些不知名手艺人的手工物件收入囊中……对她来说，钱可以让自己活得更自由而非更奢华。她所追求的不是世俗标准下的那种"儿女双全、相夫教子、有车有房"的幸福。这样的生活，对她来说反而是一种束缚。她要的爱，一定是要渗透进灵魂的，要么不爱，要么就以灵魂相爱。其实，世俗的物质标准反而更容易达到，而灵魂的满足却不是每个人都有幸得到的。

世间始终你好

遇见你
什么都对了

「你知道怎样才能见到美人鱼吗？你潜入海底，那里的海水不再是蓝色，天空将变成回忆，你躺在寂静里，待在那里，决心为她们而死。只有这样，她们才会出现，她们来问候你，考验你的爱。如果你的爱够真诚，够纯洁，她们就会和你在一起，然后把你永远地带走。」

——电影《The Big Blue》

　　真正的爱情如深海中的人鱼，只有内心纯净和奋不顾身的人才会遇见。如果内心不够纯净、不够勇敢，眼里所见的、心里衡量的永远都是世俗的条件和对方的缺点。不够纯净的人，看不到对方闪亮的点；不够勇敢的人，总会衡量对方会不会是自己的负担。

　　在与荷西结婚之前，三毛在德国上学时交了一个德国男朋友，那个人非常勤奋，也很有上进心，他的理想是成为一名大使。他每日都在勤奋念书，不但自己念，也让三毛念，就连约会时，两个人也是在一起看书、学习。三毛想见他了，也不敢轻易去打扰他，只有看到住对面公寓的他把书桌的灯挪到窗户前时（这是他用完功后给三毛的暗号），她才敢跑去敲门。那时的三毛刚离开西班牙到德国申请了大学，一句德语都不会讲，她本来每天都已经有十几个小时在"啃"德语了，但是与这位德国男朋友约会时，他还是会让三毛读一段德语报纸上的新闻来测试她德语的水平。有一次，三毛读错了几个音，他就对三毛说："你以后可是要当大使夫人的，连德语都说不好，怎么行？"这句话，伤到了三毛的自尊心。三毛其实是个很用功的学生，但她用功并不是为了要当大使夫人。那个男人很喜欢三毛，他后来通过努力真的成了一名大使，并且跟三毛求过婚，表示很想同她生活在一起，但最终他们还是分手了。原因当然并不只是因为这句话，和他在一起的话，以后的生活可想而知——虽然他也为三毛着想，但两个人如果生活在一起，未来的人生也许会变得像军训般紧迫。这样的生活，终究不是三毛喜欢的。

荷西对三毛的爱，不是那种没有原则的宠爱，他们的爱是对等的，然而这样的爱却能长长久久。荷西并未刻意去迎合三毛，因为他们都是自由、善良、不拘小节的人，他们的天性就是匹配的，也就是情侣关系中最好的状态——灵魂伴侣。有个毕业于麻省理工学院的理工男亚伦·桑托斯，写了一本《超级思维》，在书中，他以费米法推算了"你遇见灵魂伴侣的概率有多大"。按当时全球67亿人口来计算，如果没有神秘力量的撮合，概率只有1/200000。有一次，我在书店看到一本书，书名是《嫁给谁都幸福》，我被这个奇怪的理论惊得目瞪口呆，会有这种百搭的人吗？我表示深深的怀疑。我觉得世界上每个人，无论贫穷富有，无论是大人物还是无名小卒，当他们来到这世界上的时候，都会有一个与之最匹配的灵魂存在于世，虽不一定同时出现，但最终肯定会同时存

世间始终你好

在。只是，这个世界上，能遇到那个灵魂与自己匹配的人并与对方生活在一起，是需要很大运气的。喜欢恶作剧的爱神，总是将一个人的另一半藏到地球上的某个角落，很多人终其一生也无法与之相遇。而三毛与荷西，一个成长于亚洲的中国台湾，一个在欧洲的西班牙，两个人相隔万里，竟也千山万水地相遇了。三毛那些在别人眼中看似疯狂的举动，在荷西看来都是正常不过的事情。眼前的这个女人，无论做出什么事情，他都不觉得惊讶，三毛在他的爱里过得很自由。

当年，三毛说要去撒哈拉沙漠生活，身边的很多人都不相信她真的会去。因为沙漠环境恶劣，生活在那里的人思想意识落后，有的撒哈拉威人甚至都不会数数，也不知道自己的年龄。除了沙漠的原住民——撒哈拉威人和被派去工作的欧洲人，很少有人会自愿选择去那样的地方生活。何况，朋友们听三毛说，只是因为读了杂志上的关于撒哈拉的专题而勾动了她前世的乡愁，所以才决定去那里生活。这样的说辞在世俗人眼中更像是个笑话般的存在。一些朋友认为，这是三毛感情受挫后的自我放逐。只有荷西听了三毛的畅想之后一声不吭地放弃了自己的航海计划，先去沙漠打头阵，在那边找好了工作，租好了房屋，等待她的到来。

其实三毛的很多行为，常人无法理解，不过在荷西眼中，却都是稀松平常的事情。

婚后在撒哈拉生活时，三毛常常要去镇中心为家里置办物品、申请淡水等等。从家到小镇中心要穿过一片撒哈拉威人的坟场。有一次，她在穿过坟场时，发现有个撒哈拉威老人一动不动地坐在坟堆里。三毛走近一看，他正坐在那里专心致志地雕刻东西，脚边堆了十几个石刻像，有人脸，有鸟，有小孩，有裸体的女人张开着双腿，私处还刻着半个在出生的婴儿，还刻了许许多多羚羊、骆驼……对艺术敏感的三毛被这些粗糙而动人的自然石刻震惊得要昏了过去，她蹲下来问他："伟大的艺术家啊，你这些东西卖不卖？"那个老人听到三毛要买他的东西，吃了一惊——大概三毛是第一个称他为"伟大的艺术家"并愿意出钱买他作品的人。他既惊讶又喜悦，一时间说不出话，只连连点头表示：卖！卖！当时三毛手里只有1000块西币，全部拿出来给他，然后挑了其中三个石雕，并对他说了自己的住处，如果钱不够，可以再回家取。那位老人也不说话，只是弯下身又挑了两个放进三毛手中。回家后，邻居听说三毛花了1000块买这些石雕，笑得快要岔气。但荷西看到那些石雕之后，又给了三毛2000块钱，让她去老人那里多买几个，尽管那时他们并没有多少钱（现在知道他们俩的钱总不够花的原因了吧）。不过，遗憾的是，那个老人再也没有出现过。

后来他们去大加纳利岛生活，有一阵子，三毛迷上了在鹅卵石上画画，她常常去海边拣适合画画的石头。有一次，她画完了一批石头，再去海边拣的时候遇到了大浪，沉迷挑拣石头的三毛没有意识到即将到来的危险，差点被大浪卷进海里，幸亏被路过的人救了下来。当救下她的人听说她只是来找画画的石头后，生气得不跟她说话了，觉得自己刚才冒着生命危险做的事情特别不值。她在家里低头沉迷于画画的时候，帮佣的女人（房产公司硬是加钱塞给她一个帮佣的女人）看她每天沉迷于此，不理解地问她："这能当饭吃？"三毛无言以对，这种自娱自乐的小事情当然是不能用来"当饭吃"的。当时三毛心里感慨道：这世界上

世间始终你好

就是有很多事情比"吃饭"重要，可旁人是无法理解的。而在荷西眼中，太太的可爱之处正在于此。有一天，荷西下班回家，看到三毛的石头画新作——一幅夜晚的景象：在淡淡的月光下，有一棵结满红色果子的树，树下坐着两个裸体的人，七只白鸟绕树飞翔，树的上方悬了一道新月，月光似雨点洒在树梢……荷西看了这幅画大受感动，觉得它美如"伊甸园"。他顾不上休息，赶忙去找来麻绳，特意给那块石头编了一个小垫子，让它可以在桌子上立住。

一些比"吃饭"还重要的事情，大概也只有荷西能理解，并且一直支持、欣赏三毛。

当然，爱是相互的。仅仅单方面的爱是绝对经不起时间的考验和耐力的消耗的，那个只付出的人，如果得不到回应，迟早会觉得无趣，然后转身离开吧。

有一天下午，荷西下班回家，拉着三毛就往外走，说要带她去沙漠深处捡化石和贝壳。三毛一听，二话不说，拿了一瓶酒跟着上了车。等他们到达沙漠深处的时候，夜幕已经降临。晚上的沙漠是很危险的，未知的地形、骤降的温度、没有保障的治安环境，随时都会威胁着他们的人身安全。在开进沙漠后不久，下车探路的荷西不小心陷入了沼泽地，并且越陷越深，在他下沉到胸腔位置的时候，幸亏旁边有块突出的大石头可以让他紧紧地抱住。但如果不马上被救出来，即便不会继续下沉，他也会在半夜温度骤降后被冻死。三毛在想办法救荷西出来的时候，两个撒哈拉威人开车经过。本以为遇到了希望，却不想是场灾难，两个高大强壮的男人不但不出手搭救，还意欲强暴三毛。在与他们周旋的时候，有那么几次，三毛差点因体力不支被他们捉到，而深陷沼泽的荷西却上不了岸，只能在沼泽里绝望地大喊：我要杀了你们！我要杀了你们！好在三毛最后终于连滚带爬地跳上了自己的车，开着车在沙漠里七拐八拐甩掉了他们。当她想再回头去找荷西时，却发现自己迷路了。此时夜幕已经彻底降临，夜晚的沙漠变成了一个广袤的迷魂阵，分不清东南西北。

那时候，温度也已经降了下来，在一阵短暂的慌乱之后，"一定不能让荷西死在沙漠里"的念头让她迅速冷静下来。于是三毛顺着轮胎印找到了通向沼泽地的路，那时的荷西已经被冻得奄奄一息了。见到这副模样的荷西之后，三毛脑子里因为害怕而短路的线忽然间都接了起来。她把汽车的座椅、轮胎都拆了，一个一个扔向荷西下沉的地方，排成一架桥，然后又把裙子脱下来，撕成布条系紧，扔给他，自己趴到离岸最近的轮胎上，慢慢地把他拉回岸边，最后终于把荷西救了出来。那时，荷西已被冻得脸色苍白，失去知觉，三毛用酒给他搓了很长时间，他才缓缓苏醒过来。

这是他们两个人同时离死亡最近的一次。那晚，他们没有找到化石，却经历了一场生离死别。最终，两个人在夜空中小熊星座的指引下找到了北方，开车逃出了如迷魂阵一般的沙漠。

开上大路之后，两个人又冷又怕又开心，还未完全恢复的荷西呻吟着问三毛："三毛，还要化石么？"

"要。你呢？"

"我更要了。"

"什么时候再来？"

"明天下午。"

我觉得，这世界上最好的关系也就是这样了：一个人愿意玩，另一个愿意追随，且永不疲倦。

与荷西结婚之前的那些年，三毛经历了一些感情纠葛；结婚后，她觉得自己与荷西的关系，就如同彼此生命中的一个伴。她说："我们不过是想找个伴，一同走走这条人生的道路。""伴"，看起来是一种很平常的关系描述，但这种关系又是最深沉、最长久的。如果一个独立坚强、不需要婚姻点缀的女人，却乐意接受另一个人做她人生的"伴"，也愿意为他适当地磨掉自己的棱角，却不失掉自我，这大概就是真爱了吧。而这份感情也会随着时间的流逝变得越来越浓烈。

这两个人也不是没有争吵过，那次是因为三毛教荷西学英文而引发的争吵。荷西在各方面动手能力都很强，也对很多事物充满好奇，唯独在学习语言方面没有什么兴趣和天赋。三毛会讲西班牙语、德语、英语，并且水平都不差。她在西班牙生活过好多年，西班牙语很流利；她在德国上学时取得过德语教师资格证；她的英语也很好，有一次在英国机场转机，因误会被移民局扣留时，她用英语为自己作了精彩的辩护，赢得移民局工作人员的尊重，被顺利放行。除此之外，她还会一点日语。有一阵子，两人约定每天要空出一段时间，由三毛给荷西补习英文，但那天她怎么教他都学不会，两个人心里都憋着气，荷西又频频看时间，三毛生气地将圆珠笔扔到了他身上，荷西便生气地骂了三毛一句"你这傻瓜女人"。在那之前，荷西从未对三毛说过重话。被骂的三毛气呼呼地冲进浴室，找了把剪刀，把一头长发剪得七零八乱，荷西则一气之下开车离开了家。三毛趴在床上哭了整整一夜，荷西清晨回到家时，看到她哭肿的脸和凌乱的头发，心疼不已，一边帮她修剪那些剪坏的头发一边抱着她哭，最后弄得两个人一身头发楂子。

那是他们唯一的一次大吵。也许好的关系，不是永远不吵架，而是争吵以后还想要继续走下去。

荷西这个人

「爹爹姆妈，你们的女婿是世上最最了不起的青年。」

——三毛

荷西，1951 年生于西班牙的安杜哈尔市，他名字的拼写是 José María Quero Y Ruíz，译成中文为荷西·马利安·葛罗。最初，三毛把他的名字翻译成"和曦"，觉得这两个字很适合他的性格，但因为"曦"字太难写，他总是学不会，她也总是教不会，就给他改成"荷西"了。我发现三毛是极其怕麻烦的女人，她自己的原名叫陈懋平，因为"懋"字笔画太多，于是直接删掉中间的字，改名叫陈平，还给自己取了"三毛"这个笔画特别简单的笔名。

荷西在家中排行老七，上有两个哥哥和四个姐姐，下面还有一个妹妹。在家中，他属于被照顾的那个，这样的孩子往往独立生活的能力很差。但是实际上，荷西动手能力比较强，而且手很巧。荷西很喜欢布置家居，他和三毛在沙漠结婚的时候，可谓是"家徒四壁"，他们没有钱买成品家具，饭桌、衣柜都是荷西自己做的，更巧妙的是，他做这些家具都不用钉子固定，而是用榫卯[3]接合。后来，经济状况渐渐好起来，他还是喜欢自己动手做一些花架、相框之类的小玩意儿摆在家里做装饰。好像不论什么东西，到了荷西手里就会变得很妙。他们住在大加纳利岛的时候，三毛的父母要去岛上看他们，为了使家里看起来更像样，他把家细细装饰了一番——除了把房子粉刷一新之外，还几乎把家里所有的小物件都利用起来，让这个家看起来精致又温馨。三毛曾经写过一个细节：荷西把一个外壳坏掉的八音盒装进一个漂亮的盒子里面，重新组合，制作成一件有复古情调的装饰品。在尼日利亚的那段苦日子里，荷西每天工作十几个小时，连休息的时间都不多，但他还是在住处悉心搭建了一个木制架子，上面挂了很多自制的小盆景，让简陋的住处多了些许生机。无论处于何种境地，他都不愿意让自己和爱人灰头土脸地过生活。

我觉得这是荷西的浪漫。提到浪漫，总让人自然联想到那种送花、烛光下的晚餐或是在大庭广众下的求婚仪式之类的事情，不过我觉得这都是初级浪漫，好像是铆足了劲儿浪漫那么一下子之后，接下来就开始过平淡的日子了。而荷西却把种种浪漫的事情融入日常生活中，可见他粗犷的外表下有颗柔软、细腻的心。

结婚那天，在去法院公证结婚前一个小时，他变戏法一样拿出一副完整的骆驼头骨送给三毛。那是前几天他瞒着三毛在沙漠里"快走死、渴死了"才找到的一副完整的头骨。他太了解三毛了，知道她喜欢什么，所以送的礼物总是能正中她的下怀。结婚一周年纪念日时，他送给三毛

[3] 榫卯（sǔn mǎo），是中国古代木构建筑、家具及其他器械的主要结构模式，在两个构件上采用凹凸部位相结合的方式组合结构。凸出的部分叫榫（或叫榫头）；凹进的部分叫卯（或叫榫眼、榫槽）。

的是一只老式镯子，那也是撒哈拉威人的饰物，很难找到。因为三毛喜欢，此后的两个结婚纪念日，荷西又千寻万寻地找到了另外两只送给她。天底下有多少丈夫会细心到关注自己妻子的饰品呢？这样的小事情却随时随地发生在他们的生活中。

他们在特内里费岛生活时，三毛常常被岛上一家杂货店里的东西吸引。有一次她看上了一艘木制的工艺品小船，上面坐着一个划船的女孩，女孩梳着跟她同款的发型，并且这艘小船竟也是来自台湾的，这勾起了她的思乡情。不过那时候他们刚刚从失业的噩梦中挣扎出来，经济状况还未好转，所以她把那份喜欢藏在了心里，没有买下来。但每次经过那个橱窗，她都会忍不住扭头看一下。有一天下午，她从图书馆借书回家，照例要用烤箱烤点心，结果刚打开烤箱门就看到那艘小船静静地停在烤箱的托盘上，船身上写着"一九七八——ECHO号"。原来，荷西趁她不注意的时候替她买了回来，并非常用心地在上面刻了字。难怪三毛曾经说过，跟着荷西是一天当两天活。他常常会给平凡的生活带来很多意外的快乐，日子总是充满了各种小惊喜，一点也不寂寞。三毛也是"来而不往非礼也"，去邻居老太太家借了一个模具，烤了一个鱼形蛋糕放在厨房里。荷西下班后，她便借口要出去散步，留荷西一个人在家里让他独自发现。等散完步的她回到家，荷西便高兴地大呼："了不得，这艘小船钓上来好大一条甜鱼。"

浪漫这种事，遇到了对的人，才是真正的浪漫。

其实那个时候，荷西也喜欢上了这家杂货店的另一件工艺品——一套俄罗斯套娃。那不是一套普通的俄罗斯套娃，普通的套娃里面大概只有六七个娃娃，荷西喜欢的那套有二十三个之多，打开之后，非常壮观，像个娃娃兵团，堪称套娃中的旗舰套娃。但同样因为价钱贵，荷西一直没有舍得给自己买。

婚后，三毛不止一次说，虽然结婚了，但两个人还是两个个体，不要因为婚姻失去了自我。所以，结婚后她依然不时有些任性的行为。最任性的一次大概就是一声不吭地买机票逃回台北那回。等荷西反应过来，三毛已经不见了，他开车追到机场，三毛紧紧抱住机门不肯下来。见她去意已决，荷西也就给她自由，让她回去了。不过为了让她早点回来，荷西回到家后就立刻写信过去。三毛一路从非洲转飞机、转汽车，刚回到台北的家两日，荷西的信就跟着到了。不过，却是写给三毛妈妈的。翻译过来，大意如下：

亲爱的岳母大人：

三毛逃回你们身边去了，我事先实在不知道她会有如此疯狂的举动。我十分舍不得她，追去机场时，她抱住机门不肯下来。我知道你们是爱她的，可是这个小女人无论到了哪里，别人都会被吵得不能安宁，我情愿自己守着她，也不肯岳父母因为她的返家而吃苦。请原谅我，三毛的逃亡，是我没有守好她。今日她在家中，想来正胡闹得一塌糊涂，请包容她一点，等下星期我再写信骗她回到我身边来，也好减轻你们的辛劳。

三毛走时，别的东西都没有带走，她划玻璃用的钻石丢在抽屉里，只带走了她每日服用的药片和几盒针药。母亲想来知道，三毛这半年来闹得不像话，不但开车跟别人去撞，还一直喜欢住医院开刀；从那时候起，医生就请她天天吃药，三毛吃得麻烦透了，一直吵着要吃一点饭，我不给她吃，也是为了她的健康！

谢天谢地，她走后我细细一查，总算该吃的药都包走了。请母亲明白，她带了药，并不一定会吃，如果她吃了，又会不改她的坏习惯，一口气将三日份的药一次服下去，我真怕她这么乱来，请母亲看牢她。

近年来三毛得了很重的健忘症，也请母亲常常告诉她，我叫荷西，是你的半子，是她的丈夫，请在每天她洗完澡要睡时提醒她三次，这样我才好骗她回来。

谢谢母亲，千言万语不能表达我对你的抱歉，希望三毛不要给你们添太多麻烦。我原以为我还可以忍受她几年，不想她自己逃亡了，请多包涵这个管不住的妻子，请接受我的感激。

你们的儿子荷西上

三毛在台湾的那段日子，荷西的信源源不断地从非洲寄过去，几乎每天一封。从一开始哄她回家，到后来编造跟漂亮女邻居学英文、打网球的故事骗她回去（其实荷西最讨厌学英文了），从循循善诱到欲擒故纵，什么招都用了一遍。

对于你此次的大逃亡，我难过极了。知道你要飞三天才能抵达台北，我日日夜夜不能安睡，天天听着广播，怕有飞机失事的消息传来。你以前曾经对我说，我每次单独去沙漠上班时，你等我上了飞机，总要听一天的广播，没有坏消息才能去睡。当时我觉得你莫名其妙，现在换了你在飞机上，我才明白了这种疼痛和牵挂。

……

你在那边，每日与父母兄弟在一起，日子当然过得飞快。在非洲只有我一个人，每日想念着你；打个比方来说，在你现在的情形，时光于你是"天上一日"，于我却是——"世上千年"啊，我马上要老了。

……

邻居卡洛那天在油漆屋子，我过去帮她，现在她主动要教我英文，我已经开始去学，我非常喜欢英文。卡洛有时候也留我吃饭，你知道，一个人吃饭是十分乏味的。卡洛是你走后搬来的英国女孩。

……

其实三毛知道荷西是好丈夫，对他们的感情有足够的信心，所以才这么放心大胆地离开。本来三毛想在台湾住三个月，结果只住了两个月便被妈妈"赶"走。荷西的信果然奏效了，妈妈还是很认真地帮他的。

三毛回到家后，发现她不在的这两个月里家里发生了很大的变化。屋顶重新铺了一遍，墙壁也粉刷了，家里还多了一些荷西自己做的物什——一个多层书架、一只木条编的鸟笼、两只带有浮雕的铜盘。最令她感动的就是这两只铜盘，那上面雕刻着潜水用的蛙鞋、海豚、锚的图案，还有他们的名字——"Echo""Jose"。那些她不在的日子，荷西去五金店买了两块铜片，又找来木头，在上面细致地刻上了这些图案和文字做模子，然后把铜片贴在模子上，用小锤轻轻地敲，因为铜片很薄，

　　　　　　　　世间始终你好

所以敲打的时候不能太用力，只能轻轻地、慢慢地敲，这样敲上几千下，模子的图案才会慢慢浮现出来。他的一生所爱——对大海、对爱人，就这样在千万次的敲打中显露，而这两只铜盘也向三毛展示了没她在身边时一个男人的思念和寂寞。自那以后，她很少这样任性地离他而去，荷西不管走到哪里，她都跟随，即便有些小分别，也都是短暂的。

我觉得但凡有以上心思的人，除了有心之外，心里都住着一个长不大的孩子。荷西在撒哈拉沙漠工作半年后买了辆车，新车刚买回来，荷西就载着从没坐过汽车的撒哈拉威人的孩子去大沙漠里兜风。五人座的小车硬是挤进了十二个脏兮兮的孩子。兜风回来之后，新车的坐垫被孩子们的脏手印、脚印、鼻涕占领，他一点也不介意，而且很开心，弄得三毛哭笑不得。

三毛与荷西都很爱读书，三毛喜欢读心理学、哲学类的书，荷西则喜欢关于星空、自然、大海的书。荷西说他不爱研究人心，这大概也是他比三毛活得快乐的原因。三毛说她的纯净是荷西教的，她因为荷西改变了很多。结婚后不久，三毛给父母的家书中写道："我从来没有跟荷西吵过架，将来也不会吵，心情很平静，是再度做人了，我要改的地方很多，我都改掉了。这块顽石也被磨得差不多了。"

我们所"认识"的荷西，都是三毛告诉我们的，她是最了解荷西的人。荷西不是名人，三毛的读者却通过她的笔端认识了这个浪漫、孩子气、手巧的男人。三毛曾说："荷西的迷人，在于他实在是个爱生命、爱人类、爱家庭又极慷慨的人。"

三毛传

一个人若爱另一个人，总是能先于其他人看到他的闪光之处。不过，我觉得，在三毛眼中，荷西最闪亮的时刻，应该是他从战乱的沙漠里归来的那一刻。

那时候，他们所居住的西撒哈拉时局动荡，西班牙、摩洛哥和阿尔及利亚支持的西撒哈拉人民解放阵线都在争夺撒哈拉的主权，首府阿雍陷入混乱中。这边，阿尔及利亚支持的西撒哈拉人民解放阵线，也就是三毛书中提及的撒哈拉威人的游击队，屠杀生活在撒哈拉的西班牙人，制造一些恐怖事件，他们认为只要脱离西班牙的统治便可自治。那时候，西班牙士兵单独外出常常被暗杀，深水井里被投放毒药，小学生校车里被放上定时炸弹，磷矿公司的输送带被纵火，守夜工人被倒着吊死在电线上，镇外的公路上也埋下了地雷，经过的车辆被炸毁……墙上刷满"西班牙狗滚出我们的土地——撒哈拉万岁，游击队万岁，巴西里万岁——不要摩洛哥，不要西班牙，民族自决万岁——"的标语。那边，西班牙的驻地军人则在大街上设卡对每个过往的撒哈拉威人搜身，试图找出参加游击队的人。气氛剑拔弩张，各种极端言论四起。平日里关系很好的朋友、同事，见面的气氛也因此变得尴尬、紧张。有一次，三毛帮一个好友家患皮肤病的孩子用药皂洗澡，那个孩子竟然一边戏水一边唱着："游击队杀荷西，杀三毛……先杀荷西，再杀三毛……"在场的大人们面面相觑，十分尴尬。那时，三毛与荷西心里很矛盾，一方面，荷西是西班牙人，三毛是西班牙人的太太，他们的心理应向着西班牙；但另一方面，在撒哈拉居住的这些年，他们交了很多撒哈拉威人的朋友。无论是撒哈拉平民、撒哈拉游击队还是西班牙军人，其中都有他们的朋友。

在这次撒哈拉主权的争夺战中，三毛的几位沙漠平民、游击队的朋友和平日照顾过她的西班牙军人都有死伤。

后来，西班牙政府放弃了撒哈拉，将其交给摩洛哥，驻守在此的军队都被召回西班牙。于是局势又变成了渴望独立的撒哈拉威人游击队与摩洛哥之间的战争。联合国观察团、记者、军队等一大批人涌入了这个小城，什么事情也没解决，又风风火火离开。另一方面，摩洛哥国王征集30万国人，想把他们送到阿雍，美其名曰"和平进军"，其实是去示威。结果却有200万摩洛哥人请愿涌进阿雍，场面十分壮观。而西班牙的电视台却发神经似的每天都在播放大批摩洛哥人载歌载舞占领阿雍的画面，就像给养鸡场里的鸡们播放被屠宰的场面，令人胆战心惊。一些性格软弱的撒哈拉威人害怕被报复，不得不在自家房外挂上摩洛哥国旗以自保，而那些充满独立理想的沙漠游击队员则被清算。大量居住在阿雍的外国人都不得不抛下在沙漠的家，仓皇离开，还未来得及撤离的西班牙人更是四面楚歌。那时，三毛和荷西还常常捡到成箱被弃的在沙漠不常见的洋酒、罐头，这些都是仓皇撤离的欧洲人丢弃的。

不过，当时三毛对局势还抱有乐观态度，不到最后关头不想离开。直到她亲眼看到自己的朋友被暴徒趁乱施以私刑杀死，才决定离开撒哈拉。荷西因为还在西班牙的磷矿公司做事，不能立刻走掉，便托朋友为三毛弄到离开撒哈拉的机票，让她先撤离。三毛在最后时刻坐飞机离开阿雍的时候，小镇中心区几乎成了空城。那时，撒哈拉与外界的通信也已中断，电报不通，对于先飞到对岸大加纳利岛的三毛来说，等待的日子度日如年，她每天都去机场打听荷西的消息，但都无果。度过了难熬的十天之后，终于等到了荷西的消息。那天他从一艘大船上开着车下来，来到大加纳利岛上与三毛会合，他不但自己安全地回来了，还把沙漠里他们苦心打造的家也带回来了。

见到荷西的三毛兴奋地写家信给在台湾的父母报平安：

爹爹姆妈，你们的女婿是世上最最了不起的青年，他不但人来了，车来了，连我的鸟、花、筷子、书、你们的信（我存的一大箱）、刀、叉、碗、抹布、洗发水、药、皮包、瓶子、电视、照片……连骆驼头骨、化石、肉松、紫菜、冬菇……全部运出来，我连条床单都没有损失……我们只有原子笔掉了一支，所以用红笔写。

原来，三毛离开之后，撒哈拉的局势每况愈下，往来于阿雍与大加纳利岛之间的航班也停飞。荷西在得知乘飞机无望后，便开着车带着全部家当去海边等船，在海边露营了两天之后终于等来了船，但因为是军舰，不载平民。不过其中一艘被卡住，只有潜水员到水下才能解决，于是荷西对他们说："我可以下水替你们弄，但你们不仅要带我走，我满满一车东西也要带走。"

就这样，在几乎不可能的状况下，荷西像个凯旋的国王一样出现在了三毛面前。

荷西不但把自己的事情处理妥当——把不想带走的东西都卖掉换成了钱，在临走之前，还不忘塞给他的沙漠朋友——一个叫罕地的撒哈拉威人一些钱。西班牙统治时期，罕地在西班牙军队供职，西班牙政府撤离之后便放弃了他，他不但失去了西班牙国籍，也没有了收入，而家里还有老婆和九个孩子都要靠他养活，他们没有积蓄，也不能离开撒哈拉。拿着荷西塞的钱，这个沙漠汉子握着他的手一直不停地流眼泪。很多年后，三毛的忠实读者循着三毛的足迹探访了阿雍，也去拜访了罕地，那时的罕地已经成为一名摩洛哥将军。

在那封家信中，三毛继续兴奋地写道：

别人的先生逃出来只有一个手提包，脸色苍白，口袋无钱，乱发脾气，他比他们强得多。

也许，每个女人内心深处都希望有个英雄来爱自己，如《大话西游》里的紫霞所期盼的那样——"我的意中人他是个盖世英雄，有一天他会踩着七色云彩来娶我"。

在见到荷西归来的那一刻，三毛对他的爱达到最高潮。

在信的结尾，她写：

我有这样一个丈夫，一生无憾，死也瞑目。

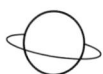

时间
静止的 1979 年

「要是你死了，我一把火把家烧掉，然后上船去漂到老死。」

——荷西

　　大概是在 1978 年，荷西结束了尼日利亚那份没有保障的工作回到西班牙，在一家大公司找到了一份薪水还不错的潜水工作，新工作的地点在加纳利群岛。荷西回到了大加纳利岛与三毛团聚。但不久之后，荷西便接到公司派遣他去邻岛特内里费岛工作的通知。三毛也收拾了简单的日常用品，锁上大加纳利岛的家门，在特内里费岛海边租了一处公寓，搬了过去。

　　那时的特内里费岛尚未被开发，荷西的工作是把撒哈拉的沙子运到特内里费岛，在海边打造一片人工沙滩。这份工作很浪漫，也是荷西第一次做"海边景观工程"，心情非常愉快。一年的工作结束之后，特内里费岛的海边便有了一片迷人、细腻的海滩。

　　那年的除夕夜，他们在特内里费岛度过。因为终于结束了在尼日利亚的愁苦生活，前面几年动荡、入不敷出的境况有所缓解，生活渐渐不那么窘迫了。荷西又完成了这么一项巨大工程，内心非常有成就感。那晚，荷西拥着三毛，站在海边的大堤上，一边从高处欣赏他的杰作，一边等待凌晨的烟火。

零点时分，烟火升空的时候，荷西提醒三毛："三毛，快许个新年愿望。"三毛一时不知道许什么愿，匆忙在心里说了十二遍"但愿人长久"。

看完烟火后，他们便回到公寓收拾行李，准备第二日搭船回大加纳利岛过新年假期。

三毛却心事重重的，因为她忽然意识到，自己刚刚在心底默念的"但愿人长久"的下一句是"千里共婵娟"，连在一起寓意并不吉利。虽然它的意思是：只愿互相思念的人能够天长地久，即使相隔千里，也能共享这美丽的月光。这意境看上去很美，但对于恋人来说，"相隔千里"并不是一件美事。

1979年新年的第一天，他们回到大加纳利岛的家，空了一年的院子里疯长了齐膝的野草。两个人看到这幅景象，心疼不已。过去那几年，两个人兜兜转转，从阿雍到尼日利亚再到特内里费岛，生活充满了动荡，大加纳利岛上的这所房子是他们第一个稳定的住所，他们对它充满了感情，于是也顾不上旅途劳顿便动手打扫起来。不过，在他们刚刚住了两个月后，荷西便接到了公司派他去拉芭玛岛工作的电报。

之前，荷西外出去工作的时候，三毛都是独自生活的。过去的那两年，两个人因为荷西的工作地点而聚少离多。几年前，他们因战乱撤离撒哈拉，荷西将三毛安顿在大加纳利岛上后，又回阿雍的磷矿公司工作了几个月。磷矿公司关闭后，他又去了尼日利亚工作了一年多。到了1978年，他回到大加纳利岛，在离家不远的特内里费岛工作。这期间有很大一部分时间，三毛都是独自一人住在大加纳利岛的。

这一次，荷西去拉芭玛岛工作，刚去了一个星期，还未租到合适的房子，就发电报给三毛让她收拾行李跟过去。拉芭玛岛距离大加纳利岛不是很远，朋友们建议他们像以前那样，让荷西住公司提供的宿舍，周末再回大加纳利岛与三毛相聚，这样在经济上不浪费。不过，这次两个人却一定要住到一起，即便这样一来每个月的薪水所剩无几。

荷西到达拉芭玛岛一周以后，三毛便带了简单的行李搬了过去。拉芭玛岛在那时也是尚未开发的美丽小岛，居民温和淳朴，他们很快就有了一大帮朋友。岛上好玩的地方也多，爬山、下海、去农田里帮忙、林中采野果，或者找个废弃的老学校，深夜在睡袋里半缩着讲岛上的巫术和鬼故事。在拉芭玛岛居住的最初日子，就这样和朋友们热热闹闹地度过了。

只是，三毛常常会想到那个除夕夜的新年愿望。这一年，因为那个新年愿望，以及一些无法解释的不祥预感，三毛常常被一种不安的情绪占据着，她变得异常敏感，常常处于疑虑、恍惚的状态，并会莫名其妙地流眼泪。

在接到通知荷西去拉芭玛岛工作电报的那个早晨，她在院子里浇花，送电报的人告诉她有电报时，她还以为是远在台北的家人出了什么事情，慌乱地扔下水管去签收，然后又慌乱地去撕。送电报的人提醒她小心一点，不要撕坏了，她才回过神。

当她从大加纳利岛搭小飞机降落到拉芭玛岛时，一走出机场，心里就被一阵巨大的不安和压抑笼罩着。这已是她第二次到拉芭玛岛了，在荷西没有来工作之前，他们曾经来这个岛上游玩过，并且过得很愉快。但这次，她觉得："这个岛不对劲！看见它，一阵哭似的感觉！"

这一年的结婚纪念日，他们也是在拉芭玛岛上度过的。那天，荷西没有像往常一样按时回家，三毛一阵心慌，不安感涌上心头。她在家里等了一会儿，心慌难安，便奔下楼去借了邻居的自行车想要出去找人。不过，她刚出门荷西就回来了——原来他去买礼物了。为了给三毛一个惊喜，他每个月在水下多工作一些时间，偷偷攒了一笔钱，买了一只老式罗马手表作为他们结婚六周年的礼物。他打开红色的丝绒表盒，拿出手表戴到三毛手腕上，深情地对她说："以后的一分一秒你都不能忘掉我，让它来替你数。"这原本是一句很深情的话，可是这情话在三毛听来却如同一个不祥的魔咒，将她的心再次揪起，原本见到荷西平安回来稍微放宽心的三毛此时又是一阵心慌。

这一年，两个人像是得了一种"黏人病"，时时刻刻都要黏在一起。荷西在水下工作的时候，三毛就会带一袋樱桃，骑着邻居家的自行车去岸边找他。在他上岸休息的间隙，一起分食一袋樱桃。两个人，一个在水里，一个蹲在岸上，互相扔着樱桃核打闹。有时候，荷西仅仅是浮上水面跟三毛说句话，然后再沉入水下继续工作。看到他们这么黏，荷西在岸上的助手问三毛：

"你们结婚几年了？"

"再过一个月就六年了。"

"好得这个样子，谁看了你们也是不懂！"

她只是嘻嘻地笑笑。笑完，又会陷入那个不安里。

　　在拉芭玛岛居住的时期，他们之间爱的"黏度"到达顶峰值。那段时间，他们很少和朋友们外出疯玩，荷西每天下午四点就下班，下班后的所有时间都属于他们两个人。三毛会准备几碟小菜、一瓶红酒、一盘象棋，两个人坐在阳台上，对着窗外大海静静对弈，直到夜幕降临，天空挂满繁星。周末的时候，两个人开车去未开发的海边，白天捉鱼、捉虾、捉螃蟹，晚上在海边支上帐篷住一个夜晚。狂啸的海风、夜晚的星空都是他们的布景。

　　有时候，他们也会去岛上的老戏院看电影。那是岛上唯一的一家戏院，里面灯光昏暗，座椅都已老旧生锈，每次去，整个戏院也只有五六个人。有一个晚上，他们看的是一部恐怖片。深夜电影散场时，两个人步行回家，从戏院到家的路上要经过海边和一片树林。受老戏院里面萧条的气氛和电影的影响，他们走过浪花拍岸的大海和风声萧萧的树林时，觉得胆战心惊，背后发毛，以前看起来美丽、浪漫的海景现在突然变得鬼影憧憧。两个人便尖叫着往家的方向跑，一个人在前面跑，另一个在后面鬼也似的追。还没跑到家，三毛忽然觉得心口痛到不能动，她抱住一根电线杆停了下来。

　　这种令人窒息的疼痛与她之前的不安连接起来了，她觉得也许这是暗示她快要死掉了。因为那时候，除了心脏疼，她还一直受脊椎疼痛和妇科病的困扰。特别是她的妇科疾病，总是反反复复，突如其来。有一天晚上，她在睡梦中，下身不知不觉地流了很多血，等荷西发现的时候，身下的床单已经被大面积地染红。这些迹象以及她内心深处的不安感都让她觉得自己时日不多，她觉得这些都是上帝要收走她的前兆。在她心脏的疼痛又反复发作了几次之后，她去医院做了检查，虽然检查的结果是正常的，但她还是觉得自己会突然死去，于是瞒着荷西偷偷去公证处立了一份遗嘱。

她变得比之前更加紧张了。

有一次，午夜梦回，她忽然爬起来，摇醒睡着的荷西，对他说"我爱你"。很少说情话的三毛在黑暗的房间里对荷西认真地说："我爱你。爱你胜于自己的生命，荷西。"惊得荷西睁大眼睛，说："等你这句话等了那么多年，你终是说了！"

在此之前，她从未将这三个字说出口。但那晚，仿佛她不说出来便再也没有机会说了，她担心上帝会在某个猝不及防的时刻把她收走。她等不到天亮，等不到他自然醒来。

一直以来，三毛对荷西的感情不是那种天雷地火的狂热，而是随着时间慢慢叠加的。他们的关系就像人类与一只受伤的小鹿，开始的时候，受伤的小鹿对人类是试探的，随着时间的推移，小鹿相信了人类，并依赖于他，爱上他。三毛在给父母的家信中曾经说，他们俩的情感一直是荷西在努力增加，她在信中不止一次地夸赞荷西，说嫁给荷西今生无憾。但这些夸赞和爱意她都没有直接告诉过荷西，那个晚上，她突然想到这一点，所以她要让他知道，他给她的爱是有回应的，她不想留遗憾。

三毛的这种不时出现的不安也感染到了荷西。

有一次，荷西在工作的时候，岸上的机器零件坏了，需要修好才能继续工作，虽然只要修两个小时，荷西也不肯在那里等，他不嫌麻烦地脱掉潜水衣，回家找三毛。那天三毛恰好不在家，他便一家家店铺找过去，见到人就紧张地问："看见 Echo 没有？看见 Echo 没有？"直到见到她才安心。

那时，三毛每天都去荷西工作的地方给他送自己做的点心。有一天，三毛的心脏疼痛又发作了，痛到不能动，也不能起身做点心，只能平躺在床上静静地等疼痛慢慢消散。过了一会儿，三毛在昏昏沉沉中看到穿着潜水衣的荷西出现在卧室里。原来，荷西没有等到她，以为她出事了，潜水衣也顾不上换，就开着车赶回家了。

当那种不安积攒到一个临界点后，有一天，三毛认真地对荷西说："要是我死了，你一定答应我再娶，找一个温柔些的女孩子，听见没有——"

荷西一听就急了，不让三毛继续说下去。

但三毛说："先跟你讲清楚，不再娶，我的灵魂永远都不能安息的。"

荷西被逼急了，说："要是你死了，我一把火把家烧掉，然后上船去漂到老死。"

三毛说："放火也可以，只要你再娶——"

荷西对三毛说过很多动人的情话，都是那种在日常对话中自然的真情流露，但这句"要是你死了，我一把火把家烧掉，然后上船去漂到老死"

　　　　　　　　　　　世间始终你好

让我想起苏东坡"小舟从此逝，江海寄余生"的那种决绝之意，内心悲凉了很久，不是只为他们二人，也为了世上所有相爱但最终不得不告别的人们。相爱的人最好的结果是同日死，否则留下哪一个都是残忍的。

这一年，他们之间总会出现这种无语凝噎的场景。有时候，他们坐在阳台上，看着在夕阳下打鱼的渔船，三毛也会无端地流下眼泪。三毛不是那种矫情到看个夕阳都会湿目的女子，她知道，自己没有瞎想，她的生命里要有大灾难出现了。这种预感愈演愈烈。荷西安慰她说："等这次的工程一结束就离开这个岛，搬回大加纳利岛。"

其实，在这之前，他们的关系不是这样的。在婚姻里，常常说夫妻中的一方是另一方的一半。有一次，有家杂志约稿，请荷西写一篇关于三毛的稿子，标题拟为《我的另一半》。三毛与荷西谈论起这个标题时，都笃定地认为他们各自是独立的，"是一整片的"，谁也不是谁的另一半，所以最后那篇稿子没有写成。三毛说："我们虽然结了婚，但是我们都不承认有另一半，我是我，他是他，如果真要拿我们来劈，又成了四块，总不会是两块。"

他们虽然彼此相爱，但又担心因为结婚而失了自我，时时提醒自己不要成为对方的附属品。结婚后，他们从外形上看上去也不像是那种传统夫妻，只是像一对情侣。他们的脸也没有长成"某某的妻子""某某的丈夫"那样的相貌，他们都给了对方一定的自由。三毛说："我们是自由自在的，婚后也不会过正常的日子。"他们结婚初期，荷西每周在离家100公里的地方工作，三毛会带着行装去沙漠里撒哈拉威人聚集的地方探险，体验他们的日常生活；三毛也给了荷西很大的自由，她在《大胡子与我》的文章中写道：

大胡子（指荷西），婚前交女友没有什么负担；婚后一样自由自在，吹吹口哨，吃吃饭，两肩不驼，双眼闪亮，受家累男人的悲戚眼神、缓慢步履，在此人身上怎么也找不出来。他的太太，结婚以后，亦没有喜新厌旧改头换面做新装，经常洗换的，也仍然是牛仔裤三条，完全没主妇风采。

他们的家，也不太像家，"倒像一座男女混住的小型宿舍"。很多时候，两个人吃了饭，便各自锁进自己的小世界里做自己喜欢的事情。在初到拉芭玛岛时，他们租住在一个很小的公寓里，但为了给彼此留一个私人空间，经济状况稍微好了一点，便换了一个大房子。

我们最初租下的公寓，是一个非常小巧美丽的房间，厨房、浴室是一个个大壁柜，要用时拉开来，用完门一关上便都消失了。因为家里的活动空间实在太小，跟荷西彼此看腻了时，另一个只有到阳台上站着看山看海看风景去。

我打听到在同一个住宅区的后排公寓有房子出租，价钱虽然贵了些，可是还是下决心去租了下来，那儿共有两间，加上一个美丽的大阳台对着远山，荷西与我各得其所，自然不会再步步为营了。

结婚后，他们生活上并没有什么巨大的改变，各自的爱好、兴趣也没被婚姻里的琐事淹没，各自还是少年时期的样子。三毛说："偶尔的孤独，在我个人来说，那是最最重视的。"

但随着在一起的年份增加，他们反而比刚结婚时更黏了。有一次，荷西进城找朋友玩，三毛不喜欢那帮朋友，所以她让荷西一个人去了，自己留在家里，并嘱咐荷西，好好玩，天不黑不要回来，还塞给他几百块钱。可是才过了两个多小时，三毛就见荷西在门口茫然地站着，犹豫着要不要进家门，他害怕回家太早被太太责备。后来，在厨房里，三毛问他："怎么，朋友都不在吗？"他从背后抱住三毛说："想你，不好玩，我就丢了朋友回来了。"

不过，这一年，他们最开心的事情就是三毛的父母来大加纳利岛来看望他们。三毛的父母计划来岛上度假一个月，然后再去欧洲其他城市旅行。

这是荷西第一次见三毛的父母，之前只是互通过书信。他特意请了长假，带着三毛回到大加纳利岛的家，把家细细地收拾了一番，并紧张地与三毛讨论，应该如何称呼他们，他想按照西班牙的风俗叫他们陈先生、陈太太。三毛说，如果你叫爸爸陈先生，他可能会伤心走掉，因为中国人接受不了这样生分的称谓。可是，西班牙的习惯是叫岳父岳母为先生、太太，对于他们来说叫第一次见面的陌生人"爸爸""妈妈"有点难以叫出口。

当三毛飞到马德里把父母接到大加纳利岛时，荷西已经失眠了几个晚上。来接机时，他紧张地用中国话喊了声"爸爸""妈妈"，便不知道再说什么了。三毛鼓励荷西用英语跟爸爸说话，但荷西的英语水平本来就一般，一紧张，更是什么也讲不出来了，只把他们三个人环在一起紧紧抱住——在他们结婚第六年的时候，一家人终于有了这次小团聚。

但有一天，他们在大加纳利岛上的房子里围坐在一起聊天时，荷西突然用英语跟三毛的父亲说："爹爹，你跟 Echo 说让我买摩托车好不好？"荷西那声"爹爹"叫得很亲切、自然，三毛听到后，猝不及防，忽然就湿了眼眶。她拿毛巾捂住眼睛快步走进了洗手间，隔了很久才从里面出来。在大加纳利岛的生活安定下来以后，他们的经济状况也渐渐变好，荷西一直想要买一辆摩托车，但三毛觉得骑摩托车太危险，不想让荷西买。这次听到荷西自己请了救兵，就心软答应了。

买了摩托车的前几天，荷西每天都载着三毛的爸爸在岛上疯玩，两人常常从早上出门一直玩到下午才回来，且相处非常愉快。不出门的时候，荷西便陪他下中国象棋，三毛则在一旁跟荷西捣乱："你要好好下，最好要让一步。我看你也赢不了，因为都是中国字，你能记下来就不错了。"一家人其乐融融。

因为这次团聚，三毛的不安感被冲淡了许多。一家人围在一起计划第二年让三毛带荷西一起回台湾。荷西还从未去过台湾，之前的几年，他和三毛也曾计划过要一起回台湾，但因为那些年他们生活不稳定，机票钱太昂贵，所以一直迟迟未成行，每次都是三毛独自回去。

三毛的父母八月份来到大加纳利岛，在岛上住了一个月，三毛与荷西陪着他们玩了一个月，上山、下海、去农家摘果子、骑着摩托车四处兜风……生活非常精彩。在这一个月的时间里，荷西与三毛的父母相处融洽，他也不像一开始那么紧张了。三毛的父母也很喜欢这个女婿，他们也感受到了女儿的幸福。更令他们感到欣慰的是，从前那么任性的女儿不但嫁给了一个爱她的好丈夫，还学会了操持一个家。到了九月份，他们便按照原计划启程去欧洲其他国家，三毛陪父母一起继续这趟旅程。荷西送他们去机场后，就返回拉芭玛岛继续工作。

那日在机场告别时，三毛的妈妈忍不住流泪了，荷西轻轻抱住她，安慰说："妈妈，我可不喜欢看见你流泪哟！明年一月你就要在台北的机场接我了，千万不要难过，Echo陪你去玩。"

目送他们上飞机后，荷西又跑到一处可以看到他们的空地，一边挥手一边张望，三毛也站到座位旁与荷西挥着手告别，直到飞机要起飞了，空姐走过来示意她坐下，她才回到自己的座位坐好，这种离别的场景让三毛的心里一片茫然。

这时，邻座的一位西班牙妇人问三毛："那个人是你的丈夫吗？"

三毛说："是的。"

闲聊了几句后，那位夫人说："我是来看我儿子的。"说着，还递上了一张名片，上面写着她的名字，后面缀着"某某的未亡人"，三毛看着这几个字有点刺眼。因为西班牙有一个风俗，如果你是守寡的女人，名片上就要在自己的名字后面加上一句"某某的未亡人"。她心里虽然觉得不舒服，但还是接过来说了声"谢谢"。

两日之后，三毛接到噩耗——

那天晚上，三毛已经陪着父母到了意大利，半夜一点钟的时候，有人敲门。一位英国太太走进来跟她说："Echo，你坐下来，我有话对你讲。"这一句话就让三毛之前的所有不安全部涌了上来。三毛没有坐下，盯着对方问："荷西死了？"对方说："没有，你坐下来我再告诉你。"三毛说："他死了？"英国太太把她扶住。三毛又问了第三次："你是不是来告诉我荷西死了？"那位太太无奈地告诉三毛："他们正在找荷西的尸体。"

荷西因潜水意外身亡——她也成为"荷西的未亡人"。

世间始终你好

☄ 不是所有的鱼
都生活在同一片海里

「三毛，水底有一个地道，一直通到深海，进了地道里，只见阳光穿过漂浮的海藻，化成千红万紫亮如宝石的色彩，那个美如仙境的地方，可惜你不能去同享，我再去一次好吗？」

——某次，荷西下潜之前对岸上的三毛如是说

那日，荷西送走三毛和她的父母，就回到了拉芭玛岛。第二天工作完，他和朋友们去海滩野餐，像之前的很多次海边野餐一样，他要下到海里为大家捉些鱼回来吃。这对荷西和朋友们来说是件最普通不过的事情，会潜水的荷西总会潜到水下为大家带上来很多美味海鲜。他也常常把捉到的鱼带回家。有一次，三毛在厨房做饭，荷西就提了一条很大的章鱼回来，他跟三毛说，他潜到海底的时候这条章鱼缠住了他，他就把它提住了。可是这一次，荷西穿上潜水衣，提了射鱼枪下海后却迟迟不见回来，朋友们预感到不妙，纷纷奔向海滩，会潜水的朋友和附近的村民一遍又一遍潜到海里寻找，一直到了半夜，月亮升到半空时，他的尸体才被打捞上来。

这一次小别，成了永别。

这一年，他们没有过完秋天。他们的故事，静止在1979年9月30日。这一日，距离中国的中秋节不到一周。他未留下只字片语，便与她永远地分别了。

得知荷西出事时，三毛那长达几个月的不安感与现实发生的事情一下子对接起来了，"咔嚓"一声，不安戛然而止，取而代之的是撕心裂肺的痛。尽管这一年三毛有各种不祥的预感，但这结果她还是无法承受。她之前一直以为，那些不祥的预感是针对自己的，先离开的人会是她。在接到噩耗的那一刻，三毛从心底升腾出一种"狂渴"的生理反应，这种感觉在以后的日子里形成了一种条件反射，每当她过于悲伤的时候，"狂渴"感就会袭来。

她赶回拉芭玛岛时，荷西的尸体已经躺在墓园旁边的小屋子里，这个墓园是她和荷西常常散步的地方。她不相信躺在那里的是荷西，可是她进去确认，又千真万确是荷西。他的脸，他的潜水衣，他的射鱼枪，每一条都是吻合的。

相爱时有多欢乐，告别时便有多痛苦。荷西死后，三毛陷入半疯状态。

守灵的夜晚，她守在荷西身边，像往常一样拉着他的手，在他耳边喃喃重复着："荷西安息……荷西安息……安息……不要害怕，一直往前走，你会看到黑暗的隧道，走过去就是白光，那是神灵来接你了。我现在有父母在，不能跟你走，你先去等我……要勇敢，要勇敢，没有我的时候你也要勇敢。"三毛说完这些话，荷西的眼睛流出了鲜血，随后，鼻子、嘴巴也流出了鲜血。这是荷西的回应吗？那时他已死去两日。三毛一边用手帕擦荷西眼里的血,一边擦自己眼里的泪,他们的血泪交融在了一起。

这一日,她没有大哭,所有悲伤都跟着眼泪默默地流下。很多年后,她和齐豫、潘越云合作出了一张名为《三毛作品第十五号——回声》的唱片,这张唱片由她亲笔写下的十二首歌词组成一张完整的音乐传记,串联起她半生的故事,里面有一首歌词——《今世》,便写了这个悲伤之夜——

日已尽潮水已去

皓月当空的夜晚

交出了

再不能看我

再不能说话的你

同一条手帕

擦你的血拭我的泪

要这样跟你

血泪交融

就这样跟你血泪交融

一如

万年前的初夜

三毛传

荷西下葬那日，拉芭玛岛秋日将尽，阳光白得刺眼，秋蝉在墓园里叫着悲伤又遥远的直调。那是三毛人生中最悲伤的一天。这是他们最后的告别。这日之后，三毛便要独自生活在这颗孤独的星球上，再也见不到荷西了。她亲手将钉子一颗一颗钉入他的棺木，每一次落锤，心都被刺得血肉横飞。钉完棺木，再捧一抔黄土撒上去，她没用铁铲，用手捧着一抔抔黄土埋葬了他。当黄土盖满他的棺木时，她突然失去理智，她不忍心将他一人留在地下，反悔似的去挖深埋他的黄土，挖到十指流血时又好像突然清醒了一样，说服自己："放手吧，让他去安息吧……"等黄土堆积成堆，她又扑到他的坟上，痛哭，痛哭……又在心底告别了千次万次："这一次我真的要走了，荷西……安息……安息啊荷西……"她下定决心似的哭着奔向墓地外的方向，又不舍地狂奔回来，扑倒在荷西的坟前。反反复复，疯了一样。家人、朋友不忍看她这样，把她带回了他们在拉芭玛岛的小公寓里，她的医生朋友给她注射了镇静剂。然而，镇静剂也没有让她睡过去，她依然睁着眼，醒着感受这份痛彻骨髓的悲伤，嘴里梦魇般喊着："荷西回来……荷西回来……"

这一日，她悲伤得精疲力竭。

三毛在荷西下葬这日哭过、疯过之后，便很少在人前落泪了。那天以后，三毛好像把自己罩进了一个透明的罩子里，里面的她看似已与常人无异，不哭、不闹、安静懂事，甚至可以自己开车出去为亡夫买花、订墓碑。但任何人都近不了身，那种突然丧夫的痛无人可以真正体会，旁人的安慰只会徒增更多悲伤的情绪。她拒绝了很多朋友的陪伴和帮助，不想被打扰，用自己的方式独自悼念。

她每天很早就起床，一个人上山陪他。每隔几日，便带一把红色或白色玫瑰，为他坟前的花瓶里换上新鲜的花。然后坐在他的坟前，跟他说话。有时候会一直坐到天色暗下来，直到守墓老人拿着一把古老的大钥匙，走到她身边低低地劝慰着："太太，回去吧！天暗了。"

而荷西走后，每个夜晚都很漫长。睡眠也是奢侈的。她每晚躺在床上，望着窗外的月亮，升起，又下沉，夜复一夜。那段时间的记忆太深了，已经刻进了生命。那张名为《回声》的唱片里还有一首歌词——《孀》，写的便是那些孀居的夜晚：

许多个夜晚

我，躺在床上

住在一栋海边的房子里

总是听见晚上的风

带着一种呜咽的呻吟

滑过我的窗口

我坐在那个地方

突然发觉

我原来已经没有家了

是一个人

每一个晚上

三毛传

我坐在那里等待黎明

那时候我总以为

这样的日子是过不下去了……

到了给荷西修墓碑的时候，她也拒绝找工人帮忙，这是她为荷西在世上做的最后一件事情了，她要独自完成。她甚至不让父母陪同，她已不想让他们太过悲伤。那天一大早，她瞒着父母独自上山。墓碑是她提前找岛上的老木匠打制的，她画了草图请他给做出来，并在上面刻上：

荷西·马利安·葛罗，安息，你的妻子纪念你！

她一个人把墓碑背上山，然后坐在他的坟前，用黑色的笔在十字架上一笔一画仔细地描着荷西的名字，写完，晾干，再一遍一遍涂几层透明的漆。等漆也晾干之后，她用手捧来黄土撒到荷西的坟上，再用手、用尖石头在旁边挖一个小坑，把墓碑栽进去，周围用小石块围住。她不想用铁铲这种快速的工具，她想用一种最古老的形式为亡夫筑起一处永恒的安息之地。

除此之外，她还要处理荷西在人间留下的事情，麻木又机械地去做着一件又一件无奈的琐事：

要去葬仪社结账，去找法医看解剖结果，去警察局交回荷西的身份证和驾驶执照，去海防司令部填写出事经过，去法院申请死亡证明，去市政府请求墓地式样许可，去社会福利局申报死亡，去打长途电话给马德里总公司要荷西工作合同证明，去打听寄车回大加纳利岛的船期和费用……

不时有认识与不认识的路人经过我，停下来，照着岛上古老的习俗，握住我的双手，亲吻我的额头，喃喃地说几句致哀的语言然后低头走开。我只是麻木地在道谢，根本没有在听他们，手里捏了一张已经皱得不成样子的白纸，上面写着一些必须去面对的事情。

有一次，走在路上的时候，她忽然停了下来，在大太阳底下呆呆地站立着，她那个转速已经缓慢的大脑在努力弄清楚，为什么自己会在这种情境里。几天之前，荷西还与她以及她的父母一起在岛上过着实实在在的欢乐生活，那种真实的欢乐氛围还未散去，转眼便已是如此境地。直到路边书店的老板把她拉回到阴凉处，才把她唤醒，那种"狂渴"感再次袭来，她躲进书店大口大口喝着冰水，冰水让她从刚刚的虚妄中清醒过来。

一切不是梦境。

而她多么希望这只是一场噩梦，再怎样的噩梦都会有醒来的一天。但是，她跌落进一个永无止境的黑洞里，只在不断地下沉……

一个人在悲伤的时候，能哭出来是最好的，可那些日子，她是不哭的，她看上去安静又懂事。刚刚离开大加纳利岛的父母又陪着三毛返回，看着女儿时而撕心裂肺，时而沉默不语，十分心疼，却什么也做不了。即便是父母，此时也进入不了女儿的内心，这种告别的痛苦，无人能与她分担。也许，世界上没有感同身受这件事，每个人的痛苦都只能自己体味。父母也只能站在女儿自我设置的那个保护层外面，看着她哭泣、发呆、强忍疼痛为亡夫处理人间未完的事……他们再怎样心疼也插不上手，只能为她提供每天最基本的生活所需——做好饭，求着她吃一点，吃一点吧。等三毛处理完眼前紧要的事情，父母便将她带离这个伤心之地，回到了家乡台湾。那时候，家人和朋友们都有种不祥的预感，觉得三毛是要自杀的，这种自杀的气息在她平静的面容下暗涌——表面越平静，暗中越汹涌，所有的人都担心她是不打算一个人活下去了。

其实，直到荷西去世一年多以后，三毛去西班牙看望荷西的家人，她的婆婆为了争取到大加纳利岛的房产，还说出过"你反正是不要活的"这种话。婆婆的心里也一直认为，三毛是一定要随荷西一起走的了。这里，我实在不忍用"争夺"一词，因为三毛是不争的，她只是不想那么快就把她与荷西的那个家扔掉、卖掉，但公公婆婆却坚持要让她卖掉那房子。与三毛关系最亲的荷西的妹妹卡门也怪自己的父母太过分，但失去荷西的三毛已不在乎这些身外之物了，她所留恋的是他们那曾经生活过的家，所以迟迟下不了决心。

被父母带回台湾后，三毛还是呆呆的，反应迟缓。好友琼瑶来与她彻夜长谈，这场漫长的谈话只有一个主题——求她一定不要自杀。七个小时以后，两个人都精疲力竭，三毛终于答应了琼瑶："好，我不自杀。"大家都知道她是看重承诺的人，悬着的心放轻松了一些。

世间始终你好

没有你的
旅途不完整

「人在回忆中徘徊，也在里面扑空。」

——三毛

荷西去世后的第一个忌日，三毛从台湾回拉芭玛岛给荷西扫墓。

在来拉芭玛岛之前，三毛先转道去了安度杜尔看望荷西的父母，那几个晚上她睡在荷西小时候的房间里。荷西的父母已经催促她尽快处理掉他们共有的那所大房子了，每个白天，公公婆婆都拉着她谈这件事情，甚至把在外省工作的儿子、女儿召集回家开家庭会议，令三毛感到万分疲惫。她是舍不得卖掉那所房子的。只有到了晚上，她在荷西的房间里关上门的时候，心里才会觉得放松一些，那是他们独处的时刻。

有一晚，半夜的时候，她在迷迷糊糊中看见7岁的荷西手里拿着用完的练习本去找父母要钱买新的，母亲嫌他用得太快不给他钱，他跑到父亲的公司找父亲要钱，父亲也不给。他只好找来一个旧本子，想把上面的字迹擦掉接着再用，可是老师批改过的红字却怎么也擦不掉，他便一边擦一边低声地哭泣。这是荷西给她讲过的一件童年往事，他长大后，一直对这件事耿耿于怀。荷西在世时，最喜欢与三毛聊童年和服兵役的事情。这两个话题，每次开了头便收不住。荷西去世后，她常常想到这件事，在她去看他之前的那个晚上，这个场景出现在了她的梦中。

那晚，三毛在梦中泪湿了枕巾，她轻轻地安慰他："荷西，这些事都已经过去了，不要再去想它们，我给你买各色各样的练习簿，放在你的坟上烧给你。"

时隔一年，当她再次踏上拉芭玛岛，荷西的一切便铺天盖地地涌了出来。穿着潜水衣的尸体，阴森森的射鱼枪，白得刺眼的阳光，蝉鸣，寂静的墓园，锤子落下去的沉重，嘶喊，内心的血泪模糊……这些镜头在三毛心中一闪而过，不敢细想。她在这个岛上每走一步都像走在刀尖上般疼痛。镇上的人都知道她是回来看荷西的，她去买花的时候，一辆从她身边经过的车停了下来，车里面不认识的人对她说："上来吧，送你去看荷西。"

她在拉芭玛岛扫完墓，重新踏上大加纳利岛，回到她与荷西的家，往昔的美好时光伴随着疼痛一并涌了出来。那个像艺术馆一样的家里，每一件家具、装饰品都是她与荷西一起选定，并一点点摆进家里的，这座房子里面有太多荷西的痕迹。在她来之前，邻居和朋友们已经帮她把院中的杂草清理干净，她离开前种下的蔬菜也都长势良好，在阳光下闪着绿油油的生命之光。看到这一切，她心里或多或少得到一些安慰。

在这里，她是属于自己的，她又可以放肆地想念荷西了。她说："许多个夜晚，许多次午夜梦回的时候，我躲在黑暗里，思念荷西几成疯狂，相思，像虫一样地慢慢啃着我的身体，直到我成为一个空空茫茫的大洞。

　　　　　　　世间始终你好

夜是那样的长，那么的黑，窗外的雨，是我心里的泪，永远没有滴完的一天。"

但三毛又庆幸自己是那个活着承受痛苦的人，因为这过程太冗长，疼痛缓慢又真实，每一刻都如刀锋缓慢地穿过心窝。她说："感谢上天，今日活着的是我，痛着的也是我，如果叫荷西来忍受这一分钟又一分钟的长夜，那我是万万不肯的。幸好这些都没有轮到他，要是他像我这样地活下去，那么我拼了命也要跟上帝争了回来换他。"

来西班牙之前，她对父母说，给荷西扫完墓，住上三五个月便回台湾，但是当她在大加纳利岛上感受到的荷西的气息越来越浓时，她便舍不得这么快离开了。她说："这儿有我深爱的海洋，有荒野，有大风，撒哈拉就在对岸，荷西的坟在邻岛，小镇已是熟悉，大城五光十色，家里满满的书籍和盆景，虽是一个人，其实它仍是我的家。"

她终究是舍不得卖掉这所房子。那几年，大加纳利岛依然是她的家，她无论是去旅行还是回台湾工作，最终还是回大加纳利岛的家。她说："其实在1985年之前，是不会永远离开群岛的，放下朋友容易，丢下亲人没有可能。五年之后请求捡骨，那时候心愿已了，何处也可成家，倒不一定要死守在这个地方了。"

荷西走后，睡眠已经成为三毛生命中的一道难题。她在一篇文章中写道：

夜里常常惊醒，不知身在何处，等到想清楚是躲在黑暗里，完全孤独的一个人，而荷西是死了，明明是自己葬下他的，实在是死了，我的心便狂跳起来，跳得好似也将死去一般的慌乱。开灯坐起来看书，却又听见海潮与夜的声音，这么一来便是失眠到天亮无法再睡。

三毛告诉自己，这种日子一定能撑过去，只是慢了些。在一些睡不着的晚上，她会起身，坐起来看书，或者打扫家里的角角落落。有时，她会把那辆同荷西一起买的小车倒出车库，在夜晚的高速路上开一整夜，天蒙蒙亮的时候才回家睡觉。每次擦拭、抚摸家里的家具、装饰品的时候，她都觉得荷西还在，她还被荷西的爱包围着。但她也知道，荷西死了，死在他最爱的大海里。她说："每当夜幕降临的时候，我拉上窗帘，将自己锁在屋内，是安全的，不再出去看黑夜里满天的繁星了，因为我知道，在任何一个星座上都找不到我心里呼叫的名字。"

她也知道："伤心没有可能一次摊还，它是被迫地分期付款。即使人有本钱，在这件事上，也没有办法快速结账。"

如果一个人愚笨，他对痛苦的认知不会这么明确，他甚至可能无法感受到长久的痛苦。但对于敏感的三毛来说，她知道自己逃不掉，她可以清晰地预知到自己未来的痛苦是漫长的。她说："快乐是那么的陌生而遥远，快乐是禁地，生死之后，找不到进去的钥匙。"

世间始终你好

1981 年，由联合社资助的中南美洲之旅应该是三毛在荷西死后最长途、最孤独的一次旅行，也是一场逃避之旅。这场旅行从 1981 年的 11 月开始，经墨西哥、洪都拉斯、哥斯达黎加到巴拿马、哥伦比亚、厄瓜多尔、秘鲁，从北到南这样一路走下来，直到第二年春天才结束。那次南美之行后，三毛据此写了一本《万水千山走遍》。我觉得那场持续了几个月的旅行中，她的心是焦灼的，在文字里几乎感受不到她发自内心的快乐，里面有太多的叹息。人的心情总是会影响旅行的情绪，情绪高昂的时候，看一座城，就会觉得这里景色优美，居民可爱；情绪低落的时候，就会对此地事事、处处挑剔。不过即便是这样，也好过每日独自面对无尽的悲伤，有事情可做的时候，日子总是会过得快一些。

读她之前写的书，那些发生在撒哈拉和大加纳利岛上的故事，字里行间都可以感受到一种发自心底的快乐和自由之感。因为那时她有荷西相伴，她的感情充沛，内心充满力量。即便当时他们不是日日相伴，但是那张荷西织就的安全网一直罩着她，她知道，他同她一起罩在这张网里面。读《万水千山走遍》时，我总感到一种"心不在焉"的情绪夹杂在书中，还有南美洲的炎热、暴雨、缺氧、神秘所织就的混乱感，以及在一些落后的国家面临随时被抢劫的压迫感。无论她的内心还是所处的环境，都是一种焦灼的状态。

这次旅行，她带了一个助手米夏。米夏是个来自美国的城市青年，独自旅行和生活的经验都不是很充足，说是她的助手，一路上反而得三毛诸多照顾。

那一路，她过得不轻松，高原反应和长时间的山路颠簸、晕车，常常让她的身体处于透支、痛苦的状态。最后一段旅程，她因为连续60个小时都处于晕车状态，身体极度虚弱，连短程的小飞机也无法乘坐，只能在小旅馆的床上躺着，这段旅程由米夏代她走完。这些身体的痛苦是其次，三毛最注重心灵感受，但这一路没少对那里的人情失望过。这次旅行她遇到一些不那么善良的人——在秘鲁的青年旅社，遇到满嘴脏话的美国小混混；在古城马丘比丘，遇到因她站在旁边便不肯继续讲解的导游；在哥伦比亚，遇到收了钱后死不承认的当地小贩等。还有一次，她的生命都差点交付给这块土地。

那是在秘鲁，三毛和米夏乘火车从古斯各去著名的古城马丘比丘。返城途中，突降暴雨，洪水暴发，铁路几乎被水冲断，不能前行，也不能后退，只能停在不断上涨的洪水中。整列火车的人都被困住，性命攸关。人们从车厢里出来，站在水中等待救援。而当地政府反应太迟钝，只有几辆旅行社的小巴摇摇晃晃地接了几次被困住的人，并且每辆车停下后，只上了几个人便匆忙关门开走了，接走的人不及全车的十分之一。

一开始，火车被洪水逼停的时候，还未感觉到危险的人们纷纷下车拍照，或者在沿途的小食部买东西吃，只有三毛跑去问列车长是不是出事了。那些年，三毛步履不止，有过很多旅行经验，并且她在环境恶劣的沙漠中生活过，对于反常的气候比较敏感，还有那份她自己也难以解释的神秘预感。果然，列车长告诉她，他们将要面临一场灾难。当三毛问该怎么办时，列车长也茫然地回答"不知道"，因为他此前也未遇到过这种状况。而此种情况，只有汽车可以把困住的人接出去。第一次，

世间始终你好

有卡车来接人的时候，人们并不着急，只有几个人上了车，三毛让米夏跟她放弃火车上卡车离开的时候，米夏以"我这一生都没坐过卡车"为由拒绝了她，在三毛说服他的工夫，车门关上，开走了。

后来，人们看到水位急速上涨的时候，才开始感受到危险并害怕起来，再有车来接人时，场面就变得难以控制起来，三毛和米夏挤了几次都未成功。有一次，她成功了，不但自己挤上了车，还招呼米夏和在火车上认识的当地女孩一起上车，但最终他们又下了车，把最后几个位子让给了一个带孩子的家庭。在最后一辆小巴到达的时候，三毛终于奋力挤上了车，并把卡在车门上的米夏拉了上来。可是这辆车也是刚上了十几个人，司机和导游又想关门离开，三毛死死抵住门，并招呼站在洪水中那些带孩子的人和老人们继续上车，因此惹恼了司机和随车的导游，因为刚刚三毛是死死拽着导游的衣领胁迫他，不让他关门，为大家争取了更多时间。最后每个座位都坐了人，但还有很多人站在水中没有上车，三毛觉得车上还可以再站几个人，仍然站在车门处不让门关上，那个导游生气地把三毛往车下推，多亏车下的人死死抵住她，她才没有掉下去，车上一个大胡子男人出手把悬在车门外的三毛拉了上来。经过一番折腾，三毛也放弃了挣扎，车门关上，持续了几个小时的恐慌心情才平静下来。

在黑暗中，那个救她上车的男人问她："西班牙语怎么讲得这样好？"

她回答说："我的丈夫是西班牙人。"便不再讲话。小巴士载着他们一路沉默地驶回市区，直到午夜才到达。

那个时候，三毛一定很想荷西同她随行吧，如果是与荷西在一起，两个人的力量总是强大一些，对于一些临时决定，不需要费心地解释，对方就可理解。即便身处险境，两个人都知对方会不顾一切地支持自己，就算冒险也充满乐趣。而那时，她身边虽然有助手米夏，却总要反过来去照顾他。那晚，天气炎热，心绪烦躁，可是她哭不出来，那样的场合是不允许她软弱流泪的。

"我丈夫是西班牙人。"她说这句话时，用的是现在时态而不是过去时态，就好像她的丈夫还没有去世，只是因有其他事情未跟她一起出行。拼命过后，她要在心里告诉自己，我还在被爱着，被自己的丈夫爱着。在那种艰难的环境下，她告诉自己这些话，就像告诉自己有个人在为她撑腰，她不是独身一人。爱是支撑她的信念，她不愿意被人同情，她虚弱的内心要靠一个谎言来支撑，让自己不要在陌生人面前流泪。

于是，在黑暗中，她止住了要涌上心头的脆弱情绪，并在安全抵达古斯各后，又拖着疲惫的身子去警局报警，请他们派更多的车去接还被困着的人。最终，那些滞留的游客都被警方载回了古斯各。几日之后，看新闻才知，因那次暴雨，全国竟有600人失踪，而官方只寻到35具尸体。

那次的南美旅行中，只有一次，我感受到三毛那颗焦灼、不耐烦的心平静了下来，那是在厄瓜多尔的印第安人村落中，虽然只有短暂的几天。那是一个在地图上没有标注的地方，在没有计划的情况下，她执意让司机按照她的指挥拐进了一条小路，她觉得那里会有一个湖。她在厄瓜多尔生活的朋友告诉她，自己从来不知道那里有湖。但当司机按照她的指挥开进那条路之后，果真在路的尽头找到了一个湖，并发现了围湖而居的印第安人。她让助手和随行的朋友都不要再跟随她，让他们继续按照之前的路线前行，她想独自在那片有她前世记忆的湖畔同那里的人生活几日。她说出这样的话，跟几年前说撒哈拉是她前世的乡愁结果是一样的；助手和随行的朋友离开时的那种欲言又止的态度，与八年前她说想去撒哈拉生活时朋友们的怀疑也很类似。不过，那时她有荷西一路陪伴，而今，她是独自一人了，因为她知道她再也遇不着一个如荷西一样"你对我招手，我便跟你走"的人了。

即便这样，那几日仍是她南美之行中最开心的日子，因为有一种在过了很多年没有荷西陪伴的日子后所产生的难得的归宿感。她第一次见到生活在那里的印第安人就觉得熟识，觉得他们像是她的族人一样。他们信任她，让她与他们同住，一起吃饭，一起做杂活，给她看他们佩戴的古老首饰，还给她编印第安人的发辫，待她亲如同族人。几日之后，她不得不离开，回到她的世俗生活里。临走时候的那种留恋，像是对留在某个时空的自己告别，也像与人类产生感情的外星人，虽难舍，但又不得不离开不属于自己的领地。

在这安静的情绪里，我第一次嗅到了那种静静的自杀气息，她做这件事像在跟自己告别。那时的她，不再像很多年前那样，可以任性地抛下世俗的一切来此生活——荷西死后，她便不再像从前那样任性了。我们常常觉得，三毛已经在过着一种世外桃源般的生活，但那个时期的她历经了一些苦难、看尽了繁华之后，在湖边生活的印第安人的生活才是她真正羡慕的。

三毛热爱自由、乐观，是因为被荷西的爱包围，其实她的脆弱是一直存在的，就像被潮水淹没的礁石，荷西死后，潮水干涸，礁石也露了出来。

三毛传

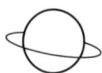

再见，大加纳利岛
再见，我的半生

「埋下去的是你，也是我，走了的，是我们。」

——三毛

这几年来日子过得零碎，常常生活在哪一年都不清楚，只记得好似是一九八四年离开了岛上就没有回去过，不但没有回去，连岛上那个房子的钥匙也找不到了。好在邻居、朋友家都存放着几串，向他们去要就是了。

写下这段文字的时候，三毛离开大加纳利岛已经有三年了。这也是她第一次离开这里这么久，并且几乎杳无音信。三年后归来，这一年，荷西已经去世五年了。她一个人回到大房子里，心里仍然不好过。好在这座房子一直托付给邻居照看，邻居家的孩子在她来之前的几日，把房子里里外外打扫了一遍，所以当三毛离开三年后，再次回到这所房子，迎接她的不是颓败、荒芜的院子。尽管之前邻居告诉她，这个家进去过三次小偷。当她在晚上抵达，推门而入的时候，家的气息依然迅速地把她包裹住了。

　　　　　　　　　世间始终你好

但这一次她是带着一颗告别之心过来的。在某一次，她回台湾，父母前去接机时，她忽然发现，原先她视为依靠的父母竟然生了白发。她便决定搬回台湾住，之前迟迟未下的决心，在看到父母的白发后便不再迟疑。她对自己说："我们要对自己残忍一点，不能纵容自己的伤心。有时候，我们要对自己深爱的人残忍一点，将对他们的爱、责任、记忆搁置。"一个人要想活下去，总会想方设法把痛苦甩掉，甩掉痛苦不是遗忘，只是把它卸下来埋进更深的地方罢了。

荷西死后，三毛思念成灾，她甚至"用通灵术来与荷西沟通"，当她觉得荷西在那边一切安好时，心里就会得到一些安慰。每当她自己有大事要做决定，总会在心里征求荷西的意见，就像他从未离开，只是出了远门，去做一项很复杂的工作，一时不能回来。她一边安慰自己"在这世界上，谁不是孤独地生，谁不是孤独地死"，这是世人都逃不开的劫难，一边在报纸上登了卖房广告，把当时市场价值1200万西币的大房子只标价650万。夜晚，她在灯下写完"吉屋出售"的广告内容后，对着墙上荷西的照片读给他听，问他是否满意。她似乎听到丈夫回答说："你这样做是对的，是应该回到中国父母的身边去了。不要来同我商量房价，这是你们尘世间的人看不破金钱，你当比他们更明白，金钱的多或少在我们这边看来都是无意义的。倒是找一个你喜欢的家庭，把房子贱卖给他们，早些回中国去，才是道理。"

"吉屋出售"的广告登报的那天早晨，她拿了房子的一小块基石和厨房里的螺丝钉先绕道去了海边，在太阳升起来之前，她把它们抛向大海，抛向天空，她告诉老天：这房子她不要了，让它去找新的主人去吧。她大概想要老天一并收回她那没完没了的悲伤。

广告登报之后，她仅用了三天就找到了合适的买主。买主是一对刚结婚不久的小夫妻，他们喜欢这座房子，可是手头并不宽裕，只有580万。他们也是一众看房人中三毛觉得最投缘的，他们亲切、诚恳，将房子交给他们也比较放心，她最后能为这座房子做的，也就是给它找一个好人家了。在他们之前有位珠光宝气的阔太来看房，一进门就嚷嚷着要买下房子后把房子拆了重新建新房，说只想要那块土地，还把房子说得一文不值，以此来压价。对于这样的人，三毛一步都不愿意退让，赶紧把她打发走了。而当这对投缘的小夫妻说出他们只有580万的时候，三毛却说："那560万就好了，家具大部分留下来给你们用。如果不嫌弃，床单、毛巾、桌布、杯、碗、刀、叉，都留给你们。我替你们留下20万算做粉刷的钱。"一座海边花园大洋房就这样以超低价卖了出去。

当朋友问她最终卖了多少的时候，她撒了谎，说卖了700万。朋友骂她卖得太急了，吃了大亏，骂买家砍价太狠，要是再等等，多等一些买家来看，是可以卖更多钱的。要是朋友知道她才卖出560万，并且是她自愿把价钱降到560万的，更不知道要怎样说她了。但是她等不了了，也许过去那几年的时光太艰难了，她想要从里面走出来，就要与从前的种种决裂，她大概也怕时间久了，又下不了这份决心了。卖完房子后，她打电话给母亲，母亲问及价钱时，她只对母亲说："昨日种种，譬如死了。没有价格啦！卖给了一对喜欢的人，就算好收场。钱这个东西，生不带来，死不带去，有饭吃就算好了，妈妈不要太在意。"

　　　　　　　　世间始终你好

卖完房子等待办理过户手续的过程中，她把房子里的东西一一整理一遍。这个大房子里的宝贝实在太多了，家里的家具、装饰品都是这么多年来她与荷西苦心收集的，像个艺术馆。维纳斯的石像、120年前的海盗式黑铁箱、撒哈拉的大挂毯、老瓷器、彩陶瓶子、一米高的古老水漏、半人高的非洲鼓、尼日利亚的大竖琴、百年前的铁箱、石磨、整套的瓷器杯盘，还有许多书画、石头、罗盘、牛犁，以及老钟、老椅子和老床……这些东西占了整整一所大房子，她下决心不带它们走，她对自己说，就当是死过这一次了，这些全是遗产。

　　那些白天和夜晚，她背着它们、抱着它们、扛着它们，有时开着车，把它们一批批送给在岛上的朋友们，或者把朋友带到家里让他们自己挑选。三毛也很用心，不会乱送。她把全部的中文藏书送给岛上的一位爱读书的中国朋友，全部的西班牙文藏书送给西班牙朋友；汽车送给了一家孩子多、收入不高的朋友；给喜欢乐器的朋友送的是三只非洲羊皮鼓和一把尼日利亚大竖琴；给邻居甘蒂的，除了一些日常的挂毯、吊床之外，还有那只海盗式黑铁箱。那只箱子是三毛的挚爱，之前甘蒂对此垂涎过，三毛没有给她，这次她主动送了过去，惹得甘蒂无语凝噎。

　　只有一类东西，三毛不敢触碰，那就是家里的潜水器材。荷西出事后，他潜水用的东西都被收好放在一个杂物间的储物柜里。有一天，她把她的木匠朋友叫到家中，想把荷西的那辆没怎么开过的摩托车送给他，让他骑走。他们往外推摩托车的时候，三毛不小心打开了储物柜，荷西那把银色射鱼枪——他死的时候紧紧抓在手里的东西，霍然出现在她面前，她"砰"的一声关上，倚在储物柜上大口呼吸——她还是不能看。她让木匠朋友把储物柜里面的东西全部带走，除了射鱼枪还有一整套价格昂贵的潜水器材。她只有一个请求，请他收拾完带走的时候不要来跟她道别，不要让她再看到它们。

每个朋友都得到了相应的礼物，连偶尔来帮她打扫房子的女工也被她请到家中挑选了几大包衣物带走，往来不多的一个英国邻居老太太也收到了她的一件黑色手织大披肩。她把能送的都送了出去，包括吊床、脚踏车、衣服、鞋子这些细碎的物品。每个收到礼物的朋友心里都五味杂陈，虽然他们都欣赏三毛的品位，无论谁收到这些物品心里都会觉得欢喜，但这也表明，她真的要离开了，她要与这里"断—舍—离"了。

这些年，这些朋友对她实在太好了。这次她离开大加纳利岛三年又回来，因为飞机是晚上十点降落，她不想惊动其他人，只给一个朋友打了电话告知。可当三毛下了飞机走到出口的时候，发现这个小型机场的接客区域挤满了人，她的邻居、在电信局工作的朋友、在银行工作的朋友、木匠朋友、泥水匠朋友，还有他们的孩子们都来接她了，一大群人潮水般向她涌来。

三毛告别大加纳利岛的方式，就像在与从前的自己告别一样。这些年，她都是在与从前的自己一点点告别，她一个人踽踽前行，把原先的那个自己留了下来，留在之前那些快乐的日子里，继续往前走的是另一个躯壳，不管是新的还是麻木的，总之，是个陌生人了。"分完家产"之后，她独自一人开车到海边，车里装的全是旧信，她把它们全部倒入海边一只很深的垃圾桶，偶尔有一些不知写着哪个年月字迹的纸片从垃圾桶里飘出，飞舞着飘向遥远的天边。那些悲伤也会随风而去吗？

当年，她19岁，一个人来到西班牙求学，刚开始，不会讲西班牙文，常常躲进被窝里哭。

而今，她匆匆离开，依然孑然一身，半生的时光就这样倏忽而过。

命运给了她一些东西，但收走了更多。忽然想到林夕的一句歌词：我们拥有的，多不过付出的一切。

在大加纳利岛的最后一天，她开车转了几个花店，终于买到一棵中意的垂吊类植物，她把它挂在客厅，给枯寂的房子带来一些生气；把留给新房主的餐具全部重新擦了一遍；把床单、毛巾、窗帘重新洗过，铺好；地板被拖得光洁发亮。

是夜里的飞机，临走之前，她把家里的窗帘都拉上，只留了一面朝向大海的窗户，然后关上门，头也不回地离开了这座房子。她给新房主留了一盏灯，他们约定在机场交接钥匙，她知道，他们会迫不及待地来看他们的新家，她希望他们推门而入的时候，那盏散发着淡黄色光芒的灯可以替她迎接他们。

她快刀斩了乱麻，连自己的一部分也狠心斩断，一并留在了大加纳利岛。她说："家、人、宝贝、车、钱，还有今生对这片大海的狂爱，全都留下了。我，算做死了一场，这场死，安静得那么美好，算是个好收场了。"随后，她一路不停地飞，飞回了台北。整个过程，仅用了一个半月。她说："台湾是一生，沙漠是一生，荷西在时是一生，荷西死了是一生，早已不是相同的生命了。"大加纳利岛的这一生就此结束了。

这一次，离开，便再也没有回来。

可是，回到台湾，就是全新的生命了吗？

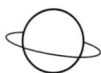

相逢的人会再相逢

「我渴了，倦了，也困了。荷西，那么让我靠在你身边。再没有眼泪，再没有恸哭，我只是要靠着你，一如过去的年年月月。」

——三毛

爱让人坚强，也让人脆弱。

荷西死后，三毛变脆弱了。在失去荷西的那几年，她像一只被雨水打湿翅膀的麻雀，一直扑棱着翅膀试图振作起来。在大加纳利岛孀居的日子里，她曾经对着一盆打蔫的盆栽喊："你呀，死样怪气的，垂着头做什么嘛？给我站挺一点，不要这副死相呀。"这些话其实是喊给她自己听的，想想这是一番怎样令人心痛的情形。她知道荷西希望她好好地活下去，也在为此努力，但是失去荷西后，她的确是虚弱了，精神上虚弱了，像一艘迷航的舰。她与荷西在一起生活时所写的文字，字里行间都透露着一股力量——那种因为内心的欢愉而升腾起来的力量，有一股天不怕地不怕的勇气。比如，她写在沙漠遇到喝醉的西班牙军人，她冒着被误杀的危险开车把他送至营房；冒死在沙漠深处寻几块贝壳，去传说中鬼魂出没的地方露营；偷拍撒哈拉威女人洗澡被追赶；跟着撒哈拉威的少年去沙漠深处看外星人；等等。她做这些事情的时候，身边都有荷西陪伴。荷西死后，她去南美洲旅行，在哥伦比亚被当地的摊贩欺诈，她写道：

要是照着过去的性情，无论置身在谁的地盘里，也不管是不是夜间几点多钟自己单身一个，必然将那个小摊子打烂。那份自不量力，而今是不会了。

她只是无奈地走了，好像看透了人性一样，懒得去争辩了。

荷西去世时三毛只有 36 岁，她是他遗落在世上的灵魂。荷西的离开成为三毛心中一道永远好不了的伤疤，无论何时被提及，都能被再次撕开，即便后来不像最初时那般鲜血淋漓，也还是会痛彻心扉。一串项链、一只镯子、一块小化石、一件小摆设，都会提醒她，他们曾经拥有的好时光。只要她的记忆还存在，便永远也绕不过去，那是一条贯穿她余生的必经之路，逃不掉的。荷西死后，她的人生像被冲进大海里，无数次，她想上岸，却又被巨浪拍了回去。

那些在荷西之前的不太成功的恋爱，那些错过的人，虽然也给三毛心里留下一些小伤疤，但与荷西六年的婚姻生活，他的爱把她的创伤真正地修复了。她想到她之前的其他感情都不会心痛，甚至已不太会想起，那些往昔让她感到痛苦的情事，在时间里、在荷西的爱里，早已变成了一件淡淡的往事，只有荷西能牵扯到她灵魂深处的痛。在很长一段时间，荷西依然是她活下去的支撑。

在荷西去世八年的时候，她给好友薛幼春的信中写道：

荷西这个男人，世上无双，我至死爱他，爱他，爱他，死也不能叫我与他分离。曾经沧海，除却巫山，他的死，成全了我们永生的爱情，亲情，赞赏。我哭他，是我不够豁达，人生不过白驹过隙，就算与他活一百年，也是个死，五十步笑百步。

在荷西去世之后，她也遇到过一些令她心动的人，毕竟，她还是年轻有魅力的女人。只是她已无法再与其他男人建立与荷西那种不设防的亲密关系了，也失去了那种跟着某个人天涯海角去流浪的心情。总是有什么东西横贯在她与其他人之间，让她想要伸手给对方时，在某一瞬间迟疑、醒悟，最终作罢。也许是这种失去挚爱的痛，她不想尝试第二遍了。

流浪、沙漠、荷西是她身上最深刻的三个烙印，提及三毛，人们便会首先想到这些。之前的那些小情小爱都随着时间的流逝慢慢变淡了，但与荷西的感情，无论世事怎么变迁，都非但没有消失，反而越来越深刻，成为三毛不可磨灭的一部分。荷西死后，它便凶横地烙在了她的心头上。

巴塞罗那，夜晚的游乐场。在熙熙攘攘的人群中，她一个人坐在长凳上，看着旋转木马在眼前转过一圈又一圈。有陌生人经过时问她："一个人来的吗？要不要一起去逛逛？"她说："不是一个人呢，同我先生结伴来的。"

那时，荷西已去世一年。

大加纳利岛，在她与荷西的那所大房子里。她在给朋友的一封信中写道：

我开了温暖的落地灯，坐在我的大摇椅里，靠在软软的红色垫子上，这儿是我的家，一向是我的家。我坐下，擦擦我的口琴，然后，试几个音，然后，在那一屋的寂静里，我依旧吹着那首最爱的歌曲——甜蜜的家庭。

那时，荷西已去世两年。

南美洲，旅途中。在从马丘比丘回城的路上，她在黑暗的车厢里感谢那个出手相救的男人，那个人问她西班牙语怎么讲得如此好，她很自然地告诉他，她的丈夫是西班牙人。说这句话时，她用的是现在时态而不是过去时态。
那时，荷西已去世三年。

大加纳利岛。某一天，她写完稿子，洗完衣服，擦完地，浇完花草，去邮局取了信，把家里的一切收拾妥当后，便买一束鲜花，搭飞机去拉芭玛岛，在荷西长眠的地方静静地坐了一个黄昏。
那时，荷西已去世四年。

世间始终你好

在泰国。她在海上乘摩托艇滑翔伞，当她的身体像风筝一样被滑翔伞带上天空时，她忽然觉得，大概死去的人的灵魂也是这样飘在空中的吧，她感受到荷西的灵魂仿佛在伴随着她在空中飞翔。她闭上眼睛轻轻地对他说："荷西，你看我也来了，我们一起在飞。"

那时，荷西已去世五年。

台北。她看中一处从窗户望出去可以看到一棵樱花树的房子，她买下那栋房子后，按照自己喜欢的风格装修完。一个夏日的午后，她带着荷西的两张照片搬了进去———张是跟荷西在晨雾中搭着肩一同走路，一张是荷西穿着潜水衣的单人照，一张被挂在墙上，一张被摆在床头。那是他们在台北的家。

那时，荷西已去世六年。

大加纳利岛。她卖掉海边的房子，收拾行李准备回台湾的时候，把一对人形木偶用心包好，夹在衣服里。这对人形木偶不值钱，却是她和荷西家庭生活中一个特别的存在，他们给它们取名"亚当和夏娃"，夏娃代表三毛，亚当代表荷西。关上箱子的时候，她轻轻对"亚当"说："好丈夫，我们一起回台湾去咯！"

那时，荷西已去世七年。

台北。她与好友在家里夜谈，提及荷西，她泪如雨下："哪天到彼岸，碰到荷西，一定要先打他几下，'为什么只留下我一个人？那么苦……'"

那时，荷西已去世八年。

台北，秋天的夜晚。三毛与朋友严浩、林青霞在一家老茶屋喝茶。三个人盘腿坐在古董床上聊天。三毛一边和他们聊天一边在一个大笔记本上涂鸦。严浩问道："你在写什么？"她笑笑："我在跟荷西说话。"

那时，荷西已去世九年。

……

台北。在 11 楼的公寓里。夜半，她睡醒，打电话给朋友说："自己躺在阳台的女墙[4]上，望着楼下车水马龙的街道睡着了，梦见与荷西一起飞过台北的天空。"朋友劝说她回床上睡，不要掉下去。她说："没关系的，荷西会保护我。"

那时，荷西已去世十二年。

她在那张《回声》专辑里面写过几句歌词：

等待是织布机上的银河

织啊织啊

织出渡河的小船

---

[4] 指城墙顶上的小墙，建于城墙顶的内侧，一般比垛口低，起拦护作用，是在城墙壁上再设的另一道墙，是"城墙壁的女儿也"。特指房屋外墙高出屋面的矮墙，在现存的明清古建筑物中我们还能看到。

世间始终你好

牛郎与织女一年尚且可以见上一面，她与荷西却是永远地分别了。

荷西去世后两年，三毛开始了那场南美洲之旅。当她初次踏上南美的土地时，当地的朋友为她举办了一个欢迎派对，她虽无奈却推托不了。在派对上，她像是一个旁观者路过了陌生人的派对一样，热闹是别人的，她的内心只有冷清。但年轻时的三毛也是个派对爱好者，她穿着曳地长裙，戴着夸张的耳饰，与女伴们狂欢至深夜。

荷西去世那些年，她身上那根掌管快乐的弦便奏不出太美妙的声音了。她的悲伤反复发作，像一只断了线的风筝被抛向了空中。她说："我觉得我这一生，虽然爱过很多的男子，但是我跟了荷西的时候，我觉得我好像是他唯一的女人，他也是我唯一的男人。"

她在派对上冷静地看着那些因醉酒抱在一起喊着寂寞的男女，迈过他们横七竖八的身体，走进朋友为她准备的小客房里大睡一场。

在大加纳利岛生活的时候，那些太太们买一排一排的鞋子摆满屋子，或者去岛上的夜总会与那些不怀好意、另有所图的年轻男人们寻欢作乐，以此打发一些丈夫不在身边的日子。三毛的孤独根本不是那种肤浅的欢乐可以化解的，是盲人的黑，不透一点光亮。

所以，最后，她选择了离开，我的意思是——自杀。

（1991年，1月4日凌晨，台湾荣民总医院病房浴室内，三毛身着白底红花睡衣，以尼龙丝袜吊颈悬挂在点滴架的吊钩上。享年48岁。那一年，是荷西去世的第十二年。）

贰·追梦人

她走过的路有一生那么长

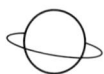

撒哈拉：
跟随了她一生的地方

> 「"在沙漠里，真有点孤独……"小王子说。
>
> "到了有人的地方，也一样孤独。"蛇说。」
>
> ——安托万·德·圣·埃克苏佩里《小王子》

A

三毛在撒哈拉生活了三年，撒哈拉却跟随了她一生。人们提及撒哈拉总会想到三毛，她是中国历史上有记录以来第一个去撒哈拉生活的女人。巧的是，三毛喜欢的《小王子》的作者圣·埃克苏佩里，就曾经在离阿雍不远的塔法亚小镇上工作过。这片沙漠给了他创作《小王子》的灵感。

三毛是少数可以按照自己想要的方式去生活的人，尽管很多人一再嚷嚷着要去远方过诗意的生活，但往往会被现实和内心的胆怯打败。三毛很幸运地可以遵从自己的内心去生活，她的幸运是因为她的自我争取，天性里的任性、倔强让她有了挣脱大部分人的生活轨道的勇气。

三毛与撒哈拉最初的缘分，仅仅是因为无意中看了美国《国家地理》杂志中关于撒哈拉沙漠的介绍，自那以后，她便对那片黄沙念念不忘了。

她在一篇文章中写道：

不记得在哪一年，我无意间翻到了一本美国的《国家地理》杂志，那期书里，它正好在介绍撒哈拉沙漠。我只看了一遍，我不能解释的，属于前世回忆似的乡愁，就莫名其妙，毫无保留地交给了那一片陌生的大地。

在去撒哈拉之前，三毛有两个选择，一是去美国当公务员，二是在中国台湾当德语老师，这两个都是安稳却也是一眼可以望到尽头的工作。但那个沙漠的梦却萦绕在心头挥散不去，如果就此安定下来，可能永远都去不成沙漠了。在一番思想斗争之后，她还是选择了去撒哈拉。

最初，三毛想做第一个横穿撒哈拉沙漠的女探险家。在马德里的那些夜晚，她常常被这个念头纠缠得难以入睡。来撒哈拉之前的几个夜晚，三毛过得热闹、疯狂，几乎每晚都同女伴们看戏、跳舞至下半夜，像是临行前与文明世界的狂欢做最后的告别。在出发的那个早晨，她给室友留下了一张写着"结婚去了"的字条，便带着简单的行李走了。四个小时以后，她带着前夜的醉意和对沙漠浪漫的想象，来到了西撒哈拉的首府——阿雍。

出了机场，沙漠的大风将前夜的热闹吹散，仿佛就在一转眼间，她从繁华的现代社会落入一片黄沙中，人生如同往回穿越了几十年。当她走在阿雍的小路上，在黄沙的底衬下，沿途散落的帐篷、跪在帐篷前的骆驼、穿着蓝色长袍走路的人、升起炊烟的小房子……这些沙漠的图像一帧帧在她眼前播放，大风带来的远处小女孩的笑声为这背景色配了底音。这场景让她如同行走在前世的回忆里，既陌生又熟悉。

她在一篇文章中写初到阿雍时的情形：

我举目望去，无际的黄沙上有寂寞的大风呜咽地吹过，天是高的，地是沉厚雄壮而安静的。正是黄昏，落日将沙漠染成鲜血的红色，凄艳恐怖。近乎初冬的气候，在原本期待着炎热烈日的心情下，大地化转为一片诗意的苍凉。

初到撒哈拉时，她一边办理在此地的合法居留证件，一边向发放证件的警察局长——这也是她到阿雍第一个认识的人——打听怎样才能横穿沙漠。警察局长看到这样年轻又狂热的冒险者，不愿意给她发证件，怕她惹麻烦。大概是怕她迷失在沙漠里，寻求救援浪费警力，或者担心她一个人根本没有办法在撒哈拉生活下去。她拿出随身带的钱给他看，说自己带够了三个月的生活费，这才换来了一张三个月的居留证。

那时，她几乎逢人就打听怎么可以横穿沙漠。有一次，一个在沙漠里生活了大半辈子的西班牙籍的老军团司令把她带到地图前，给她看地图上虚虚实实的路线——横穿沙漠要经过的路几乎都是虚线，也就是说风沙一来，路可能就没有了。几乎她遇到的所有的人都告诉她无法穿越，或者建议她直接坐飞机过去。

她不死心，又跑去撒哈拉威人聚集的小广场去打听。她觉得撒哈拉威人祖祖辈辈生活在沙漠里，应该会有办法。广场上有个会讲西班牙文的老撒哈拉威人告诉她，有两种方式可以穿越沙漠，这也是第一次有人告诉她沙漠是可以穿越的。

一种方式是：雇专业的向导，再租两辆吉普车，必须要两辆，如果有一辆坏掉，另一辆还可以继续开。不过，这位老人帮她算了一下费用，每个月需要40万台币。这对当时的三毛来说是个天文数字。并且如果真要花这么多钱去穿越沙漠，也违背了初衷，失去了意义。

另一种方式是：跟着沙漠里的游牧民族行走。这种方式很便宜，只需买一顶帐篷、一头骆驼，再准备些日常生活所需的费用即可。

老人告诉她，游牧民族的人性格都很直爽，跟他们说一下，他们会很乐意带着她走，并且他很愿意当介绍人。三毛心里刚刚熄灭的小火焰又重燃起来，问这种方式穿越下来，需要多长时间。老人淡淡地说："说不上，十年左右吧！"

那时，她才知自己对沙漠所知甚少。不过，虽然穿越沙漠的梦被现实打破了，但三毛还是留了下来。因为那时，荷西已在阿雍南端的磷矿工作了，他们打算在撒哈拉结婚。

来撒哈拉之前，三毛心里已经做好了吃苦的准备。沙漠里，白天的酷暑，晚上的酷寒，缺水，少食，这些问题未去沙漠之前大致也可以预想得到，但真正身临其中，那感受又不一样。

她第一次煮饭用的水是从房东家借来的，煮出来的米饭是咸的，她和荷西都始料未及，都以为对方在米里面加了盐。后来才知道，沙漠里的水都是从深井里抽出来的浓咸水，不是淡水。这里也有淡水，卖20台币一瓶。大桶的淡水相对会便宜一些，但要步行走到镇上去自己提回来，每个桶可装 10 升。她去镇上要走路 40 分钟，这一路走下来，除了要躲掉一些不良男人的纠缠，还要经过一片撒哈拉威人的坟场。撒哈拉威人埋葬死人就只是用白布把尸体包起来，放进沙洞里，并不把人完全埋进沙里，上面只用一些小石块盖住。走路的时候要小心，要不然会踩到他们。有一次，她半夜从刚认识的朋友家回来，穿过坟场时，就踩到过一个死去不久的撒哈拉威人的手。

那时候，邻居有个从大加纳利岛过去的女人，常常约她一起去买水。欧洲的女人身强体壮，也许是已经习惯了沙漠生活，提着水在烈日下走得飞快，而身材娇小的三毛则是：

走四五步，就停下来，喘一口气，再提十几步，再停，再走，汗流如雨，脊椎痛得发抖，面红耳赤，步子也软了，而家，还是远远的一个小黑点，似乎永远不会走到。提水到家，我马上平躺在席子上，这样我的脊椎就可以少痛一些。

做饭也是要解决的重要问题。她在一篇文章中写道：

有时候煤气用完了，我没有气力将空桶拖去镇上换，计程车要先走路到镇上去叫，我又懒得去。于是，我常常借了邻居的铁皮炭炉子，蹲在门外扇火，烟呛得眼泪流个不停。

这些事情虽然让她的身体很痛苦，但她没有气馁，几年的留学生活让她学会了吃苦，不再是在台湾时那个任性、挑剔的姑娘了，并且她觉得人生中"多几种生活的经验总是可贵的事"。

然而，身体的痛苦她预料到了，也挺住了，令她没有想到的是巨大的寂寞感差点把她击倒。当时荷西为了多赚一些用以结婚的钱，每天上完白班还代同事上夜班，那个沙漠的家只有周末才有男主人。在结婚之前，荷西还被派回到西班牙培训，有长达一个月的时间，她是独自生活在撒哈拉的。

那时，荷西每天清晨五点上班，晚上九点半才下班，三毛每天要一个人待十几个小时。她的屋子里只有一张床垫，没有书柜，没有衣柜，没有饭桌，没有电视，没有收音机，没有报纸……她在此地也没有朋友。无事可做的时候，她只能呆坐在席子上，听着外面刮得呼呼响的大风，看着沙粒顺着屋顶的玻璃缝隙像粉一样撒下来；电时有时无，夜晚没电的时候，她就点起白蜡烛，面对光秃秃、没有粉刷的墙，盯着熔化的蜡烛泪，看它滴出个什么形状。人的心境真的很重要，后来的日子里，当她适应了沙漠，这白色的蜡烛便成了点缀沙漠生活的小情调了，而起初，她只觉得那是一支流着眼泪哭泣的蜡烛。

那时的她极其脆弱、敏感，心里也很寂寞，在一篇文章中，她写道：

有时候荷西赶夜间交通车回工地，我等他将门咔嗒一声带上时，就没有理性地流下泪来，我冲上天台去看，还看见他的身影，我就又冲下来出去追他。

我跑得气也喘不过来，赶到了他，一面喘气一面低头跟他走。

"你留下来行不行？求求你，今天又没有电，我很寂寞。"我双手插在口袋里，顶着风向他哀求着。

荷西总是很难过，如果我在他走了又追出去，他眼圈就红了。

有时候，她甚至在荷西出门之前，跑去挡住门，不让他出去，并威胁他说："你去，我就拿刀杀你！"

但这是她心心念念的撒哈拉，她知道自己的心属于撒哈拉，她爱着这里，"只是在习惯它的过程里受到了小小的挫折"。像是会游泳的人在毫无防备时被推入水中，开始总是会先挣扎一下，等适应了新的环境，就会享受其中。

这样度过了一个多月后，她不再一个人对着漫天的风沙落泪了，她的社交能力也恢复了。她请那位军团司令帮忙联系了一辆运送淡水的车，在荷西工作的日子里，她就背上背包，带着相机，跟着送水车去游牧民族生活的帐篷，体验他们的生活。在这一次次的小旅行中她看到了大漠里很多奇异的景象——日出日落时分，在广袤的大漠深处，一群群羚羊飞跃而过；在无边的荒野上，落日将大风吹起的漫天黄沙染成一片狰狞的血色；夜晚，繁星缀满整个天空……这些都是在其他地方难得一见的。有一日，她经过沙漠中的一个大峡谷，那里在千万年前是一条大河，千万年之后，在大沙漠里依然还存有一小块水池，尽管只剩下一张普通桌子那么大的面积，但它的周围长满了小草，还开着黄色的小花，这幅景象令她内心受到很多触动——"芥草在沙漠中，尚且依水欣欣向荣，而我们为人者，环境的挫折一来，就马上低头，这都是没有了解生命奥秘的人所处的心境。"

这种内心的触动和对沙漠的好奇渐渐驱散了她的寂寞，坚定了她在撒哈拉生活下去的决心。她给父母的信中说：

我在沙漠可以学到很多功课。

从巨大的寂寞感中挣脱出来后，三毛开始去认真感受撒哈拉。那段时间，她看了撒哈拉威人许多奇特的风俗，拍了很多照片，写了很多文字，也交了一些撒哈拉威人朋友。为了能更好地与撒哈拉威人交流，她开始学习阿拉伯语——大部分的撒哈拉威人讲阿拉伯语，也有少数会讲西班牙语。

以前，邻居送给她骆驼肉，她会偷偷丢掉，后来也入乡随俗，跟着撒哈拉威人学着吃骆驼肉了；以前荷西同事的太太们喊她出去玩，她会觉得那是对方的同情，后来她主动结交了很多朋友。而像在坟地里踩到死人手这样的事情，也成了笑谈。

她向撒哈拉敞开了怀抱，撒哈拉也给了她越来越多的惊喜和欢乐，都是她的前半生所未体验到的。

那时，她的沙漠小屋也置办了基本的生活用品，免费的淡水也申请下来了，送水的车直接给送到门口，不再需要自己每天顶着烈日去买水了。她和荷西的书也运了过来，独自一人待在家里也不再那么凄凉了。

有一天下午，她新结交的一对夫妇朋友喊她出去兜风。这对夫妇是西班牙人，丈夫在阿雍的空军基地服务，太太是跟随丈夫来此地生活的（此地很多西班牙家庭都是这样）。他们有一辆适合在沙漠里开的吉普车。那天，他们载着她往沙漠深处开，因为天气太热，她在后座迷迷糊糊睡着了，等她张开眼的时候，忽然发现了前面 200 米左右处居然有个大湖，湖面如镜，岸边还有几棵树。可是开车的人却丝毫不减速，一直朝那个湖开过去，她吓得大叫起来，拼命喊停车，对方还是不停地往前开，她在后座吓得闭上眼睛，抱住头，弯起了身子。当她感觉车又向前开了 100 多米的时候，车停了下来，朋友一边笑着一边让她睁开眼睛看。大湖没了，树也没了，眼前只是一片落日下的沙漠景象，还有两个笑弯了腰的朋友。她这才恍然大悟——自己刚刚看到了一场海市蜃楼。虽然她之前在书中也看过关于海市蜃楼的介绍，可是亲眼看到，并且是这么近距离地看到，还是第一次。

还有一个晚上，房东的儿子带她去沙漠深处看外星人，蹲守到半夜的时候，她看到了令她终生难忘也无法解释的事情——在荒漠里，高高的天空中，有一个橘红色会发光的飞行物缓缓飞过他们的头顶，停了一会儿又飞走了。

这些前所未见的事情在她脑子回放时，常常令她感到震撼，夜不能寐，而生活在沙漠里的人早已习以为常。在撒哈拉这些壮观的自然景象面前，人总会自然而然地去想生命最本来的样子，这是所有繁华城市所不能给予的思考。在繁华城市里，人类被一层又一层说不清道不明的物质包裹，变成一个个臃肿的个体，只余一个看似聪明的大脑，其实是与自然隔离、被万物孤立的，这种生活也辜负了生命的本意。

世间始终你好

B

　　三毛在沙漠里住了几个月后，左邻右舍甚至住在更远处帐篷里的撒哈拉威女人们都知道，这个小镇上来了一个中国女人，也知道她有些好玩的东西——扎头发的皮绳，彩色塑料珠做成的小手链、小项链……这些小东西都是三毛带到沙漠作为她最初的"外交小手段"用的，她想，世上的女人没有不爱这些小东西的。不止是这些东西，她跟着送水车去探访游牧民族的帐篷时，每次都会带些白糖、尼龙绳、药、烟之类的东西送给住在帐篷里的居民，沙漠里的人几乎都对她带去的这些东西感兴趣，每次这种沙漠旅行结束，她都像被洗劫了一番，甚至连她搭帐篷用的钉子都被拔出来要走了。

　　相比住在沙漠深处帐篷里的穷苦居民，住在阿雍小镇上的撒哈拉威人经济状况要好得多。这里的男人大都有自己的职业，除此之外，还有西班牙政府的补助，他们不用住在帐篷里，有自己的水泥房子，并把不住的房子租给来此地工作的欧洲人，三毛租的就是撒哈拉威人的房子。但即便是这样，他们仍然过着原始的、简单粗暴的撒哈拉威式生活。三毛对撒哈拉威人的最初印象，用一个字来概括的话，那就是"脏"。不管是个人卫生还是家里的环境都是如此，他们不爱洗澡，也不打扫家里，他们没有家具，平常就坐在席子上，睡在席子上。有一次，房东罕地邀请她和荷西去家里喝茶，这一趟茶喝回来就糊了一鞋底的羊粪。罕地家的席子也脏得不行，从他家回来不久，三毛就带着水桶和拖把教罕地的女儿姑卡清洗席子。在此之前，他们也从来没有用过拖把。其他邻居看到她们用拖把清洗席子，也纷纷跑来借去用。后来，她的拖把和水桶经常被借走，到了晚上才轮到她用。

这件事好像打开了她和撒哈拉威人隔的那道门，他们对三毛的生活方式充满了好奇，对她使用的日常用品也充满好奇，并一窝蜂地去找她借东西。

"我哥哥说，要借一只灯泡。"

"我妈妈说，要一个洋葱——"

"我爸爸要一瓶汽油。"

"我们要棉花——"

"给我吹风机。"

"你的熨斗借我姐姐。"

"我要一些钉子，还要一点点电线。"

有一次，三毛给一个受伤的撒哈拉威女孩涂过红药水，没过几天，另一个女孩也跑来找她要药水，三毛不放心让她带走，说要亲自涂才行，那个女孩执意要带走，三毛就给她了。过了一会儿，三毛仍然不放心，就出去看了一下，却看到这样一幅景象：在一块公共的天台上，一群满手满脸涂了红药水的撒哈拉威女人正扭动着身体跳舞——她们谁也没有受伤。

三毛和荷西都不是小气的人，几乎每次都是有求必应的，但偶尔也会拒绝他们，被拒绝的时候，他们就会很生气。有一次邻居家的小孩子拖了一只刚宰的还流着血的小骆驼尸体，过来要放进三毛的冰箱里。三毛的小冰箱根本装不下，她就拒绝了对方的请求。那孩子刚走不久，远远地就听到孩子的妈妈生气地喊："你伤害了我的骄傲。"不过，通常，这种生气也不会持续多久。

时间久了，三毛发现他们的思维有时很简单，有时对是非和常理判断的逻辑跟文明社会的人不太一样。

她的邻居中有个在医院做医生助手的撒哈拉威人，号称受到了文明的洗礼，拒绝跟家人一同用手吃饭，所以每天到了吃饭的时候，他就派儿子去三毛家借餐具，吃完饭再还回去。后来三毛觉得麻烦，就送了他一套新的。可是，第二天他儿子又去借。

三毛问他："怎么又来了？上一次送你的那一套呢？"

"我妈妈说那套刀叉是新的，要收起来。"

"……"

还有一次，荷西的公司在撒哈拉最好的饭店——国家旅馆举办酒会，要带太太参加。许久未享受到这种现代生活的三毛很兴奋，特地将从西班牙带来的黑色晚礼服拿出来小心地熨好，并选了一条比较贵的项链与之搭配。临出门时，她却怎么也找不到那双可以与这一身匹配的黑色高跟鞋了，只在放高跟鞋的地方，看到了一双撒哈拉威女人的鞋。三毛一看便知是姑卡拿走了她的鞋。在众邻居中，三毛与姑卡的关系最好。她便去姑卡家找她要，但姑卡慢腾腾地找了半天后才告诉三毛，鞋子被她妹妹穿出去玩了。眼看着时间到了，荷西也在外面催，男人总是搞不懂女人在穿搭上所追求的某些小细节。三毛无奈，只好放弃这身搭配，换了一件白色的布裙子和一双简单的凉鞋。那个晚上，她混迹在一群打扮得珠光宝气的太太中，非常不相称。荷西的同事们还调侃她说："今天晚上你像个牧羊女一样，只差一根手杖。"这让她感到很窘。第二天，姑卡拿着鞋子去还她，但鞋子已经被弄得很不像样了，三毛一把从姑卡的手里抢了过来，瞪了姑卡一眼。姑卡看到三毛生气了，涨红了脸对她说："哼！你生气，生气，我还不是会生气。"三毛想，你生什么气啊？话还没有说出口，姑卡就接着说："你的鞋子在我家，我的鞋子还不是在你家，我比你还要气。"三毛被她的逻辑气得一边大笑一边骂她："姑卡你应该进疯人院。"姑卡呆呆地看着她，问："什么院？"她根本听不懂什么是疯人院……

后来，三毛还遇到过很多"神秘事件"：晒在天台上的内衣裤被女孩子们拿走，玩儿天之后又给她丢到天台上，假装是被风吹走又吹回来了；洗澡的时候，刚涂完香皂，发现放在天台上的水不够用了，去查看，才知每天限量的水被房东家用来洗衣服了……后来，她已学会淡定地擦干香皂穿衣出门，或者学着她们的样子喊："你伤害了我的骄傲。"

这样的事情每天都在上演。后来，三毛的性格也受了撒哈拉威人的影响。有一次，房东的山羊跑进她家，吃掉了她唯一一棵植物上仅有的两片叶子，三毛气得去找房东，可刚一出门又摔了一跤，正巧遇到房东的儿子，她便拦住他跟他理论：

"你们的山羊，把我种的叶子吃掉了。"

房东的儿子是老大，十五岁了，大模大样地问我："吃了几片？"

"总共只长了两片，全吃了。"

"两片叶子还用得着生气，不值得嘛！"

　　　　　　　世间始终你好

"什么？你忘了这是撒哈拉，寸草不生，我的花……"

"不必讲你的花了，你今天晚上做什么？"

"不做什么。"想想真没事。

"我跟几个朋友去捉外星人，你去不去？"

"飞碟？你说飞碟降落？"我的好奇心又来了。

"就是那个东西。"

看，吵着吵着就跑题了。这种事情如果发生在文明社会，肯定是要逮住对方就道德问题训斥一番，直到让他道歉为止。但在撒哈拉，这些事情就如同被羊啃掉了树叶，被大风刮走了衣服一样，是无处可生气的。

三毛在撒哈拉的生活也因为这些邻居而变得更精彩了，不再像刚来时那样茫然和寂寞，她的沙漠小屋里也总是有撒哈拉威女人们来来去去的身影。与她们相处后，三毛发现撒哈拉威女人是不识字的，甚至都不会数数，她们连自己的年龄都不知道，只有她们的父亲知道。她们大都10岁左右就结婚了，然后给丈夫生一个又一个的孩子，而她们自己并不知道孩子是如何来的，当然也不会计算怀孕的天数。虽然阿雍有西班牙政府建的医院，但她们的孩子大都生在自家帐篷里。生病也不去看医生，因为医院里大部分是男医生。她们什么都不懂，但对什么都好奇。三毛就在家里办了一个学校，空闲的时候教她们一般的生活常识，也教她们数数和"一加一等于二"这种程度的算术。这个学校是不收钱的，也没有规定具体的时间，大家都有时间的时候就聚到三毛家，她成了这些撒哈拉威女人们的"知心姐姐"。

随着撒哈拉威朋友越来越多，三毛与荷西便经常被邀请到对方家里做客。有一次，他们去一个朋友家做客，主人家杀了一只羊招待他们。撒哈拉威人吃羊的方式也是简单粗暴的，他们把这只羊分割成几十块，还滴着血就放到火上去烤，烤成半熟就放在一个如洗澡盆一样大的泥缸里，撒上盐，大家就围上来一起吃。吃一会儿，放下，去帐篷外面喝喝茶、下下棋，等消化得差不多了，大家再进帐篷，拿起任何人之前啃过的一块继续吃。这样反复几次，直到吃得只剩骨头为止。

他们也被当地的大财主邀请去家里做过客。这家人住在白色的如宫殿般的现代大房子里，地上铺着精致的阿拉伯地毯，家里有很多仆人。主人用流利的法语和西班牙语与他们聊天，仆人用精致的银质茶具为他们煮茶，并配上沙漠里很少见的新鲜薄荷叶。男主人有四位美丽的太太，她们包裹在用金线银线织就的昂贵的布里，卧室里有柔软的席梦思大床和豪华落地镜子。这是沙漠的另一幅景象，华丽得如同《一千零一夜》里的皇宫。

沙漠总是给三毛一场又一场的幻觉。

起初，三毛觉得撒哈拉是落后的，很多撒哈拉威人连镜子都没有见过，他们会害怕看到镜子，觉得它能收走自己的魂魄，被照到之后不久就会死去。给他们拍照，他们更害怕。可在那里生活之后，她又觉得如果只用"落后"来形容是不公平的，这是沙漠人特有的生活方式。这里带给三毛的是一种极度的"文化惊骇"，乍看是落后的，但又不能只以落后来形容。在这个大街上既有骆驼又有"奔驰"牌出租车，待的时间越久，感受就会越复杂。

很多年后，当她离开沙漠，再回忆沙漠的时候说：

他们根本就不知道什么是名，也无所谓利；他们就是沙漠里的一种产物，跟沙漠里的一块石头、一朵仙人掌上的小花一样，属于大自然。

他们从不抱怨冷，从不抱怨热，也许知道世局，但并不关心；如果每一个人都像撒哈拉威人，这个世界不会进步，但至少和平。

更可贵的，他们是非常快乐的民族，可是并不刻意追求；这是最高的境界，也是最低的境界。

三毛在十四五岁的时候写了一些小说和散文，以"陈平"署名零零散散地发表在《现代文学》《皇冠》《幼狮文艺》和《人间副刊》等杂志上。后来她上了大学，又退学出国留学，这期间久未动笔，倏忽一闪，已是十多年。直到来到了撒哈拉，她被沙漠的景象震撼，被沙漠人的生活方式打动，大漠的风沙将尘封在她心底的一些情绪掀了起来，她又开始写作了。她写下的第一篇文章是《中国饭店》（后来改名为《沙漠中的饭店》），写的是她在撒哈拉日常琐碎的饮食生活，于 1974 年 10 月 6 日登在台湾的《联合报》副刊上，这也是她第一次以"三毛"为笔名发表文章。这篇文章在台湾引起轰动，人们知道了竟有一位中国女孩在遥远的非洲这样生活。自那以后，三毛又写了一系列沙漠生活的故事——写她与荷西在沙漠中举办的简单又热闹的婚礼；写在沙漠中找古老的化石和贝壳时所遇的惊险；写偷看撒哈拉威女人洗澡被追赶；写撒哈拉威人的奇异风俗……这些故事后来集结成《撒哈拉的故事》于1976年5月出版，这是三毛的第一本书。此书一出，引起更大的反响，书上市两个月就加印了四次，她的沙漠生活和她的西班牙籍丈夫在世人眼中都遥远而神秘。越是神秘，人们越是要探究。一时间，读者纷纷寄信给出版社，寄信到她家里。不过，远在异国他乡的她丝毫没有受到这些喧闹的影响，继续过着她的生活，写着她的故事。只是每次回台湾的时候，她会被各种媒体采访，但那时，她也不经常回台湾。

三毛一生居住过很多地方，撒哈拉是她身体上受苦最多的地方，却也是让她内心最丰沛的地方，与撒哈拉相遇可以说是她一生最幸运的事，撒哈拉是她梦想的入口。她在撒哈拉先有了生活，才有了创作。她说："长久的沙漠生活，只使人学到一个好处，任何一点点现实生活上的享受都附带地使心灵得到无限的满足和升华。"这一次，她拿起笔，再没有放下过，一直到去世。

三毛说撒哈拉培养了她清朗的性情。撒哈拉不但培养了她清朗的性情，也给了她撒哈拉的肤质。在撒哈拉生活初期，她每次跟着送水车在沙漠旅行一趟，都要来回几千公里，这种车没有车顶也没有挡风玻璃，她像沙漠里的骆驼、山羊、石头、植物一样裸露在大自然中，看着、感受着此地的一切，所以沙漠也毫不留情地在她脸上留下了印痕。她在给父母的一封信中写道：

人老了许多，眼眶都挂下来了，这是沙漠弄老的，我也不在乎。

留学的生活把她变成一个独立、坚强的女子，而撒哈拉则重塑了她的性格，她不再是一个城市姑娘。是撒哈拉把"陈平"进化成了"三毛"。

　　在撒哈拉，每一天的时间都仿佛被拉长了，撒哈拉一日，世间一年，在撒哈拉待久了，故乡中国遥远得如同她的前世。很多年以后，当她定居台湾后，回想起这段生活，她说，她念了很多年的哲学没有让她找到生命的答案，沙漠却给了她答案。

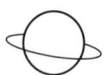

西班牙：
最好的时光，最痛的时光

「一回西班牙，一说西班牙话，我的想法又有了改变，太爱这个国家，也爱加纳利群岛。」

——三毛

撒哈拉是三毛的前世，中国和西班牙则是她的故乡。

西班牙是三毛 19 岁时生活的地方。在她以后人生的二十年间，兜兜转转，半生的命运都与这个国家交织在一起。三毛一生走过了很多国家，唯独西班牙是她离开又不断回头的地方。在她 19 岁刚刚从人生的黑暗中挣脱出来的时候，西班牙收留了她，给了她全新的生活和一个热情的性格；在她二十几岁痛失未婚夫的时候，她也是选择重回西班牙；1976 年，33 岁的三毛自撒哈拉撤离后，依然是选择在西班牙定居。

有一些地方虽然也是她心心念念的梦想之地，比如撒哈拉，比如南美洲那个印第安人的小村落，但最终成为她永远都回不去的一个梦境。而西班牙却可以同时承接她的理想与现实——马德里是她在青春期没日没夜用功读书、与朋友们玩乐的地方；后来定居的大加纳利岛则是给了她此生最多友情的地方。

世间始终你好

人总会对青春时期待过的地方怀有深切的感情，我甚至觉得，与故乡相比，三毛爱西班牙更多一些，因为她在西班牙活得更随意自由。你爱一座城市的时候，也希望它能爱你，如果你在此城事事不顺，无论它有多么美丽的景色，大概也是爱不起来的。

西班牙对她的友善让她变得真正快乐起来。初到西班牙时，她在马德里的投币电话厅打电话，讲到快没钱的时候，她对着话筒那边说零钱不够用了，旁边在等电话用的本地青年立刻送给了她一把硬币，让她可以继续讲下去。每次她回西班牙，出了机场或车站，总会有人帮她拿箱子，有人帮她拿大衣，有人帮她叫车，遇到的都是非常热心的人；乘飞机时，只要旁边坐的是西班牙人，一路上就会被各种照顾，递水、给药、要毯子、帮忙开灯，非常绅士。所以，一直以来，她都对西班牙人抱有好感。她一生挚爱的荷西也是西班牙人，大概也是因为荷西，她对整个西班牙都怀有好感。

西班牙人的性格与做事方式也是三毛所欣赏和适应的。三毛最受不了那种呆板的制度和做事死板的人。西班牙人好像挺容易变通的，至少，那些年，她遇到的人都是如此。大概是在1973年，她阔别六年重返西班牙那次。她的飞行路线是台湾—香港—伦敦—马德里，可是到了伦敦后，她却遇到了麻烦，英国移民局的人指控她有"滞留英国的意图"，不让她入境，还把她与偷渡的人关在一起。她要向对方解释的时候，移民局的人不让她讲她更熟悉的德文和西班牙文，只准她讲英文，并且将对她的指控订成了厚厚的一本资料。那次事件有两种可能：要么被遣返回香港，要么暂时被放行去西班牙。但是如果到了西班牙，西班牙移民局看到英国对她的指控也有可能不让她入境，她还是会被遣返回香港。在三毛的争取下，英国移民局让她过境去了西班牙，但跟随她一起来的还有那厚厚的一本"犯罪资料"。那时，三毛很担心西班牙移民局的人看到她的"犯罪资料"后，不准她入境。但实际情况正好相反，西班牙移民局的人看了之后大骂："王八蛋，英国人有神经病，请进来，孩子，西班牙永远是你的。"并把英国移民局精心装订起来的"犯罪资料"丢进了垃圾桶。这件事情过后，她给父母写信说：

西班牙到底不是我看错的国家。

她去撒哈拉生活之前，到马德里办理签证，那里的工作人员告诉她需要三天才能办好。三毛请求对方说，希望能当时拿到，因为要赶去撒哈拉。工作人员听后便立刻给盖章办理好了。其实她也没有什么特别的理由，只是希望能尽快办完尽快去撒哈拉。在很多国家，这样的事情可能刚开口就被一个冷脸、一个白眼堵回去了，只能乖乖地等着。但在西班牙，好像一切都能说得通。应了那句话：你爱一座城的时候，那座城也会爱你。

后来，她与荷西撤离环境恶劣的撒哈拉，定居在西班牙的海外领土——加纳利群岛。他们在加纳利群岛上的三个海岛——大加纳利岛、特内里费岛、拉芭玛岛都生活过，在这里她度过了一生中最美好的时光，也经历了一生中最痛苦的时刻——荷西是在拉芭玛岛意外身亡的。

与撒哈拉比起来，加纳利群岛简直就是天堂，不但环境舒适，当地居民也好。三毛的父母去岛上探望他们那次，也惊叹："桃花源原来就在这个地方。"这个岛上的居民有两种，一种是西班牙本国人，一种是来此地定居或养老的欧洲其他国家的人，而且大部分来自北欧。岛上的居民大都温和、有礼貌，这种温和、礼貌不像大城市里的那样是冷漠的，而是那种在人类发展初期的农耕时代，人与人之间最质朴交往的温和和礼貌。

三毛刚搬来不久，有一次在红绿灯前不小心摔倒还扭了脚，坐在那里不能动，路过的西班牙老太太马上蹲下帮她脱掉靴子捏脚，以缓解疼痛。在岛上安定下来之后，三毛写信给父母：

现在的生活安静朴素极了，每天穿一件比基尼游泳装随处可去，衣服实在用不着，今日我打扮了一天，不过是一件牛裤衣，已算很好了，荷西平日亦是短裤赤膊，此地住家人人如此，非常省衣服钱。

……镇上全部是西班牙人，人和气得像在天堂上，是糖做的一群老百姓。

这可能与加纳利群岛是度假海岛有关，来此地定居的人本来的意图就是要抛开世俗中让他们感到疲惫的一切，给自己找一个最适宜的生活环境，所以大都态度温和、心胸开阔。而岛上的原住民西班牙人原本天性就开朗、奔放。雄心勃勃的人去大都市，喜欢安逸生活的人选择海岛，说到底，一座城市吸引来的往往都是差不多类型的人。

也是在搬到大加纳利岛上之后，他们的经济状况渐渐好了起来。虽然在大加纳利岛的初期他们也有过一段苦日子，不过同样是受苦，在自然环境舒适的地方受苦，心情是不一样的。舒适的环境多少会减少精神和身体上的痛苦，就像寒冬季节时我国南方和北方的流浪汉，他们给你的感觉不一样，他们自己的心情也是不一样的。有一年，我在香港，从一座流浪汉聚集的桥下走过。那天是农历新年，天气很好，风是暖的，穿薄衫或者风衣即可。桥下的每个流浪汉都有一个简陋的小床和几只旧行李箱，隔几米就是一个流浪汉和他的简单家当。每个人都把自己的地盘收拾得很干净，并布置出了新年的样子：有的在床边供奉了他们所信仰的神像，有的则在床边的桥体上倒贴了一个小小的"福"字。这个时候，你并不会觉得他们是流浪汉，你会觉得他们只是暂时的落魄，因为他们对生活充满了希望。可是在寒冬的北方流浪汉身上，只会看到悲苦，他们把所有的残存力气都用来应付呼啸的北风和滴水成冰的寒冷，好像没有多余的力气去想明天在哪里。

在撒哈拉，三毛感受更多的是"文化的骇然"。在沙漠生活，人是收紧的，沙漠虽然景色壮阔、梦幻、震撼人心，但也隐藏着不为人所知的危险——有可能上一秒还欣赏大漠奇景，下一秒就会陷入它的泥沼。在大加纳利岛生活，人是放松的，不需要花太多精力去对抗恶劣的自然环境，只需安心享用它所提供的一切。在特内里费岛居住的时候，三毛在一篇文字中写荷西下班后回家的情景：

　　　　　　　世间始终你好

（荷西）脚踏脱线穿底凉鞋，手提三五条死鱼，怀抱大串玉米，长须垢面，面露恍笑……

大概只有身处幸福的人，脸上才会有"恍笑"那样的表情，这种不自觉浮起来的笑，自己是觉察不到的。

如果撒哈拉是位严厉的老师，那么大加纳利岛则是温和的老祖母。

初到大加纳利岛，三毛警告自己，不可以再像在撒哈拉那样向邻居敞开大门了，她要过安静的生活。哪知事与愿违，她在这个岛上结交了更多的朋友——中国的、瑞士的、西班牙的、阿根廷的……又是一个小型联合国。银行职员、邮局职员、木匠、铁匠……各种行业的都有。

在撒哈拉，撒哈拉女孩们更多地视她为依靠，在精神上是不对等的，她们更像是三毛的孩子；而大加纳利岛给她的是另一种感受，是人与人之间精神上的交流和互通，她与朋友们是那种在心底流动的朴素的温暖情谊。

荷西去世后，三毛要暂回台湾住几年，她在心里做了决定后，先告诉了一个跟她学习英语的小男孩。那个小男孩说："Echo，不可以，你再想想，你是这里的人了，要去那么远的地方做什么？"后来，岛上的朋友们陆陆续续知道了她要离开后，也大都是这样的反应。他们在心底已经把三毛当成西班牙人了，觉得她回中国才是奇怪的选择。与他们的友情，也是三毛在大加纳利岛得到的最珍贵的东西。之前，三毛的父母在大加纳利岛住过一个月，这次三毛要走，邻居们甚至想送一棵大加纳利岛上的盆栽让她带回台湾送给她的父母。

荷西去世以后，有那么几次她想离开大加纳利岛，去别的地方再寻一处适合开始新生活的地方，但是，她说："一回西班牙，一说西班牙话，我的想法又有了改变，太爱这个国家，也爱加纳利群岛。"

不过，大加纳利岛终究还是同撒哈拉沙漠一样，成为她再也回不去的地方。

世间始终你好

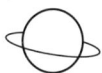

台北：
孤岛，四周不断涨起潮水

「台北是工作的地方，像任何大都市一样。三毛一生中最忙碌的时刻是在台北。」

——程碧

那一年，大概是荷西去世后的第三年，三毛接受了台湾文化大学的邀约，回台湾教小说创作和散文习作，那时她住在父母家中。虽然大学老师这个身份不需要她参加各种活动，但那时的她已是一个著名作家，已经出版了《撒哈拉的故事》《雨季不再来》《稻草人手记》《哭泣的骆驼》《温柔的夜》《背影》《梦里花落知多少》等作品，她一回台湾，便被各种媒体包围，很快就忙碌了起来，签售、演讲、饭局、采访，这些安排一个接一个，每一个都不能任性推掉。

她说："过去长久的沙漠生活，已使我成了一个极度享受孤独的悠闲乡下人，而今赶场似的吃饭和约会，对我来说，就如同刘姥姥进了大观园，晕头转向，意乱情迷。"

那一次，她回台湾仅三四天时间，一个新的记事本上就密密麻麻地排满了各种邀约和饭局，回台后的第一个月，她没有在家里吃过一次饭。

而在此之前，她是从来不用记事本的，日子过得懒懒散散。无论是在撒哈拉、大加纳利岛，还是在更早的马德里、柏林，三毛都可以任性地生活，她只需为自己和她在乎的荷西、父母负责，而他们又是百分百支持她生活方式的人。成名之后，她便不能像之前那样任性了，她已不完全属于自己，她的一部分需要属于她的读者。

她的母亲曾在一篇文章中写三毛刚回台湾定居时的生活状态：

三毛现在除了在文化大学中文系文艺组教书，每月有三个固定专栏要写，兴趣来时自己又要再写七八千字，然后每个月看完五十本以上的书，剩下的时间，有排不完的演讲和访问，几乎每天都要到清晨七点半才能入睡，早上十一点多又要起床开始另一天的忙碌，她的日子很艰难。

回台湾后，三毛常常感到身不由己，包括她选择回台湾这件事，也是在命运面前的身不由己。荷西去世后，她只剩一个人了，生活的情势发生了变化，她不得不重新选择生活，回到有亲人的故乡。对于那次回归，她说："我是突然跌回故乡来的。"

然而故乡让她无处躲闪。

她的读者遍及全岛。在一些与读者的见面分享会上，闪光灯对着她的眼睛不停地闪，不时有人递给她一支笔、一张纸、一个本子，让她在上面签上"三毛"两个字。有时候，她在台北坐出租车，下车的时候，司机也会突然掏出本子请她签名。这些事情都让她感到疲惫和茫然。

她说："在台湾，自己的心态并不平衡，怕出门被人指指点点，怕眼睛被人潮堵住，怕电话一天四十几个，怕报社转来的大批信件，更怕听到三毛这个陌生的名字，这些事总使我莫名其妙地觉着悲凉。每一次，当我从一场座谈会，一段录音访问，一个饭局里出来，脸上虽然微微地笑着，寂寞却是彻骨，挥之无力，一任自己在里面恍惚浮沉，直到再不能了。"

对她来说，"三毛"只是她的壳，她在撒哈拉和大加纳利岛用"三毛"的名字写了一本又一本书，被世人追捧，而她本人躲在世外，用"Echo"这个身份过生活。在台湾之外，她是"Echo"，她享受这个身份多于"三毛"。当"三毛"两个字在台湾被用声音喊出来的时候，对于刚回台湾的她来说是陌生的，被叫了也不知回头，不知道对方是在喊她。

我想，如果当时荷西还在，身边有他陪伴，这些让她感到寂寞和无力的事情也许会成为她的乐趣。与深爱的人在一起，就算苦日子里也会释放出一丝甜蜜的味道来吧。我想到这样一幅画面：她在台上演讲，荷西在台下深情凝望，演讲完，他们便远走高飞，回到大加纳利岛继续着他们与世无争的海岛生活。但命运并没有这样善待她。

她在国外过惯了自由的生活，回到岛内后内心很压抑。

一方面她失去了荷西，回到故乡后不得不面对一些朋友、亲人、读者的关心，但这些关心，对于三毛来说是无效的，甚至是被打扰的。但当她面对这些关心时，也只能微笑着接受。她的这种状况让我想到美剧《马男波杰克》（*BoJack Horseman*）里的情节：在比弗利山庄拥有豪宅的明星马男波杰克，身边围绕着很多人，其中有他的经纪人、出版商，

三毛传

也有大批疯狂的粉丝，还不时与艳丽女明星传出绯闻。看似身边总是人来人往，不缺少人的陪伴，但大部分的时间，他的内心都是孤独的，没有人能走进他的心里，身边的女伴换了又换，每一段恋情都在"crush[5]"的状态。每一次，他都以为自己遇到了真爱，但都在交往几日之后便产生厌倦，又迅速恢复到孤独的状态。那些冲动又短暂的恋爱只不过是给自己的人生又增添了一段失败关系。有一次，参加完粉丝见面会之后，他回到豪宅，对着空荡荡的大房子自语道："人人都爱我，但没有人喜欢我。"我想，三毛那些年所体味的也是这种"爱"与"喜欢"的细微差别吧。虽然她的朋友们都对她很好，但是很少有人真正走入她的内心，或者说，她不允许别人进入。她自尊心很强，不会轻易透露自己的寂寞。并且朋友们都有自己的生活，倔强的三毛也不会贸然闯进别人的生活。她曾经在一封给朋友的信中写道：

人在痛苦和快乐的时候，都是最寂寞的一种心情，没有法子分担，说也说不清，说出来，别人如何表情都不能减少苦痛。

另一方面，三毛虽然看起来是那种很有性格，也很任性的女人，但她平时待人接物是谦恭有礼的，不会朝别人发泄负面情绪，那些情绪都用在了自己身上。失去荷西以后，很多负面的情绪，她都自己吞下去了，她把自己逼得很苦。有一天早晨，她一边接电话一边在本子上画着"正"字计算电话的数量，上午还没有过完，已经写完了九个"正"字。电话

---

[5] 短暂地、热烈地爱恋，还未达到"love"的状态。

再响起来的时候，她接起来对着电话那头说："三毛死掉啦！请你到那边去找她！"说完后，她自己也吓了一跳，便捂住眼睛哭了出来。这忙碌焦灼的生活终于让她失控了。

　　三毛在台湾的焦灼，除了自身的忙碌，还有大环境的原因。她重返台湾的时候是20世纪80年代，正值台湾经济突飞猛进发展之时，台北正在往一个真正的国际化大都市的形态发展。我曾经采访过台湾作家朱天衣，与她聊起过20世纪80年代台北的状况，那时候她20岁左右，同家里人住在台北，她说："那个时期的台北，交通拥挤，房价飙升，传统的建筑被当成老旧物拆掉，人们都在玩股票，追逐金钱，人人都很焦虑，包括我自己，那个时候特别想逃离这个环境。"商家更是不遗余力地煽动着人们"买买买"的情绪，好像如果你不拥有某种东西，你的人生便是不完整、不美好的，而这些东西往往都是可有可无的。人们顶着巨大的压力生活，看似拥有很多，但内心很空，整个城市都弥漫着一种焦虑的气氛，有点像现在的北京、上海、广州等城市，人与人之间也是大都市独有的那种冷漠的礼貌。而在大加纳利岛生活时，几乎人人都是朋友，认识或不认识的人，见面都会微笑着打招呼。三毛刚回台北不久，用的还是在大加纳利岛的方式与人相处。有一天早晨，她站在窗边，看到对面楼里的主妇正在阳台上晒衣服，便微笑着跟对方打招呼，并大声夸赞她阳台上的绿植长得茂盛，那个主妇显然不习惯她的热情，四处张望了一下，竟然有些惊慌地关上了窗户。

　　这些年，台湾的经济稳定了，城市平和了下来，人心也平和了下来。

现在的台北是一个让人觉得舒服的城市。前几年，我去台北，看到的是绿树成荫的街道、大街上不慌不忙走路的人和诚品书店里排队买书的年轻人。白天，我去冷饮店买奶茶喝，店主听出我不是当地人，便热情地问我从哪里来。我一边喝着奶茶一边站在那里同她聊了几句我所在的城市。夜晚，我在离酒店不远的小巷里散步，可能我沉浸到了那种夜晚的静谧里，忘记了周围的环境。等我觉得身后有什么东西的时候，转过头看到一辆车行驶在我身后，因为巷子很窄，我又走在前面，所以司机过不去，但他也没有按喇叭提醒我，一直在我身后慢慢地开着，这让我觉得很不好意思，同时心里又涌起很多感动。

三毛曾经感慨："在台北那样的滚滚红尘里过日子总是太复杂了。"她回台湾生活过一段时间后也逃离过、躲过。其间，她重回大加纳利岛，又去了南美洲做长途旅行，甚至去她没有那么喜欢的美国上学和静养。但再回来，还是喧嚣，她像生活在一个旋涡中。

那时，除了有一群追捧她的读者之外，岛上还有一些文学评论家和作家站出来批评她的作品"浅"，批评她掀起的那股"三毛热"庸俗。读者对她的崇拜和外界的负面评价，她也都一并吸收进心里了。她曾在一本书的序言中写过：

书评怎么写，都是客观存在，都知感恩，只是"庸俗的三毛热"这个名词，令人看了百思不解。

世间始终你好

不管她如何洒脱，别人对于她作品的评论，她还是很在意的。

在台湾生活的后期，她常常找借口待在家里不出去，少年时的自闭像潮水一样慢慢涨上来，企图将她再次淹没。不过，那时，她毕竟已是成年人，不能像少年时那样任性地说走就走。孩子容易隐藏起来，可大人却总是无处可逃。她有自己挣扎的方式——如果不想被自闭淹没，就选择被忙碌淹没。于是她玩命似的工作，工作是她的安全岛，她站在上面，潮水才不至于涨上来。

回台湾后的某一年，她接下的很多工作几乎都在同时进行——有四本书的写作；接下了唱片公司的邀约，与齐豫、潘越云合作创作一张唱片，她写全部歌词；那年，她还在台北闹市买下了一栋房子，并且亲力亲为地把它改造成一个"森林小屋"；还要回复大量的读者来信……但到了年中的时候，书未写完；唱片也未完成，歌词改了又改，有的句子反复修改五百多次才定稿；新家也未竣工……而同时，好友和母亲都患了癌症，好友在死亡线挣扎，母亲做了手术。那些日子，她跑唱片公司，跑装修市场，跑医院……所有的事情从四面八方涌过来，使她的大脑造成过度拥堵，她也因此患了严重的失眠症。

她开始服用安眠药，从一开始每晚只服一粒到后来增加到十粒都无法入睡，失眠如同恶鬼缠住了她。与失眠症一起来的还有健忘症，有些事情，她做了之后，转身就会忘掉。她有时会在半夜打电话给朋友交代一件事情，但第二天朋友提醒她的时候，她完全不记得这回事。

有一天早晨，她发现家中花瓶里多了一大片万年青叶子，那片叶子原是长在五楼屋顶花园墙外的，之前她曾想去剪下来，可是怕坠楼而没有去。她自己也不知道什么时候竟然爬上了危墙把它给剪了下来，并插进了花瓶里。还有一次，她从医院打车回家，到了家附近却突然不记得自己住几号楼了，幸好被一个邻居看到，把她送回了家。

最后，她终于住进了医院。静养之后，她的大脑神经才恢复了正常，她又可以思考，又可以生活了。那时，她觉得能找到回家的路便已是人生极大的幸福了。

之前，不管是在撒哈拉，还是在大加纳利岛，她都是身处大自然中，但在台湾，从窗户望出去是一片城市灰白的天空和天空下鳞次栉比的高楼，如果她想要感受大自然，需要开两个小时的车去乡下。她有时会玩消失，给父母留下一封信就不知所终，然后跑去台湾南部的乡下搜罗老物件，或者跑到大陆去她的故乡寻根，有时千里迢迢只带回一包泥土。

也许，对三毛来说，在大都市生活是一件比在沙漠中生活更需要勇气的事情。"城市什么都有，就是没有尽头。"《海上钢琴师》的主角"1900"这样说。对于三毛来说，也是这样的吧。她在台湾，每次回望过去的人生，都好像是在看千年之前的自己，这一生，从一个热闹的梦境跌落进一个孤独的梦境，黄沙将一路行过的脚印淹没，哪里还有什么骆驼。

那么多的神话、寓言都教导我们不要回头——不要回头，回头你就会变石头、变盐柱，或看到你不想看到的一切。这条法则对于"故乡"也是适用的。

也许，人的一生都要一直遵循这个法则，无论何时都不能软弱。

世间始终你好

Chapter

3

叁 · 生活趣味

对照记

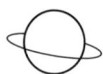

三毛的
审美趣味对照

三毛的审美可以分为两个阶段：第一个阶段是 1967 年到 1981 年，第二个阶段是 1981 年以后。1967 年之前，也就是 24 岁之前，她的审美还未形成体系。从服装的搭配、居所的布置、收藏的物品可看出三毛审美风格的转换。

第一个阶段也是她 24 岁到 38 岁之间。这十四年间，她是在外漂泊的，这个时期她的审美风格是异族风情，充满神秘。一个人从一个闭塞的环境里走出来，突然间获得了自由，便很容易接受异国的事物。

在撒哈拉沙漠、加纳利群岛生活时期，她的服饰艳丽、浪漫，充满了异域风情；那个时期，她布置的家，风格也是异族的、热情的，像一个混血艺术家的居所；她所收藏的物品也大都来自欧洲或者撒哈拉、南美洲这些神秘古老之地。

第二个阶段是她流浪半生搬回台湾以后。在此之前，台湾对她来说只是一个停驻点。回到台湾生活后，她喜欢上了中国传统文化，并为之着迷。她的穿衣风格在之前的基础上稍微收敛了些，那些异域的风情不适合在现代化的大都市上演。她的居所风格转变也比较大，由此前的热情变成传统、禅意、原始和清心寡欲的中式风格，有一种尘埃落定的意味。这个时期，她也开始对中国的古物感兴趣，并收藏了很多。

这样的转变，大概也是她流浪半生后内心的一种回归。人在年轻时，往往会被外来、新鲜的东西所吸引，随着年龄的增长、阅历的丰富，心

世间始终你好

会自己往回寻找，回归到自己本土的文化里。

三毛的审美变化也可以说以荷西为转折点，荷西去世前，她的世界是明亮的，荷西去世后，她世界里的光线暗淡了下去。

她居所风格的变化是最大的，我们也最能凭此感受外界环境对她内心的影响。撒哈拉、加纳利群岛、台北分别对应着沙漠、海洋、都市。撒哈拉和加纳利群岛是广阔的，没有遮挡的，在那里，她的心也是敞开着的；在台北，她不可避免地掉入现代化都市嘈杂的旋涡里，活得有些累，总想着要逃避，在这里，她的心是关闭的。

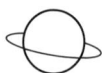

三毛的居所：
你怎么过一天，便怎么过一生

「一个人的居所的样子便是他内心的样子。」

——程碧

三毛一生中执着于很多事物，如旅行、恋物等，这些像一个个小标签贴在她身上，让"三毛"更加立体。除此之外，三毛的居所也可以加入到这些小标签行列，居所之外的三毛，自由、独立、洒脱；居所之内的三毛，自我、柔软、热情。

居所是一个人一生中停留时间最多的地方。我们虽然常常外出，去工作、旅行、出门访客，但最终总会回到居所里。它不仅可以挡风避雨，盛放我们的心爱之物，最重要的，它是一个让我们内心安定的所在。一个人的居所的样子便是他内心的样子，在舒适的居所里是一天，在简陋的居所里也是一天。所以，你怎么过一天，便怎么过一生。无论居所之外的你是什么样的身份，光鲜也好，卑微也好，关上这道门，你就是居所里高贵的国王。无论漂至多远，总有一盏属于你的灯在里面等待着你归来。

即便是对于热爱流浪、喜欢四处旅行的三毛来说，居所之于她也是

　　　　　　　　　　世间始终你好

举足轻重的。三毛的流浪生活从来都不是无根的，不是那种居无定所的漂泊，不管走到哪里，她都希望有一处温暖的住处可以落脚。她人生中的很多时间，还是会回到自己精心打造的居所里。在受伤的时候，也会第一时间想要扑进其中。

撒哈拉沙漠的家

三毛真正拥有属于自己的居所应该是同荷西开始一起生活的时候。在此之前，她住在台湾父母的家里或者在马德里、柏林上学时的公寓里，这些和别人共用的空间仅有书桌、床等几件简单的家具，在家居设计上她没有那么多自主性。特别是在国外生活时，居住的空间小且简陋，她的第一件装饰品还是荷西送的。那时他们还没有结婚，三毛住在马德里，荷西去三毛租住的公寓里玩的时候，看到她住处的桌子上除了摆着一张全家福之外，也没有什么其他装饰物。过了几天，荷西回了一趟老家，再回来时，带了一只可以盛放头绳等小东西的彩色陶罐送给她，这也算是三毛在国外的第一个收藏。虽然后来三毛淘到很多精彩的旧物件，其中也有很多东西送了人，但荷西送的这只彩陶一直陪着她。

与荷西结婚后，他们的居所不但盛放了两个人的生活，还承载了三毛的品位和想象力。三毛与荷西一共有两处居住时间比较久的家，一处是在沙漠小镇阿雍，一处是在加纳利群岛。

他们在阿雍的家大约住了三年，是租的撒哈拉威人的房子。虽然此地尚未被认真规划，但只要是有人的地方，就会不自觉地分出等级。小镇的一边是文明高雅的现代社区，一边是平民区的普通建筑，在边缘区还散落着最简单、原始的撒哈拉威人的帐篷。

在阿雍生活的西班牙籍人大部分都是富人，他们居住在文明高雅的现代社区，那里都是白色花园小洋房，偶尔还会有音乐飘出来。居住在那里的大都是西班牙政府派来任公职的总督，或者在磷矿工作的高级官员和前来陪同的太太们，不过，那些太太们大都不甘心生活在此地，她们像"完成任务"一样在此生活，从来不愿意离开这处高档区域，永生都不愿意踏足撒哈拉威人的帐篷领地。三毛与她们的目的不一样，她是来体验沙漠生活的，所以，她与荷西在平民区租下了一个有四个房间的普通小房子。后来，当三毛在阿雍生活了一段时间，荷西同事的太太们知道她生活在坟场区的时候，纷纷邀请她到镇上的现代社区住，三毛拒绝了。这就如同跟团旅行的人永远都体会不到独自背包旅行的乐趣一样。

三毛与荷西的家在一条街道的尽头，是一栋有着圆形拱门、刷着淡黄色漆的小房子。三毛第一次到阿雍，从机场出来后，与荷西在黄沙中走了40分钟才来到这所房子。这是三毛初次看到这所房子时的情景："一间较大的面向着街，我去走了一下，是横四大步，直五大步。另外一间，小得除了能放下一个大床之外，只有进门的地方，还有手臂那么宽大的一条横的空间。厨房是四张报纸平铺起来那么大，有一个污黄色裂了的水槽，还有一个水泥砌起的平台。浴室有抽水马桶，没有水箱，有洗脸池。"除此之外，还有一个爬满了苍蝇的发出微弱光芒的灯泡，有绿色液体滴滴答答流出来的水龙头，以及不断灌进来的风……看到这样的房子，三毛的内心虽有些许凄凉之感，但在来沙漠前，她就做好了过苦日子的心理准备，这是她自己选的生活。所以她尽力寻找这所房子的亮点，当她在浴室中看到"一个令人看了大吃一惊的白浴缸"和天台上一只很不认主人的母羊时，突然眼前一亮。虽然，她不知道为什么在这间简陋的房子里会有浴缸这么一件代表"美好生活"的物品，虽然说它一定是没有实用功能的，但在三毛眼中，它就是一件雕塑，一件艺术品，是即将开始的未知生活透出来的一点善意的光。那只羊是荷西买来的，想要用来挤羊奶。不过，这个浴缸后来主要成为三毛洗衣服的大盆了。而那只母羊，虽然最初给了三毛些许关于田园生活的想象，但因为实在驯服不了，最后送给房东了。

来沙漠之前，父亲给了她一笔沙漠生活专款，所以当她看到简陋的房子时，心里虽有些凄凉之意，但也并未太绝望，她在心底规划如何用这笔款建立一个沙漠之家。但荷西不想用三毛父母的钱，他想让三毛以后都花自己赚的钱，所以说服三毛把那笔钱存入了银行。之后，荷西把他赚到的薪水塞给三毛作为家用。但是，沙漠里的日常用品不但在品牌上没有选择的余地，价格也贵到没有道理。在买了一个床垫和一些厨房用品之后，那一沓钱就迅速地变薄了，三毛便不敢大张旗鼓地为"新家"添置新东西了。可是，家还是空空的，不像家。她曾在一封家信中这样写：

这里锅子、碗、盘都很贵，我煮了饭便要倒出来，洗锅再炒菜。我们已花掉快4万块西币（2万台币），家中什么也没有。

这是三毛与荷西人生中第一个独立的居所，两个人准备在这所房子里结婚。他们都不是那种凑合着过日子的人，所以想在结婚之前让它更像家。

有一天，荷西去上班后，三毛独自去小镇中心的家具店，打听了一下打造一套家具所需要的钱，问过之后，她对沙漠的物价更加灰心了。

不过，昂贵的物价激发了三毛的想象力。

在回家的路上，三毛看到一家五金店铺门口堆了一些木板，是运送货物时包在外面保护货物用的那种，货物运到了，木板就被拆下来胡乱堆在门口。三毛就去问老板，这些木板可否送给她。老板表示非常愿意送给她，并和蔼地问：你家有几口人？三毛虽然觉得问题有点莫名其妙，但也因为突然拥有了这么多木板而开心，便认真地回答了他。等她好不容易找了一辆驴车把这堆木板拉回家后，便怀着紧张的心情在家里等着在外工作的荷西回来，因为她担心邻居会把她的宝贝拾了去。荷西回家后告诉她这些木板是包棺材用的，她也瞬间明白了老板为什么要问她"家里有几口人"。不过，三毛因为它们曾经的特殊用途，更喜欢这些木头了。那堆包棺材的木板，在荷西的巧手之下，变成了饭桌、书架、衣服架、小茶几等家具。

那段时间，他们为了赶在结婚前把家具做完，荷西在工作日的时候去上班，周六日就回家夜以继日地赶制。终于在结婚之前，有了基本的家具，这个家也看起来有点像家了。

那时，他们一边在烈日下打造家具，一边自问："为什么我们不能像沙漠人那样睡地上？像沙漠人那样不用家具？"

答案是："有了家具才能活得不悲伤。"

那段结婚之前的时间，为了有更多的钱来打造这个居所，荷西拼命加班。他们几乎把所有的心思和钱都用在这个家上面了。婚后的蜜月假期还没有过完，两个人就迫不及待地回到沙漠，疯狂地升级他们的小屋子。因为结婚时，公司给了荷西一笔安家费，并给他涨了工资。

他们把墙刷成白色，贴上三毛父亲帮她在台湾收集的海报；把书架刷上一种沙漠特有的棕色漆，使书架看上去更加厚重，再在上面摆满书，放上那具骆驼头骨和在撒哈拉威老人手里买下来的石雕，这样就有了大漠的味道。

她用棺材外板、海绵垫做成沙发体，用空心砖做成沙发脚，外面再用富有沙漠风情的布包起来，用线密密地缝起来，就做成了一个实用又好看的长沙发。

她把捡来的汽车轮胎用艳丽的沙漠布包上，做成了懒人沙发，舒适得谁看到了都想赖在上面不肯起来；她把捡回来的羊皮，学撒哈拉威人处理皮毛的方式，先用盐，再涂明矾硝出来，这样就又在懒人沙发旁添置了粗犷的坐垫。

在捡来的大个玻璃瓶子里插上沙漠特有的野生荆棘，把普通汽水瓶刷上不同颜色的漆，摆在房间的各个角落。

一间现代艺术结合沙漠风情的客厅便诞生了。

他们在桌子上铺上洁白的桌布，再在铺好的中国的细竹帘上摆上母亲从台湾寄来的陶土茶具，中式餐厅的优雅便呈现了。

最后，点亮一盏用中国绵纸灯罩罩住的灯，墙上林怀民那张黑底白字的"云门舞集"掩映在暖黄的灯光下，一个混合了中式、沙漠风情和现代艺术风格的居所就在沙漠"绽放"了。

他们住的坟场区，电时有时无。在停电的夜晚，外面呼呼刮着夹杂着黄沙的大风，温度骤降，沙漠一隅，却有一处属于自己的温暖的家。与沙发同款的布帘子，不但抵挡了大漠的风沙，也抵挡了恶劣环境带来的不安感。两个人在温馨的小屋子里，点上几支白色蜡烛，在烛光下，喝几杯葡萄酒，吃着三毛做的中国菜。

一幅浪漫的大漠风情画！

为了使他们的家看起来更有诗意，有一天晚上，他们偷偷潜入总督家的花园去偷花。正当他们低着头卖力挖植物根茎的时候，被荷枪实弹的警卫发现，不过对方以为他们只是恋爱的情侣，就放他们走了。最后，他们还是成功偷到了三棵植物。

那时，他们的家没有门牌，但经过他们里里外外地打造之后，却是整个坟场区最好辨认的一所房子。因为住在阿雍的人都知道，在坟场区有个中国女人和一个西班牙男人把自己的家打造成了远近皆知的沙漠第一美丽的居所。而这时房东居然厚着脸皮来涨房租，结果被三毛轰走了。

这个沙漠里的家，还吸引了一位受西班牙政府委托来撒哈拉改善当地居民居住环境的专业人士参观。当他坐在三毛自制的懒人沙发上，看着三毛用托盘端着泡好的茶水慢步走向他的时候，简直惊呆了，不敢相信自己是在撒哈拉沙漠里。他拍了很多照片作为参考，并希望三毛能给他一些改善沙漠居民居住环境的意见，但其实三毛也不过才在撒哈拉生活了半年多而已。

大西洋上的艺术之家

三毛与荷西从撒哈拉搬到加纳利群岛之后，居住的舒适度比沙漠提升了很多，好似一下子到了天堂。

在撒哈拉，从家里放眼望出去，外面是一片茫茫黄沙。风情固然是有的，却十分不适合居住，出门一趟就是一头一脸一嘴的沙，且沙漠里淡水昂贵，洗澡成了一件奢侈的事情，大多数的时间只能忍受沙子带给人的不舒适感。沙漠的天气也很乖戾，白天温度高到可以晒透墙壁，到了晚上又会冻得人瑟瑟发抖。即便是热爱沙漠的三毛，在刚住进沙漠的时候也特别不适应。在沙漠里生活，要打起十二分的精神，需要充满智慧地同恶劣的环境做斗争，才能够享受到沙漠风情的那一面。

而大加纳利岛是一个舒适到让人懒洋洋的度假岛屿，非常适合居住。三毛刚搬到大加纳利岛的时候，常常只穿着比基尼度过一天又一天。大加纳利岛虽然与撒哈拉只有100多公里的距离，却与沙漠有着不一样的景象。此地常年被暖暖的阳光包围，气候温暖宜人，是世界上温差最小的地方之一。在大加纳利岛的南端有一处马斯帕洛马斯沙丘，如果想念沙漠，也可以在那里舒适的亚热带气候下感受些许沙漠风情。这个岛吸引了很多游客前来观光，也有很多来自寒冷国家——如北欧的老年人在此地安度晚年。

在撒哈拉，花和植物都是奢侈的。即便三毛与荷西结婚时，他们也没有用到过哪怕一朵鲜花，这也是三毛心底一点小小的遗憾。三毛喜欢绿植，所以当邻居家的羊吃掉了她为数不多的植物叶子时，她生气地扇了那只羊两个耳光。对她来说，它吃掉的可不是一两片绿叶那么简单，那点绿色是她在沙漠生活的一种鼓励，它简直是吃掉了她的希望。

而大加纳利岛上则疯长着各种植物，各种花更是开遍了岛上的各个角落。

搬到大加纳利岛后，他们把房子选在离市区 20 多公里的海边社区——位于特尔德镇以东海边的男人海滩（Playa del Hombre）附近，地址是维加街 3 号。因为三毛说，荷西离不开水。

这是一栋带独立小院的西班牙式白色洋房，小院的围墙被刷成淡淡的黄色，院子里有两棵高大的相思树，每当风起时便沙沙作响。三毛曾写信给父母描述过这栋房子：

有一大厅、一卧室、一小客房、小浴室，大窗对着海……完全是几百幢小平房造在山坡上，居民有四十多种国籍，街上白天不见人影。幽静高尚，不俗，人也高尚极了，是个人间天堂，治安好到没有警察……

他们在家里种了很多大大小小的绿植和盆景，还在院子里种了很多蔬菜，岛上的气候很适合植物生长，所以也不需特别精心护理，小菜园也一派生机勃勃。三毛很爱这栋房子，它是三毛"美梦中的洋房"，她在一篇文章中这样写道——

我们现在的家，坐落在一个斜斜山坡的顶上。厨房的后窗根本是一幅画框，微风吹拂着美丽的山谷，落日在海水上缓缓转红，远方低低的天边，第一颗星总像是大海里升上来的，更奇怪的是，墙下的金银花，一定要开始黄昏了，才发出淡淡的沁香来。

她在字里行间都透露出对这栋房子的喜爱，她也花了很多心思在这栋房子上，那些年，她搜罗的各种大大小小的玩意儿都在这里面，里面的布置也不像在沙漠里那样简陋了。有一年，三毛的一位叫西沙的读者专程去岛上拜访她，他在一篇文章中细细地描述了三毛家客厅的样子：

一套老式的碎花沙发衬着黄色的地毯，沙发上散散地放着许多靠垫。古雅的花边式的白色台布罩着一个老式的圆形茶几，藤做的灯罩吊得很低。靠墙的左手是一面几乎占去整个墙的书架，一套亦是古式的雕花木餐桌及同式的椅子放在沙发斜对面，房间的右手又是一排书架，架边有一个拱形的圆门，通向另外一个明亮的客厅。

她有两个客厅，一明一暗，亮的那一间完全粉刷成白色。细藤的家具，竹帘子，老式加纳利群岛的"石水漏"放在一个美丽非凡的高木架上，藤椅上放着红白相间的格子布坐垫，上面靠着两个全是碎布凑出来的布娃娃。墙上挂着生锈的一大串牛铃，非洲的乐器，阿富汗手绘的皮革。墙角有一张大摇椅，屋梁是一道道棕黑色的原木，数不清的盆景错落有致地吊着放着。白色的一间她铺着草编的地毯，一个彩色斑斓的旧书架靠在墙边。

西沙后来又拜访过三毛一次，还写了一篇名为《童话》的文章，大概在他看来，生活在这种居所里的人，像是住在童话里吧。

三毛在这栋房子里度过了一生中最美好的时光。

那时，她的一天常常是这样度过：早晨起床为上早班的荷西做早饭，等荷西吃完去上班以后，她就坐在客厅的窗户前看着海上漂来漂去的船只，或者写作，三毛很多作品都是在这个家里完成的。有时候，她光着脚丫拖着一条长长的水管，浇灌她的小花园。下午时分，她走进厨房，为两个人准备晚饭。厨房的窗外，夕阳正在缓缓落下山头，窗下的花儿正在开放，发出阵阵浓郁的香味儿，在夕阳的余晖里，她一边做饭一边等着下班的丈夫推门而入。即便在无事可做的时候，只坐在客厅里看着窗外那幅流动的画面，也是一种再美好不过的享受。

在加纳利群岛生活的时候，荷西的工作在大加纳利岛、特内里费岛、拉芭玛岛这三个岛上辗转。每次荷西变换工作，三毛就收拾简单的生活用品，跟着荷西走。在拉芭玛岛上的时候，他们在荷西工作的地方不远处，租了一套一室一厅带有小厨房的公寓式旅馆，也是在海边。因为是暂居，里面没有太多东西，大部分的生活物品还是留在大加纳利岛，他们只带了一些生活必需品和一笼金丝雀便搬去了。在这个岛上生活的时候，是他们最"黏"的一段时光，三毛常常去海边陪荷西工作，荷西的同事们常常看到这样的景象：一个人在水里工作，另一个人蹲在岸边等。

在拉芭玛岛，他们也不像之前那样常常四处旅行。三毛这样描述过他们在拉芭玛岛的生活："白天去岛上的老戏院看电影……荷西下班是下午四点，以后全是我们的时间，那一阵不出去疯玩了。黄昏的阳台上，对着大海，半杯红酒，几碟小菜，再加一盘象棋，静静地对弈到天上的星星由海中升起。"

其实，人的一生，就是这样在一个居所里过一天，又一天。

三毛与荷西都是天性浪漫的人。浪漫的人会在物质条件不好的状况下也把日子过得富有诗意。尽管提及浪漫，三毛说自己和荷西都不是浪漫的人，但能把自己的人生过得这么诗意，应该就是最大的浪漫了吧。我常常觉得，有很多人往往是看不到自身的某些美好特质，也许他们身处其中，觉得那些是自己与生俱来的东西，并没有什么特别炫耀之处。三毛与荷西的浪漫从他们的居所也可窥见一斑。他们的两处居住较久的居所都有圆形的拱门。刚到沙漠的时候，三毛远远地看到路边一排小房子时，便心灵感应般地觉得"那栋有着圆形拱门的小房子一定是我的家"。圆形拱门总会让人联想到宫殿，也许每个心怀浪漫的女生都有个住宫殿的梦想，住在那样的房子里，幻想着自己是公主，是女王，内心也会跟着强大起来。

在大加纳利岛生活的那段日子，大概是三毛一生中最惬意的时光。住在这样的房子里，她可以不是为盛名所累的作家。开心的时候，坐在窗前看大海；不开心的时候，拉起窗帘，过自己的生活。她可以不穿鞋子，光着脚在花园里拿着塑料管子浇花，做一个赤脚走路的女王，与夕阳玩着光与水花的游戏。那时的她，生活静美，内心充实。就像西沙所写的那样:"这里没有一样贵重的东西,可是你明白,里面住着的人并不贫穷。"

三毛去世后,她的很多读者找到这所房子去探访。如今,二十多年过去了,院子里的两棵相思树依旧青葱茂盛,海风吹来时,依旧沙沙作响。她的邻居们都还在,只有她不在了。他们会热情地给来访的客人看当年与三毛在一起的合照,在他们眼中,她始终是个快乐的女子。

台北的家

荷西去世后的六年间,三毛一直在大加纳利岛和中国台湾两地生活。大部分的时间,她孀居在大加纳利岛的房子里,那里面有她和荷西的一切。那时的她已经成名,在华语地区拥有一大批读者,台湾和祖国大陆掀起了一股"三毛热"。每次回台湾,她的时间都被安排得满满当当,她也不拒绝这些工作,甚至故意把自己埋身于工作中,所以在台湾的日子过得忙碌又疲惫。只有在大加纳利岛,她才可以安心地做"Echo",不会有人追着她采访,也不用出现在镁光灯下。在岛上朋友们的眼中,她只是一个叫"Echo"的快乐女子,而不是被人追逐的偶像。他们甚至不知道她是作家。

如果不是父母年事已高,三毛也许会一直生活在那里,因为岛上有一栋承载着她与荷西记忆的房子,有她喜欢的大海、适宜的气候、可以一起玩乐的朋友以及简单随意的生活……而荷西的尸骨就埋在邻岛,在想念他的时候,她可以搭小飞机去看他。

但有一日,她回台湾时,父母无意中表露出以后要去养老院生活的

　　　　　　　世间始终你好

想法，三毛才惊觉，从前她所依赖的双亲已经老了。一直以来，她都得到父母的支持和照顾，从她少年时代第一次离开家去西班牙读书到与父母的这次谈话，不知不觉，竟然已过了十多个年头。现在，到了她照顾父母的时候了，并且在孀居了五年后，她也要与从前做个告别。那日，她当即决定，要彻底搬回台湾同父母一起生活。于是，在荷西去世后的第六年，她飞到大加纳利岛，忍痛以不到半价的价钱卖掉了那里的房子。

回到台湾后，她以演讲、写作、教书为生，有时候住在父母的一个叫"名人世界"的小区八楼的公寓里，有时候住在教书的大学分给她的宿舍里。"名人世界"里堆满了她的东西，不过从心理上，她总觉得这是自父母手中借来的房子，所以也未曾按照自己的风格去布置，只把她这半生所得的宝贝精减后，余下的都搬了进来。教师宿舍则只是一间房间，只有书、书桌和床铺，仿佛又回到了学生时代。

直到有一天，她带着从大加纳利岛来的朋友去垦丁玩，回台北的路上邂逅了一家人，那家人温婉、大方、有礼貌，三毛被他们的气质、举止、修养所打动，她很想与他们成为朋友，于是，便主动上前交谈，认识了这家人——他们是在台北工专教授工业设计的赖一辉与他教授色彩学的太太陈寿美，以及两个可爱的女儿。三毛很喜欢这一家人，一向很相信缘分的她将自己在台南荒废的旧屋中捡到的一只对她来说很宝贵的旧灯笼送给了他们，并自此成为朋友。不久之后，赖家要卖掉房子换一处更大的，在搬走之前，请三毛去家里做客，参观一下他们那个引以为豪的楼顶花园，不然，如果房子卖掉了，就没有机会看了。

那是一栋灰白色的旧公寓，在外形上跟台北大部分房子无太多差别，但在三毛进门的一瞬间，却看到这样一幅画面："柔和的灯光、优雅的竹帘、盆景、花、拱门、很特别的椅子、钢琴、书架、鱼缸、彩色的靠垫……目不暇给的美和温暖，在这一间客厅里发着静静的光芒。"她送给他们的那两盏细布中国纱灯也在通向顶楼的室外走廊上安静地亮着。看到这幅景象，三毛的心被一片温暖笼罩。

　　当房屋主人引着她沿着木制的楼梯走上楼顶的时候，那个露天的小花园豁然出现在眼前——"一丛丛蕨类草和一切的花果，散发着一种野趣的情调，而一切能爬墙的植物，贴着红砖墙往上野野而自由地生长着。有花，又有花，垂到地面。"这一切充满了静谧的美感。再一抬头，竟然还有一棵樱花树在台北灰暗的天空下兀自生长着，令三毛怦然心动，以为自己不小心踏进一个梦境里。自三毛离开大加纳利岛搬回台湾后，就像活在一个旋涡里，她并不习惯台北的生活，这里对她来说过于喧嚣。而这处居所就像是喧嚣世界里隐藏的世外桃源，特别是那棵夜空下的樱花树，像是会说话一样，一直对着她说："我是你的，我将是你的，如果你爱我。"

　　受了感召的三毛突然结结巴巴地问房屋主人这所房子有没有卖掉，如果没有卖掉，是否可以卖给她。赖家人听到后很吃惊，也有些不好意思，因为他们请三毛来家做客并不是要卖房子给她。不过那时房子确实还未卖掉，三毛当即就决定买下来。当晚回家，她就打电话给父亲说要先借他的钱买下这栋房子。那是荷西去世后，她第一次想为自己买个大件的礼物，也是第一次因为一样东西而心动到想要占为己有。在爱上这栋小楼的一瞬间，她觉得自己又"活了"过来。她为自己还有被物质感动的能力而激动，这种难得的奢侈感让她在给父亲打电话时抑制不住地哭了出来。

买下这栋房子之后，她按照自己的喜好大肆改造了一番。这个时期的她，经济状况不像在撒哈拉时那样窘迫，过去的几年间，她写作、演讲、教书赚的钱足以让她可以按照自己的喜好打造一个理想的居所。这一次她为自己打造了一个奢侈的住处，这奢侈不是如同皇宫般闪闪发亮的奢侈，是因为可以自由，可以随心所欲，所以奢侈。

她把原本四个人用的房子，改造成了两个人用的——把其中一个小卧室的墙打掉，并将地板垫高，在上面放上大大小小的坐垫、靠垫，由客厅可以曲折地通向这个角落，成为一个可以坐在地上谈天的地方。

她把整个房子做成了一个小木屋，除了有两三面墙壁刷成白色，其他全部钉上未经过处理的杉木板，让杉木的纹理自然地裸露着。每个房间都有书架，所经过之处，可以随手取阅。家具除了一套米白色粗麻沙发之外，也全部用杉木打造，所有的木头都未经细细打磨，只要不扎手即可。家里的凳子也是用粗树桩切出来的。那是20世纪80年代，还未流行这种原始粗犷的风格，那个年代的木匠们都在努力地做着精工细活儿，钉子钉在木板上，要细细处理，尽力不要露出钉子的痕迹。三毛则鼓励他们让钉痕自然地露出来，木匠们面面相觑，因为在他们的认知里，做成这样是交不了工的。在三毛的一再鼓励下，他们才敢放手做下去。木匠们私底下喊她"怪人小姐"。

窗帘，除了百叶窗是白色的之外，其他全部用了米色粗胚布，同沙发的颜色一致。

灯是一所房子的灵魂，是一所房子里最能直接通向心灵的物件。三毛在这所房子的楼上、楼下、楼顶，一共装了大大小小二十盏灯——给人照明的，给植物照明的。客厅和卧室的顶灯用淘来的美浓伞[6]做了装饰——她把一把中号美浓伞的伞柄锯掉，撑开来，倒挂着罩在客厅的灯上。买伞时，她让伞铺的师傅少上一道桐油，这样，光线可以透出来，又不至于太亮。卧室也是如此，只不过用了大号的伞。三毛每晚就独自睡在这盏极大的伞灯之下。

她马不停蹄，日夜赶工，只用了三个月左右的时间就把这个居所打造完毕——将它变成城市森林里的小木屋。然后，她又一刻不停地搬家，这半生流浪路上收集来的"宝贝"也跟着过来了。那些"宝贝"漂洋过海从大加纳利岛来到了"名人世界"，又从"名人世界"来到这座森林小木屋。搬家的那个夜晚，她兴奋得无法入睡，连夜将它们一件件放到各自的领地——"印度的大块绣巾上了墙，西班牙的盘子上了墙，早已框好的书上了墙。彩色的桌布斜铺在饭桌上；拼花的床罩平平整整地点缀了卧室。苏俄木娃娃站在大书前，以色列的铜雀、埃及的银盘、沙漠的石雕、法国的宝瓶、摩洛哥的镜子、南美的大地之母、泰国的裸女、意大利的瓷做小丑、阿拉伯的神灯、中国的木鱼、瑞典的水晶、巴西的羊皮、瑞士的牛铃、奈及利亚[7]的鼓……全部各就各位。"做完这些，

[6]　指美浓产的油纸伞。美浓区位于台湾南部，隶属台湾省高雄市，以浓厚的客家文化闻名，美浓油纸伞为其中一种特产。
[7]　现多译为尼日利亚。

天色已亮，她还是舍不得睡去，又去了早市，搬回来三缸莲花。

这个家，才算成了。

整个家中，她只放了两张照片：一张是跟丈夫搭着肩走在晨雾中的照片，她把它挂在书桌右墙；一张是丈夫穿着潜水衣的单人照，她把它摆放在床头。

这个家，依然是她和荷西的。

她最开心、自由的时光是在 20 世纪 70 年代，她搬回台湾时已是 80 年代，无论是精力还是心态都已是过去式。她对于过往的生活频频回头，却被时间推着往前走，再也回不去了，她知道自己回不去了，所以倾尽所有，为自己打造一处隐秘的居所，来盛放她的往昔之心。

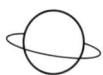

三毛的收藏：
淘出来的艺术之家

「一个人什么也不要，也不求，人生有什么好玩？」

——三毛

恋物的三毛

三毛是恋物的，一生收藏无数。她收藏的很多物品都让人垂涎三尺。荷西去世后，她回大加纳利岛处理房产时，在台湾的朋友知道她的性情——是带着一颗要与从前决裂的心去的，所以势必要扔掉大部分东西。于是那位朋友打越洋电话给三毛，请求三毛把全部不想要的东西都打包带回来，费用全部由她自己来承担，当然那些东西也要全部给她。但大加纳利岛上的那帮朋友对三毛的艺术之家也早已垂涎，在劝说三毛留下无果后，也想把三毛不想带走的东西买下来。不过，三毛没有卖给他们，每个人都送了一堆东西，连汽车也送人了。

三毛的居所里，除了家用电器、锅碗瓢盆之外，可以说，没有一样是从百货公司买来的批量生产的商品。大部分的家居用品是用捡来的废物改造而成，或是千辛万苦从不同的国家、不同的人手中淘回来的。早

世间始终你好

在三毛上小学时，在一篇题目为《我的理想》的作文里写道：

我有一天长大了，希望做一个拾破烂的人，因为这种职业，不但可以呼吸新鲜的空气，同时又可以大街小巷地游走玩耍，一面工作一面游戏，自由快乐得如同天上的飞鸟……

这篇作文被老师训斥——"将来要拾破烂，现在书也不必念了，滚出去好了"，并让她"修改"自己的理想。她又改成"卖冰棒""卖红薯"，老师还是不满意。直到她违心地写出自己长大要当医生，拯救天下万民，老师才露出满意的笑容，并给批了一个大大的"甲"。

不承想，她年少时的理想居然"梦想成真"了。三毛自嘲是拾着垃圾长大的。她说："这许多年来，我虽然没有真正以拾荒为职业，可是我是拾着垃圾长大的，越拾越专门，这个习惯已经根深蒂固，什么处罚也改不了我。"

她人生的第一个玩具便是在地上拾来的。那是一根弧形的树枝，它的玩法像滚铁环一样，玩的人拿着它一面跑一面追着前面的人，树枝点到了谁，谁就"死"，她把这简单的玩具叫"点人机"。那时候，她只有3岁。上小学后，她常常在回家的路上捡东西，她捡到过弹珠、别针、空香水瓶、小皮球，甚至狗牙。有时候，为了捡东西，她会让走路快的同学帮她把书包带回家，她在后面一边慢悠悠地走路一边捡地上的东西玩。在外面捡，回到家也捡，连家里工人洗衣服时常坐的木头墩儿也不放过，有一次工人刚洗完衣服，站起来晾衣服的空当，她就把木头墩儿搬走了，害得工人回来到处都找不到自己的"座椅"了……这些捡来的东西把她的小房间塞得满满的。后来，她去了西班牙上学，便捡朋友们丢掉的旧杂志、旧衣服、毛线，用旧衣服和毛线改成娃娃的衣服；到撒哈拉生活之后，便有了更多神奇的宝贝可捡——沙漠人用的石斧、石刀，还有三叶虫的化石、贝壳等。最夸张的一次是，在沙漠那种地方，她竟然捡到了刚出炉的热腾腾的法棍面包和几瓶葡萄酒。后来她和荷西搬去加纳利群岛居住，"物产"更加丰富，除了捡到旧衣、旧鞋、家具、木箱、花草、书籍这些比较常见的日常用品之外，还捡到过现代化的收音机和电视机，以及西班牙人洗脸时盛水用的紫铜面盆和镶花的黑铁架、粗彩陶绘制的磨咖啡豆的磨子、西班牙古式绣花女用披肩等不常见的传统之物，就连家里的三大棵羊齿植物也是捡来的。三毛还因捡东西认识了一位好友。对方原本是在瑞典教数学的老师，在岛上住了一阵子后，就不想离开了，开了一家古董杂货店为生，他和三毛就是在捡东西时认识的，他后来把店里的一扇很美丽的雕花大木门送给了三毛。

这个家不是只有三毛喜欢捡东西，荷西也喜欢，两个人真是天生一对。布置居所是他们共同的乐趣。很多人都会忌讳家里有死人用的东西，但在撒哈拉，三毛把那一堆包棺材的木板拉回家的时候，荷西没有任何质疑，反而因为它们是包棺材的木头格外看重它们。也因为荷西对那堆木板的态度，三毛偷偷在心里给他加了几分，觉得他们是一路人。三毛在陆地上捡，荷西在海底捡。荷西捡到过腓尼基人时代的陶瓮，18世纪时的实心炮弹、船灯、船窗、罗盘、大铁链，甚至一枚1947年的男款金戒指。那只腓尼基人时代的陶瓮，是荷西大学时代在加的斯海底打捞上来的，年代久远，非常珍贵，产自公元前9至14世纪，是腓尼基人用来盛放谷物的容器。他们曾拿去马德里的考古博物馆鉴定，确定它是一只腓尼基人时代的陶瓮。当时还担心它属于国宝而被没收。不过，鉴定的人说，馆内已经有三四只完整的了，并且他们的这只有点残缺，所以还给了他们。这些东西大都放在大加纳利岛的家里。荷西去世六年后，三毛将大加纳利岛的房子出售，家里大部分东西都送给了岛上的朋友，带回台湾的都是那些即便做出了"断—舍—离"的决定之后仍然无法割舍的东西。

很多人淘古董是为了倒手赚一笔，或是因为那件物品本身有着极高的价值而喜欢它，不一定是源自对物品本身的热爱。三毛不是那种职业收藏人，她最看重的不是物品的市场价值，而是时光在它身上留下的痕迹以及物品背后人与人之间的情谊。三毛淘东西，看重一个"缘"字，她本身有辨识旧物的好眼力，这缘于她庞大的阅读量和眼界，见到的好东西多了，自然就能比普通人更能分辨它是真正有时光痕迹的物品，还是批量生产的工艺品。古物本身也会散发出一种神秘的气息，吸引着有缘人前来与它结缘，对于无缘的人，还没有机会见识到它的好，彼此就视而不见地擦身而过了。而古物是不急不缓的，它已经被磨砺得与时间融为一体了，它就在那里静静等待有缘人，它是否与你有缘，取决于在你见到它的那一刹那，它是否能迅速占领你的心。三毛所享受的便是这种人与物交互的乐趣、偶然所见的惊喜，很多跟随了她半生的物品都是偶然所得，每样物品背后都有故事，它们也成为三毛生命的一部分印记。

比如有一次，她在玻利维亚的首都拉巴斯旅行，夜晚外出散步时，路过一个卖煎鱼的食摊，摊主是个印第安女人。她在夜晚独自点着蜡烛经营着这个简易的小食摊，旁边还放着一个熟睡的婴儿，这个场景让她动容，于是就停下来买了一条煎鱼。那些鱼都是提前煎好的，但夜晚的冷风已经让它们凉透了。三毛想让她早点收摊回家，所以不想麻烦她加热，吃凉的就好了，但那个印第安女人执意要给她加热，说热的才好吃。就在印第安女人为她加热完鱼，坐下来收紧披风的一瞬间，三毛无意中看到了她胸前挂着的两条银鱼，在夜色下闪着灼灼的光芒。她的心瞬间被那两条银鱼占领，便问摊主卖不卖，同时又觉得自己占了对方"贫穷"的便宜而不好意思起来。也许因为贫穷，那个印第安女人怕她反悔似的说，卖，卖，卖。并且告诉三毛，家里还有其他东西也可以卖给她。所以，那次在拉巴斯，她不但得到了两个银鱼挂饰，到了第二天，那个印第安女人又卖给她两对红石头装饰的耳饰和一枚银胸针。不过，这件事让三毛耿耿于怀，她后来在书中写道：

再过几年如果回去拉巴斯，我要将这几样东西送回给那个女人，毕竟，这是她心爱的。

那些年，她遇到的人大都质朴、善良，后来，她也渐渐不收这样让自己心里过意不去的物品了。在南美洲的旅行中，她在厄瓜多尔的银湖之滨与印第安人同住同吃的那几日，与他们有了同族人的情感，印第安女人们常常把自己随身佩戴的花彩石给她看。这种花彩石是上古时代的合成石，至今不知是怎样制造出来的，在欧洲的交易市场非常昂贵又难得。看三毛对这种彩石的描述，有点像西藏人佩戴的天珠，天珠也是上古时代的合成石，因今人不知如何再造而稀少昂贵。但天珠大都是黑棕色夹着白色的纹，她说的是花彩石，想必是一种与天珠历史、价值不相上下的石头。（真正的天珠动辄几百万、上千万甚至上亿人民币。）而这些印第安女人却只想用这些花彩石换三毛的银牌和厚外套。三毛终究不是见利忘义的收藏商，不忍利用她们的纯朴和善良来得到这些东西，尽管她心里十二万分地想拥有它们，最终还是没有要。但她知道，总有一天这里也难保宁静，那些收藏商早晚会找到此处。所以，临走时，她千叮咛万嘱咐，这些彩石不可随便给那些商人，如果一定要卖，价格是40万苏克列[8]，或者400只羊才行。

　　三毛的收藏之路最早由"捡""偶遇"开始，慢慢地，"捡"和"偶遇"已无法满足她的恋物之心，她便开始"求"和"淘"。在沙漠的时候，她因为迷恋撒哈拉威女人的饰品，常常去"求"她们让一个给她。她结婚时戴的那条"布各德特"项链，还有一些撒哈拉风情的手镯、挂饰就是一个帐篷一个帐篷去"求"来的。

　　回到台湾生活以后，她"捡"东西的爱好依然有增无减。不过这个时期，她钟情的都是中国的古董、旧物了，也不再局限于与它们"不经

---

[8] 厄瓜多尔的货币，现已被美元取代。

意的遇见",而是会下功夫专门去找寻。

　　有阵子,她迷上了台湾人以前用的手工老土碗,空闲的时候,常常一个人开车去台北周围的小镇上寻找。找了一些之后,还觉得不过瘾,就拉着朋友一起环岛寻找,沿途只要看到可能有土碗的店,便停下进去询问。那一趟收获颇丰,他们淘到了上百只土碗、土盘,回程的时候,车子里连落脚的地方都没有了。其中一只碗还是从一条看家凶狗那儿"偷"来的。那是夜宿美浓时,三毛因为睡不着,出门沿着镇上的小路散步,看到一条狗在一条水沟旁边吃饭,眼尖的她一下子就认出那只狗用的碗是老土碗。但那条狗护食,凶凶地防着不让人靠前。三毛就去附近的商店买了一只新碗,等她买碗回来,发现那只狗吃完食已经离开了,那只碗被舔得干干净净放在那里,她便顺利"偷"走了这只狗碗,给狗放了一只现代碗代替。这只盛狗食的碗也是那次所淘的上百只碗中,她觉得成色最好的一只。有的朋友去她家做客,看到这些碗后觉得喜欢,会向她讨要,她也送出去一些,齐豫和潘越云都向她讨过几只。有一次,她把这些碗搬到新家时,搬家的师傅问她,小姐,你一个人住,用得了这么多碗?对于这样的问题三毛不知道怎么回答,只能笑而不语。

　　这些碗在她台北的家里成了装饰品、餐具、烟灰缸。冬天的夜晚,她捧着一只大花土碗,脚下穿一双木屐,哒哒哒穿过小巷走到夜市的面摊前,把手里的碗往前一伸,要一碗肉羹米线。老板娘看她用这种古老的碗,对她说:"呀唷!小姐,我这保丽龙做的碗[9]没有细菌啦,你这种古早碗,看起来就怕死人呢。"可是,这位老板娘怎能体会到其中

---

[9] 简单一点说就是泡沫塑料碗。

的"奢侈"和用碗人内心的满足感呢？

　　回台湾居住后，离香港近了，她常常因为工作去香港。每次到香港，她钟情的都不是那些奢华的大型购物商场，而是中环那条古董街。她喜欢踏着小石阶一家家店铺逛过去，她在那里淘到过广东的老茶壶、铜质的五更灯、银锁等等。有一次，三毛被香港的电台邀请去做节目，本来以为只上一个通告即可，所以就只安排了一天一夜的时间。到了香港之后才发现，接待方密密麻麻地安排了六个通告。好不容易上完这些通告之后，心里计算出还有一点点空余时间可以去她心爱的古董街转一圈，不承想，又被两个没有预约的电台女记者围堵着要采访她，她死活不干了。于是她走到哪儿她们就笑嘻嘻地跟到哪儿，一直跟到了古董街。三毛求她们给自己一点私人时间，那两位女记者只是笑笑，也不退缩，还是一直跟着她。她见说不通，便生气地坐到一家古董店门口的台阶上，拿出一支烟点上，刚点上，女记者就对着她拍照，她扭头不想让她们拍到。就在这一扭头的瞬间，她看到这家店铺的货架下有一只被炭火烤得漆黑漆黑的大茶壶，虽然壶身漆黑，并且因为长久地放在角落里还蒙了一层灰，但从它的把手上就能看出它是一把好壶。三毛眼前一亮。这把壶被放在角落里，样子又不起眼，不受老板的重视，所以她只花了40块港币就买了下来。回家后她用桐油细细擦了出来，果然是一把好壶。那天，她也因为无意中得到这把好壶，心情大好，也不再躲闪两位女记者的采访和拍摄了，配合地对着相机一直微笑。

　　她在香港还淘到过老铜锅、五更灯等。老铜锅被她用桐油细细擦了出来，当成日常用品来用。不过，她只做过一次霉干菜扣肉，便再也舍不得用第二次了；那盏中国古老的五更灯，在她和朋友夜谈时，会被点起来，一直静静地陪着他们，直到五更天，灯油燃尽。

将有时光印痕的物件用于日常生活中，那份满足感是外人无法体会的。在她和懂旧物的人心中，她用的不是一只碗、一只锅、一盏灯，而是在与时间对谈，与过去未曾经历过的世界沟通，这些有着时光印痕的旧物，也满足着她对已逝世界的好奇之心。

不过，在生命的最后几年，她收集东西没有之前那样狂热了，不是十分喜爱的东西，她看看也就罢了。她在给朋友写的信中说：

近来我不太收集东西了，总觉得，多收多藏，到头来人走了也带不去。

不过，她又说：

一个人什么也不要，也不求，人生有什么好玩？

她所钟爱的银饰

三毛淘的东西很杂，来自世界各地不同国家、不同城市，种类也五花八门：印第安人的手织布、十字架；西班牙的陶瓷罐、彩瓶、彩盘；印度的挂毯；中国的刺绣裙子、瓷碗、陶罐、铜器……三毛爱美，在她收藏的老物品中，首饰也占了很大一部分。

在众多的首饰中，三毛又最钟情银饰，银饰是最多、最精彩的一部分。她拥有各类镶嵌彩石的项链、手镯、脚环、挂锁、挂坠、别针等银饰，它们大都来自南美洲的小商贩、大加纳利岛的杂货摊、西雅图的古董店，以及台湾的小镇、香港的街边……其中，又以南美洲的居多，三毛一路走来，一路买，只看它们的来路——秘鲁的老别针、墨西哥的脚环、撒哈拉的项链……便可想象到它们的神秘和风情万种，也可以看出，拥有它们的是位行遍了千山万水的人。

三毛对于银制品（不一定是银饰），总有难掩的温情和小心翼翼，每件都会带回家先用擦银粉擦一遍。她在书中写过得到一件心爱银制品的情形：

用擦银粉略略擦一下；不给它太黑，也不能太亮。玩着这安静的游戏，即使在无人的深夜里，眼前呈现出来的，就是那片拉巴斯的旧区域，那些红红绿绿的印第安人，在我的客厅里，摆满了摊子，喧哗的市声也传入耳来。

对于所有的银器、铜器，她都有自己的赏玩心得，她总是强调"一定不要擦太亮"，亮晶晶的东西会给人肤浅的感觉。日本唯美派代表作家谷崎润一郎在《阴翳礼赞》中写道："西洋的纸、餐具什么的，都是亮晶晶的。闪亮的东西让人心神不宁。而东方的纸和餐具，以及玉，都是呈现一种润泽的肌理，其中蕴含了岁月的沧桑。"谷崎润一郎所说的西洋的纸和餐具指的是西方现代的快速商品，而古老的物品，无论东西方都会有一些岁月沧桑的美感，三毛追求的或许就是这样的美感吧。

她的首饰和衣服就像她的家居用品一样也都不是来自大商场，以她的性格、喜好，是不肯去百货商店买当季流行的衣服和饰品穿戴的。她说过，"太精细的东西我是比较不爱的，可是极爱产生它们这种饰物的那个迷人的时代和背景。"她结婚时，大概父母有询问她关于结婚戒指的事情，在一封家信中，她写"钻石与我身份不符"。那时，她住撒哈拉，除了经济方面的考虑，她的气质也与粗犷的当地饰品更搭，钻石的确与沙漠格格不入。所以结婚时，她最隆重的饰品便是一条撒哈拉威人的"布各德特"项链，她最宝贵的首饰也是这条"布各德特"。这条"布各德特"常常出现在她的照片中，从早期在沙漠生活到她回台湾生活时期，都有看到她佩戴它，跨越了十几年的时间，照片里的人也历经了沧桑，从之前的浓密长发女子变成了鬓角染了些许白霜的妇人。

三毛最宝贵的饰品都与荷西有关——除了结婚当日佩戴的这条"布各德特"，还有结婚纪念日荷西送给她的手镯，他连续三个结婚纪念日，每年送一只从撒哈拉威人手中"求"来的镯子。那三只手镯，有两只尺寸大一些的，一只尺寸小。三毛会把这三只一起戴，先戴两只大的，再在最外面戴上小的，这样大的那两只也不会从手腕上滑走。

三毛的每样首饰，都不是在柜台上交了钱便请柜台小姐打包带走的那种用于讨好自己的奢侈品，其背后总有情谊的连接，它们总脱不了爱情、亲情和友情。除了那些与荷西有关的首饰，还有一些饰品也是她很

世间始终你好

看重的，她所看重的物件往往都与"人"有关。

其中有一条来自西雅图的项链，更准确地说，是来自阿富汗。

那是20世纪80年代，荷西已去世，她独自去美国西雅图的一所大学进修。三毛一直不太喜欢美国，大概是她生活过的几个美国城市都太现代化。三毛天性喜欢原始、朴素的地方，在撒哈拉、大加纳利岛那种人心单纯的地方居住惯了，就会对大都市产生抗拒之心，即便是家乡台北，在最初回去的那几年，她也是很不适应的。所以对于美国大城市那种人与人之间交往的功利性和冷漠，她一直不太习惯。20世纪70年代时，她就曾在美国生活过一段时间。那时也是在上学，寄居在一对中年夫妇的家里，最初那对老夫妇对她很好，她也很受感动，但有一天在饭桌上，那对老夫妇向三毛"宣布"，他们想认三毛做女儿，并说等他们死后，财产都归三毛，但条件是，三毛一辈子都不能离开他们，甚至不能恋爱结婚，要一直留在他们身边照顾他们。也就是说，他们想用金钱来买下这个中国女孩后半生的自由。三毛对他们的行为很是生气，并且他们那种自信不会被拒绝的态度也令三毛恶心了起来，那顿饭没有吃完三毛便离开了这对老夫妇。大概从那时候起，她对美国的印象就不是很好。这次她来美国读书，又遇到了气场不合的人。有个教艺术欣赏的教授不喜欢她，原因是教授举例介绍的名画、艺术品中，很多是三毛在博物馆中见过真迹的，所以她总是积极表达自己的看法。但这个行为却惹得那个小心眼的教授不开心。有一次，在三毛说了一些艺术家的名字之后，对方深深地看了她一眼，非常不满意。这一个眼神之后，三毛在一篇文章中写道：

完啦，小小的西雅图，有人容不下我。

同学之间也是礼貌得很冷漠，走得近的也仅有一两位。她也渐渐知道了，在美国生活，要收敛一下往日的行事风格，不能像在撒哈拉、西班牙、大加纳利岛上那样了。

因为这种种的经历，她是不喜欢美国的。提到美国，她曾说，如果非要让她在美国选一个地方生活，她唯一愿意去的只有缅因州。大概是因为缅因州最早是印第安人居住的地方，三毛在南美洲旅行时，一路上与许多印第安人打过交道，那种人性的善良、质朴让她很感动、很难忘。她也常常被误认为是印第安人，所以对那里三毛有种无以言说的亲切感。不管在哪里都有一大帮朋友的三毛，到了美国却交不到朋友。那时候，她除了上课，很多时间都交给了电视机和一家杂货店。

这个杂货店开在西雅图街边一个很不起眼的地方，店里卖一些从阿富汗、印度来的衣服、饰品等。三毛第一次走进这家店铺时，店主正一边整理店里的东西，一边懒懒地用阿拉伯语"沙拉麻里古"跟她打招呼。三毛听到这句熟悉的招呼，心里泛起一丝柔情，因为在大概十年前，她在撒哈拉居住时，常常用这句话跟撒哈拉威人打招呼。现在，在讲英语的美国再次听到这句熟悉的问候时，她也自然地回了一句"沙拉麻里古"，店主听到她的回应也惊得停下了手中的活儿，就这样，三毛认识了店主哈敏。哈敏来自阿富汗，一个人在西雅图开店，太太、孩子们都留在阿富汗。

世间始终你好

哈敏总是懒懒的，对生意也没有很用心，他不回国办货，而是从一个美国人手里批发自己国家的东西。熟悉起来后，三毛便说他——

"哈敏你不积极！"

"够了！"

"首饰不好看。"

"那是你挑剔呀！"

"这样不能赚钱。"

"可以吃饱就好了啦！"

两个人之间总是这样简单又懒懒地对话，在功利又不友好的西雅图，遇到哈敏这样有"禅意"想法的人不多，所以三毛常常去他店里聊天，有时候也会帮他的女客人试穿衣服，哈敏成了她在西雅图为数不多的朋友之一。不过，因为哈敏卖的东西在三毛眼中都太普通，所以三毛也没有买过他任何东西。

就这样，半年过去了，三毛完成了在西雅图的学业，准备回台湾。临行之前，她去哈敏的店里与他告别，哈敏还是那副懒懒的、事不关己的样子，直到三毛说了几遍"要走了。我要走了"，他才慢慢坐起来，在一个盛满私人衣物的大铁箱里掏了半天，掏出一条项链。三毛只看了一眼便被惊艳到了，那是一条宽宽的波斯风情颈饰，上面缀满了圆形的银片，并镶了一些彩色宝石。三毛一边惊呼为什么这么好的东西不早点给她看，一边在心里对自己说，这条项链无论多少钱都要买下。哈敏说，那是他妻子的项链，他想要送给三毛留作纪念。三毛要付钱，他不要，并一再跟三毛说："这是我妻子的。"几番推让，三毛还是付给了哈敏

100 美金。哈敏最后还对三毛说："不要忘了，它是我妻子的哦。"

三毛有一张比较知名的照片，照片中的她穿着一条南美洲风情的大红色长裙坐在椅子上，黑色的长发梳成中分绾在脑后，目光沉静地注视着镜头，她的颈上戴着的便是这条项链。这一身装扮的照片还有另一张黑白版本，是一张侧脸头像照，眼神放低望着前面不远的地方。繁复隆重的项链与她的沉静面容形成一种反差，无意中成了她内心的映照——无论历经了什么样的人生，内心深处始终如这条项链，是绚烂、翻腾的。

还有一条银锁也是三毛比较珍视的，因其关乎友情。

那次是在香港，金庸的夫人 May 和倪匡的夫人李果珍陪她一起逛古董店。三毛看中一条写着"长命百岁"的银锁，却因价钱太贵而放弃，她觉得"花太多的钱去买一样心爱的东西只为着给自己欣赏，是舍不得的——除非它不贵"。但又因放弃而后悔，在另一个柜台买了一条价格便宜一点的意大利银链后又回头来找刚刚那条银锁时，却被店员告知，已经卖掉了。只一个转身就与那条银锁擦身而过，三毛很失望，但也是没办法的事情。买完银链后，May 和李果珍送三毛回住处后，在离开前最后一刻，May 突然变戏法一样拿出那条银锁送给三毛，给了三毛一个巨大的惊喜。原来，心细的她们看到了三毛在端详银锁时那种向往的神情，便趁着三毛去买另一条银链时，偷偷买下了银锁。这件事让三毛大为感动，这条银锁也是她常常佩戴的一条。

除此之外，三毛还有很多充满故事的"饰品"。比如，三毛第一次离开台湾去西班牙求学时，母亲送给她一条坠着"福"字的金项链，希望它能保佑离家的三毛在外一切顺利，这也是她人生第一条贵重的项链。再比如，三毛有位远方的伯母，听说三毛喜爱古旧的东西，回家翻箱倒柜，找出了从祖国大陆带到台湾的几枚银丝别针送给她。

父母的疼爱、朋友的友爱、爱人的宠爱，这些细微的情谊都包含在首饰里，送首饰的人希望拥有它的人美丽，是被神灵保佑的。这些情谊都被她一并珍藏了起来。

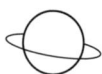

三毛的衣柜：
一生不爱黑色

「通常我与人第一次见面，都会记得对方的穿着打扮。」

——林青霞

穿衣是表达生活态度的一种方式

一个人，如果穿了某种风格的衣服，染了某种颜色的指甲或戴了某种风情的饰品，你便可以由此找到她性格的线索。如果她穿得太普通，以至于到大街上也不能一眼被认出来，而且她身上也没有什么特别的装饰，那么，你从她外形上什么也看不出来，不知道她喜欢什么，厌恶什么。

女作家是一个穿衣品位很不稳定的群体，中国的女作家这么多，在穿搭上给人留下深刻印象的也不算太多，张爱玲和三毛应该是风格最强烈的两个人了。张爱玲是夸张的、旧日上海的，三毛是粗犷的、异域风情的。

三毛那种热爱自由、不喜被束缚的性格一部分是通过她的行为、文字表达出来的，还有一部分是通过她的服饰展现的。她穿搭最闪亮的一次登场，是年轻时在西班牙。那是她决定去沙漠跟荷西结婚之前，还在马德里生活的时候。那一天，是马德里最大的春季服装表演日，三毛因为采访过西班牙环宇贸易公司的董事长萨林纳先生（Migue Salinas），并与他很投缘，所以得到一张入场券。那阵子她因为刚搬回西班牙不久，正为寻找住处忙得不可开交，所以也未细细打扮。那天晚上，三毛梳了一个中国宫女的发型，穿了一条白布长裙，披了一件从楼下太太那里借的貂皮小外套就去了。到了表演的场地才知，那是个有着上千人参加的大型酒会，并且来参加的人都是西班牙的明星、模特和商界的重要人物，全场只有十几个中国人。到场后，萨林纳的公司因为同中国台湾有生意往来，所以他临时安排了一个特别节目，让三毛和另一位中国女孩上台走秀。

当三毛进入化妆间准备化妆时，那位被邀请来为职业模特化妆的化妆师问她，头发是在哪里做的。三毛告诉他，是自己用了五个卡子别起来的。化妆师觉得好看，所以一动也没动，连衣服也没有给她换。那晚，三毛就穿着自己的白色长裙、顶着自己梳的发型走了秀。

那场走秀在全欧洲的电视台直播，她们出乎意料地成为全场的焦点。当这两个中国女孩走上T型台时，全场掌声雷鸣，所有的摄影机都把镜头对准她们。直到她们走完秀下了T型台，摄影机还一直追逐着她们的脸，闪光灯在她们眼前不停闪烁，她们的东方风情成功俘获了现场西班牙人的心。活动的主办方——全西班牙最大连锁百货的老板上台亲吻三毛，祝贺她，感谢她，并告诉她以后在他旗下的连锁店买东西可以享受八折优惠。一位穿着绅士、体面的中国台湾老爷子因为她们大受欢迎而激动，走过去对三毛说："好孩子，我想亲亲你，你是我们中国的钻石。"

亲完，他竟流泪而去。

这次在异国因为个人的魅力而征服全场，是三毛始料未及的。她很兴奋，写家信跟父母说这件事情：

走出后台，回到前台，观众不顾报幕，闪光灯转向我们，又大声喝彩，电视拉近镜头照到我全个脸，我微笑挥手，坐下来……我是一个乡下女孩，从来没有上过电视，没有见过如此场面，一件白布长衣打了一场胜仗。

大概因为白色长裙曾为她带来过超高的人气，在她的照片中，常常会看到白色长裙的影子。她在1981年被邀请担任金钟奖颁奖嘉宾时，穿的也是白色长裙——一件轻波西米亚风的白色长裙，配一双绑带凉鞋。除此之外，三毛还有一张著名的白裙照片，照片中的她，穿着一条缀有日月星辰暗纹的白色长裙，颈上佩戴一条"布各德特"，赤着脚，挟裹着风沙，迎面走过来。她抬起一只手扶住被风吹乱的长发，宽大的袖子滑落至手肘，裙角纠缠在小腿上，背后是一片茫茫沙漠。这张照片，大概也是最"三毛"的一张了。

三毛喜欢穿宽宽大大的衣服，你永远都不会看到她穿紧紧的、窄窄的衣服，或是百货公司售卖的成套的洋装。除了觉得身体受束缚之外，三毛觉得它们有着"兵器很重的防御味道"。在一篇文章中她写道：

我喜欢穿着的布料偏向棉织或麻织品，裙子不能短，下幅宽一些，一步一跨，走起来都能生风。那种长裙，无论冬天配马靴或夏天穿凉鞋，都能适合。至于旗袍、窄裙，大概一辈子都不会去买——它使我的步子迈不开，细细碎碎地走路，怪拘束的。

无论做事还是穿衣打扮，她都不喜被束缚，一定要有可以大步走路的利落感。

三毛也不喜欢沉闷，一生不爱穿黑衣。她标志性的穿衣风格是波西米亚风。波西米亚服饰有着强烈的存在感，浓烈的颜色、大摆长裙、蜡染印花、流苏、手工细绳结、刺绣和珠串，都是波西米亚风格的经典元素。波西米亚风源于以游荡、流浪为生活方式的吉普赛人的穿衣风格，而吉卜赛女人神秘、难以捉摸、不羁，她们大都会占卜，仿佛可以参透命运，所以一生按照自己的方式生活。她们是不会选择过精致奢华生活的女人，她们是性感的流浪者——那种随意的小野猫样的性感。《美国大学辞典》将"波西米亚人"定义为具有艺术思维倾向的人，他们生活和行动都不受传统行为准则的影响。

波西米亚风的随意和缤纷与三毛的性格是非常配的，她也常常一不小心就跑出轨道之外。她在一篇文章中写道：

我在这个世界上，向来不觉得是芸芸众生里的一分子，我常常要跑出一般人生活着的轨道，做出解释不出原因的事情来。

从青春期的退学、休学，到一个人远赴西班牙读书，之后又去了环境恶劣的撒哈拉生活，又一声不吭地结了婚……没有一步是沿着大多数人的轨迹进行的。这样的她与波西米亚风的衣物便更好地融合在了一起，穿出了非常合拍的风情，像舞步刚好踏在鼓点上。三毛的波西米亚风属于轻波西米亚风，这是她年轻时最常见的穿搭风格，轻波西米亚风少了很多繁复的元素，"鲜艳、宽摆、印花、长裙"这些精髓都有了，更适合日常穿着。在西班牙念了四年书后，第一次返家时，她就穿了一条长袍配了一些叮叮当当的小饰品。

除了裙子之外，牛仔裤也是她的最爱，自年轻一直穿到中年——她也只活到中年。她常常会把牛仔裤同白衬衫搭配着穿，她的姐姐说："她总能把蓝白两个颜色穿得很美丽。"在撒哈拉居住的初期，她常常去沙漠深处旅行，或者去居住的小镇中心为她的"沙漠之家"置办各种家居物件，这种情况下，穿牛仔裤是最利落的。在那样的环境里，太娇气的布料不行，那里又是个男权的社会，牛仔裤也是安全的。当她在沙漠里穿起长裙时，通常是在家里招待客人，作为女主人不能穿着太随意，而长裙看起来隆重一些，仪式感强烈一些。

三毛也很看重鞋子，她对鞋子的要求是一定要舒适。她说："舒适自然的打扮，才是对个人生命最大的认知和尊敬。"少女时期，过年时，母亲给她买瘦瘦窄窄的小洋皮鞋穿，把她打扮成小淑女的样子，令她觉得非常难受，一有机会就脱下来。她最爱的鞋子是球鞋和凉鞋，因为舒适。她不喜欢穿高跟鞋，她叫高跟鞋为"百步鞋"，因为穿着那样高的鞋走不到百步就要发脾气。

球鞋是她自小一直穿的鞋子，因为舒适，不愿意舍弃。凉鞋——那种只有几根简单带子绕过脚面的宽松凉鞋是她的最爱，她在16岁以后才拥有这样一双凉鞋，她说这种凉鞋："真是自由的象征，我跟它相见恨晚，一见钟情，这样的东西踩在脚下，一个人的尊严和自由才真正流露了出来。人生自然的态度，生命的享受，竟然因为简简单单的脚下释放，给了我许多书本里得不到的启示。"

　　谈到穿衣，张爱玲说："个人住在个人的衣服里。"
　　一件衣服穿到身上你觉得不好看，多半不是衣服的问题，是人的问题，不好看的原因可能是你穿了"别人"的衣服。一个人能穿对衣服不是件容易的事情，即便是有专人打理形象的明星，也常常穿得不伦不类，像是穿着"借来"的衣服。我们可以通过交谈、相处等方式互相交换感情，去寻找一个精神上匹配的人做朋友，可是衣服不会说话。但也许，它只跟会用心的人说话。一直以来，三毛都是肯花时间在买衣服上的，每个穿衣精彩的人都有迹可循。她喜欢南美洲一种叫蹦裘[10]的衣物，早些年也买过几件，但都被朋友要走了。后来她去南美洲旅行时，坐公路小巴一路颠簸去一个地图上都找不到的乡下市集，就是为了远离游客区，买"最当地"风情的蹦裘。
　　她说："坐公路车颠几百里去买衣服也只有最笨的人——而且是女人——会做的事情，不巧我就有这份决心和明白。"

　　她回台湾居住时，父亲觉得她衣服太少，总催着她上街买衣服。父

---

　　[10] PONCHO，三毛译为"蹦裘"，南美洲国家一种像斗篷的衣服。事实上它们只是一块厚布料，中间开一个洞套在脖子上。

亲的心思其实是想让她穿一些与台北这个城市更搭配的衣服，长辈总是欣赏不了晚辈的衣物。不过，那时的她依然不喜欢去百货商店，依然喜欢淘。她曾经说逛百货公司这种事太空虚，她是夜市里站着喝爱玉冰的人。有一次她逛古董店的时候，遇到一条中国古裙，那是一条桃红色的外裙，中国古代的大家闺秀会在这样的外裙里面再穿一条质地柔软垂至脚面的内裙。当她把这条裙子拈在手中的时候，忽然像置身于大观园，看到了林黛玉穿着这条裙子临风而泣的场景。三毛一生挚爱《红楼梦》，她觉得那条裙子是林妹妹遗落在人间的衣裳，于是当即决定买下来。她说，有了这条裙子后，整个夏天都鲜艳了起来。因为那时候，她已经很少穿艳丽的衣服了。荷西去世后，三毛便脱下了她那些艳丽的衣服，收起了她的风情，她说："不再在白日将自己打扮得花枝招展，因为我很明白，昨日的风情，只会增加自己今日的不安全，那么，我的长裙，便留在箱子里吧。"这条裙子让暗淡了几年后的她忽然有了颜色。她后来穿着这条桃红色古裙去了欧洲，在大街上常有欧洲的女人追着她问裙子是从哪里买的，并拈在手上细细欣赏上面的刺绣。

她的衣服，看似来自各个国家、各个民族，实际上却是自成一派的。

留学期间，她常常穿着大长裙，同女伴们结伴去看歌剧至深夜。去撒哈拉沙漠时，随身带了两张照片，有一张便是那晚看歌剧时的穿着：穿了长礼服，披了毛皮的大衣，头发梳上去，挂了长的耳环，正从柏林歌剧院听了《弄臣》出来；另外一张是在马德里的冬夜里，跟一大群浪荡子（女）在旧城区的小酒店唱歌、跳舞、喝红酒，照片上的她非常美丽，

　　　　　　世间始终你好

长发光滑地披在肩上，笑意盈盈。

在撒哈拉，她偶尔也会穿着撒哈拉威女人的蓝色长袍子，去她们的帐篷里玩。

在南美洲，她披着当地的蹦裘，同当地人一起挤小巴士去赶市集。

在台北的时候，她的朋友忆起某次她演讲时的装扮：

三毛盘起长发，橘色棉衫，搭配淡蓝色牛仔裙，系上咖啡色的凉鞋，古铜色的耳环晃动，手镯随着语言动作在空中叮当叮当响起，像极从辽远沙漠中走出来的女子。

她的穿衣风格在这些情境中自由转换，但又没有跑出她自己的范儿。

我最怕看到一个穿衣精彩的女人，有了一定的身份地位后，便穿些无趣或者夸张的衣服，比如，一整套的绣满了花花绿绿、夸张图案的中国风服装，或者中规中矩的服装。少女时期的犀利、见解跟对衣服的品位和热爱统统不见了。好在三毛在40岁以后还是肯在衣服上花工夫，装扮还是令人耳目一新。

有一次，她担任台湾首部大型音乐舞台剧《棋王》编剧，与负责歌舞编排的弗劳伦斯·华伦见面开会，对方也是个会穿搭的美丽女子，两人一阵寒暄。她一低头，看着自己的打扮："毛衣上织着——'堪萨斯城·美国'几个大字。那条清迈的项圈安安稳稳地贴在圆领衣服上，下面的牛仔裤买自士林，长筒靴来处是西班牙，那个大皮包——哥斯达黎加，那件大外套，巴黎的。一场世界大拼盘，也可以说，它们交织得那么和谐又安然，这就是个我吧。"

说这话的时候，她大概 43 岁。在穿衣打扮上，她一向很懂自己。衣服和鞋子是一个人主权的宣示。随着年龄的增长，面容可以暗淡下去，但衣服和鞋子不能暗淡。

可是，这样一个爱美的她，离世的时候，却只穿了一件红底白花的睡衣。这是任谁也看不透的。她姐姐说："她其实是个相当注重整齐、漂亮的人，从不愿意以睡衣示人，连在家看她穿睡衣的时间都不多，怎么会穿着睡衣离世？"

审美趣味是寻找同类的线索

穿衣打扮不但是表达自己独特生活态度的方式，也是寻找同类的一条线索。

人与人之间常常会因为审美趋向的一致而成为朋友，甚至是恋人，这往往是一条隐藏的线索。在伍迪·艾伦的电影《午夜巴黎》里，男主角送给他的未婚妻一条月光石项链，她收到后没有做出回应，也从来没有戴过它。直到有一天，他们因为别的事情发生了争吵，她忽然把愤怒都转移到那块月光石上了，她激烈地讽刺它过于朴素。其实在收到这样不合心意的礼物时，她心中的不满已经攒下了，因为她是喜欢钻石、珍珠的女人。喜欢月光石或喜欢钻石都没错，因为每个人都有一套自我的审美体系。这个小细节让观众知道，男主角在这段感情里是孤独的，是没有得到回应的，他生命里真正的女主角还未出现。或许，他现在的未婚妻是漂亮、独立的女人，并且就要成为他的妻子了，但不是对的那个人。审美趣味和喜好的不同可以反映出性格、行为上的差异，情侣间因为审美的不同可以衍生出很多问题，一些小矛盾很快就会接踵而至。譬如在日常生活中，他喜欢隐匿在街角的小酒馆，她却喜欢参加高端的红酒会；下雨的时候，他想要淋着细雨慢慢走一段路，她却拦了一辆出租车急匆匆赶回家；他喜欢逛售老唱片的店铺，她却只喜欢逛香奈儿……如果两个人又都有强烈的个人意识，不会彼此妥协，那么痛苦是避免不了的。好在，电影的结尾，男主角与未婚妻分手后，遇到了一个巴黎女孩。他们喜欢同一张老唱片，都喜欢在雨中散步……相同的品位，相同的爱好，两人一拍即合。

　　一对关系好的情侣，审美的趣味往往会越来越统一。在这方面，荷西与三毛几乎是一致的。荷西送给三毛的礼物，都很得三毛的心，几乎是荷西觉得好看的东西，三毛也觉得好看，他们俩很少出现"甲之蜜糖，乙之砒霜"这样的分歧。在穿搭上也是如此，两个人在一起的时间久了，随便抓起一身衣服穿上，不用刻意去制造出情侣装的效果，都会有情侣装的味道。两个人都钟爱牛仔裤和粗麻类的衣物，有时候，他们的衣服还会混在一起穿。有一阵子荷西因为过于劳累，瘦了很多，就常常穿三毛的牛仔裤。

　　不仅情侣，朋友的关系亦是如此。有一年，三毛去马德里看她学生时代的朋友——当年那些一起穿着长裙戴着夸张耳饰结伴跳舞、去看戏剧的朋友们。那时她们都已结婚生子，过得也都幸福，也依旧美丽，只是脚上的鞋子失去了往日风情，三个人不约而同都穿了同样的半高跟素面鞋。三毛是有些失望的，这种失望难以名状。虽然大家还是热情依旧，但她知道，内心深处一些东西改变了，他们会渐行渐远，慢慢淡出彼此的生活。

不记得是谁说过，那个年代——20世纪80年代，台湾最适合穿波西米亚风的女人只有三个：三毛、齐豫、潘越云。三毛在一篇文章中写道：

对于某些女人来说，墨西哥风味的衣饰可能完全不能适合她们。可是在台湾，就齐豫和我来说，这种民族风味的东西，好似是为我们定做的一样。

她们三个人的性格也与波西米亚风所展现的性格很像，都是属于那种自由、不羁的女人，气质也有些相似。她们的性格很潇洒，虽然处在某个中心被人们所关注，但又与这个中心很疏离，好像随时都可以隐退。

无论是波西米亚风还是民族风都很挑人，一个长相很"城市"的姑娘是撑不起这种风情的，需要有独特气质的人才能与之般配。看三毛、齐豫、潘越云，她们的脸明明都是中国女人的脸，可是当她们穿上那些不同民族的服饰时，也不太有违和感，特别是南美洲那些国家的衣物，比如宽大艳丽的披肩、飘逸的裙子，在她们的身上都相得益彰。她们三个人的脸都不是中国传统审美意义上的美女，但都有一种异族的风情与味道，那是一种小女生所没有的风情。汉族的女人大都面容柔和，南美国家的衣服风格，一般的汉族女人是撑不起来的，需要有一定的年纪和

世间始终你好

阅历的支撑，才能穿出它们的风情。

对于三毛来说，那些年的沙漠、旅行生活，给了她一张有故事的脸。像她这样的女人，不会去想开开眼角、去掉小雀斑这样的事情，那些面孔上的不完美反而成为她的标志，特别是在撒哈拉沙漠生活之后，三毛甚至不太在意皮肤状况，任由皱纹爬上脸颊。

相似的灵魂总会相遇。

这三个前半生没有任何交集的女人，在人生的某个节点相遇了。

1979 年，刚踏入音乐圈一年的齐豫，便很幸运地遇到了三毛作词的歌，就是那首大家耳熟能详的《橄榄树》——

不要问我从哪里来

我的故乡在远方

为什么流浪

流浪远方 流浪

为了天空飞翔的小鸟

为了山间轻流的小溪

为了宽阔的草原

流浪远方 流浪

还有 还有

为了梦中的橄榄树 橄榄树

……

三毛传　　　　　　　　　　　　　　　　　　　　- 1 7 7 -

那时候，齐豫22岁，她也是三毛的读者。当她知道唱片公司为她制作的专辑主打歌歌词是三毛写的时，内心很是雀跃，带着一种小书迷的心情去演绎。这首歌后来成为她的代表作，甚至成为她的符号。也因为演唱这首歌，她好像化身为三毛的代言人，大家提到齐豫的时候，会觉得流浪的那个人是她。不过，她和三毛还是有诸多不同之处，她们一个是心灵的流浪，一个是脚步的流浪。齐豫说："真实的我只喜欢坐在家里看书，听音乐，研究我感兴趣的东西。我和三毛年龄差了十来岁，我没有她那么勇敢和冲动，即使出门也要犹豫半天。"很多年后，对于命运这样的安排，齐豫说，这是一个美丽的巧合。

　　不过，齐豫第一次见三毛时，印象并不好，她觉得三毛"声音细细尖尖的，很造作"，与想象中的不一样。但当她们接触久了，齐豫发现："她的性格像男性，是个很主动、很独立的人，但感情却又超级的感性、细腻。"她们都同样喜欢中国古典文学，都很迷恋《红楼梦》，穿衣风格也很像，于是惺惺相惜起来。

　　到了20纪80年代中期，另一个适合穿波西米亚风的女人——潘越云也出现了。机缘巧合之下，她们三个人共同创作了一张音乐专辑——《三毛作品第十五号——回声》。这张唱片由三毛亲笔写下的十二首歌词串联起她半生的故事，组成一张完整的音乐传记，然后由三毛念旁白，齐豫和潘越云演唱。三毛曾说过，她的生命中有两个好朋友：一个是天使，一个是埃及艳后。天使就是齐豫，埃及艳后则是潘越云。为了这张专辑，她们常常聚在三毛家里昏天黑地地聊天，进行灵感碰撞。那时候，潘越云常常拿着三毛的一只旧碗代替烟灰缸，一边抽烟，一边听三毛讲她的撒哈拉故事。这张专辑的创作过程，相当于把三毛的一生都翻出来细数了一遍，齐豫和潘越云共享了三毛很多隐秘的情愫。对于她们每个人来说，那都是一段很难忘的时光。

三毛去世后很多年，在一次演唱会之后，记者问齐豫与三毛有关的问题，齐豫说："直到今天我在演唱这些三毛歌曲的时候，三毛的音容笑貌还会涌现在我眼前，那些往日的场景让我唏嘘不已。"

潘越云回忆起三毛时说："她是一个感性的人，心很细，总讲很多故事，如非洲撒哈拉沙漠的见闻，如何邂逅荷西等，对我们来说，就像书中的主角走了出来。她也收藏了很多流浪时的'战利品'，其中一个碗现在都完好地保存在我的家里，我拿来放很漂亮的干燥花。她只送给我，没有送给齐豫（笑）。她很喜欢我，在她的书《我的宝贝》里还提到我。她会探视我的内心，当时的我很安静，三毛会突然指着我说'你看她坐在那就像一幅画一样'，过一会儿又笑说'你前世一定是埃及人'。"

对于她们三个人的关系，三毛曾这样写道：

她和齐豫，加上我，曾经是共同谱作心灵旅途的朋友，而今竟怎么也变成了一种比路人略略多了一些的情形风景，在生命中如此简单地穿过，没有留下太多不自然的情节。我觉得我们三个人，好棒。

三毛传

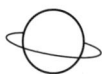

三毛的厨房：
爱人不是在身旁，就是在回家的路上

「清风明月都该应是一个人的事情，倒是吃饭，是人多些比较有味道。」

——三毛

三毛不喜欢做家务活。好像很多女作家都不喜做家务，之前，我写一本林徽因的传记，她也对做家务深恶痛绝，觉得做家务活的时间可以创造出更多价值，不愿意将时间浪费在上面。我好像没听说过哪个作家喜欢做家务，只听过一些作家、编剧朋友们说，他们只有在写不出东西的时候，才会不停地打扫房间的角角落落，最后实在无事可做了，才不得不坐到电脑前开始写作（我却连写不出东西时都不愿意去打扫，只是呆坐着与电脑尴尬对望）。

在所有的家务活儿中，三毛唯独对煮饭感兴趣。儿时，三毛在厨房看母亲做饭，她用几片洋葱、几块肉就可以做一盘美味出来。站在一旁观看的三毛觉得，那真是一种奇妙的艺术。

三毛一个人生活时，吃得极其简单，她最不喜欢把钱花在"吃"上面。在国外读书当穷学生时期，她常常只用一块面包和一瓶水撑过一天。

有时候，长辈出差到西班牙，请她吃顿豪华大餐以犒劳在异国苦读的她，她觉得那么多钱用在"吃"上太浪费了，会偷偷告诉母亲，某位伯伯如果能把吃饭花掉的钱直接送给她就更好了，她会把这笔钱花到其他方面，那时，她最肯花钱的地方是买书。

三毛的很多行为都是超前的，内心却有很古典、传统的一面。当她决定与荷西结婚后，她想要在时间上晚一点儿，因为她想在婚前有足够多的时间可以一个人去沙漠深处旅行，去体验撒哈拉威人的生活。因为她觉得结婚后就不能像以前那样东奔西跑了，要以照顾荷西为主，至少要把先生的饮食给照顾好——一副"甘做人妇"的小女人心态。

三毛真正挽起袖子下厨做饭是从撒哈拉开始的，虽然在撒哈拉之前，三毛也煮过中国菜给荷西吃，但那时候，他们生活在大城市，食材、调料都比较容易买到，但在撒哈拉，这一切都要从头置备。她最开始做的饭常常失败，她在给母亲的信中写道：

前天试做羊肉，鱼煮大蒜和葱，不能吃。但非洲只有羊肉（鱼荷西去海边捉，都是一人高的大鱼），中国字"鲜"就是羊肉和鱼一起煮。天哪，我要吐了。

看起来她用的都是好的食材，可能是因为调料和经验的不足导致的失败吧。后来，三毛的妈妈便给她寄了很多中国食物和调料，粉丝、紫菜、冬菇、方便面、猪肉干等易保存的中国干货被打包成一个个航空包裹飞去撒哈拉。三毛家庭主妇的角色扮演得越来越得心应手，她把很多心思都用到了厨房里。那阵子，三毛连续几日为荷西做不同的中国菜吃，单单一种粉丝，三毛就把它们做成"鸡汤煮粉丝""蚂蚁上树""粉丝盒子饼"三种菜。对中国菜一窍不通的荷西，每次吃都要问一遍这是什么。三毛一看他对中国食物这么一窍不通，便捉弄起他来：鸡汤里被煮得细软的粉丝，三毛告诉他说，那是春雨——"是春天下的第一场雨，下在高山上，被一根一根冻住了，山胞扎好了背到山下来"；"蚂蚁上树"里面油炸过的粉丝，三毛告诉他说，那是钓鱼用的线……当荷西吃到"粉丝盒子饼"里混在肉馅中被切成一小段一小段的粉丝时，以为自己吃到的是鱼翅，他激动地对三毛说："以后这种很贵的鱼翅膀，请妈妈不要买了，我要去信谢谢妈妈。"三毛听到后笑得躺到地上。

荷西这个西班牙人没过多久便被三毛生生培养出一个中国胃。他不但爱吃中国菜，还懂得鉴赏中国菜了，再后来，欧洲餐馆里做的黏糊糊的中国菜已经糊弄不了他了。等那些中国菜吃得差不多，又开始吃西式的牛排、面包的时候，荷西反而感到很失落和不适应。即便吃着在沙漠里昂贵的牛肉，他也总期待三毛再下一场"春雨"解馋。

三毛不但做中餐，还做日式的寿司卷。荷西第一次吃到寿司卷的时候，以为外面包米饭的紫菜是复写纸，不肯下口。三毛一看他这么笨，便又忍不住捉弄他，一本正经地对他说："那是复写纸的反面，不会染到口里去。"一边说一边挑衅地吃了一个又一个，直到荷西忍不住也夹起一个，一口咬下去，才知道又被骗了……

三毛与荷西的厨房里总是充满欢乐的。在沙漠生活，得吃饱了才有对抗现实环境的力气。在撒哈拉的时候，她还尝试着做了几次蛋糕，那简直是艰苦生活中的一抹浪漫了。

三毛的厨房里不光只有荷西这位食客，他们常常会请荷西的单身同事们来家里吃饭。三毛曾说："清风明月都该应是一个人的事情，倒是吃饭，是人多些比较有味道。"请朋友吃顿饭，在现在看来是一件鸡毛蒜皮的小事。这些年的中国，物资越来越丰富，吃一顿饭的花销占一个人收入的比例越来越小，不但可以请客人吃中餐，几乎世界上的所有的饮食种类，在大一点的城市都不难找寻。可是，那是在20世纪70年代的沙漠，物资匮乏，连基本的食物都不是很多。撒哈拉威人的日常生活很粗糙，蔬菜也很少，有阵子三毛靠啃胡萝卜来补充维生素。撒哈拉威人最常吃的便是骆驼肉，三毛与荷西不太吃骆驼肉，骆驼是沙漠中的交通工具，吃骆驼肉的心情就跟我们吃狗肉差不多吧。牛肉，在沙漠中是极其昂贵的，也比较少吃。除了那个昂贵的国家旅馆，这里没有什么人把心思用在做饭上。

三毛的很多行为都很国际化，不过在待客方面，三毛是很"中国"的。中国人请人吃饭，总是担心自己准备太少，担心客人吃不饱，不但要吃饱，还要吃得热闹，一定要大快朵颐，轰轰烈烈。三毛就是如此，用荷西的话说，"三毛就是这样，大手笔，每次弄吃的，总弄得满坑满谷，填死人。"再加上中国菜吃起来本来就比西餐过瘾，所以朋友们都爱去她家做客，而且三毛从没有让他们的胃失望过。

三毛的好厨艺在荷西的同事中广为流传，传来传去，竟然传到荷西的大老板那里。有一天，他找来荷西，说："公司的同事都去过你家吃饭，我也在等着被邀请，可是一直没有等到。"之所以他们只请同事吃饭，因为同事之间是平级的，如果请大老板吃饭，总是会有些"巴结"的意思，三毛觉得这样做未免太没有骨气。这位大老板也有心思天真的一面，他不但找到荷西说想被邀请去吃饭，还点名要吃"笋片炒冬菇"。已经说到这种地步，荷西只好拜托三毛收起"骨气"请大老板夫妇吃一次。可是，那时，从台湾寄来的笋片早已吃完，不过，三毛不露声色。请客当晚，她精心布置了餐桌——在上面铺了白色桌布，并点了白色蜡烛。桌子上除了大老板点的"嫩笋片炒冬菇"之外，还做了几样别的中国菜。三毛忙碌完，便换下围裙，穿起长裙，在摇曳的白色烛光下，落落大方。四个人对着一桌子中国菜，觥筹交错，宾主尽欢，让人暂时忘却了这是在沙漠。饭毕，临走之前，大老板握着三毛的手对她说，这是他一生吃过的最好吃的"嫩笋片炒冬菇"，还说，公司如果有空缺的位子，希望三毛也能加入。等到送走了大老板夫妇，荷西也大赞刚刚那道"嫩笋片炒冬菇"真是好吃。这时，三毛调皮又若无其事地对荷西说："哦，你是说小黄瓜炒冬菇吗？"

为朋友做顿好吃的饭是三毛表达情感的方式之一，因为三毛说"不爱你们饿肚子"。三毛与荷西无论住到哪里，都会交一大帮朋友，朋友圈像雪球一样越滚越大。三毛请回家的客人，除了荷西的同事们、她的女友们，还有一些无意中邂逅但很投缘的人。

住在特内里费岛时，三毛认识了一位在岛上摆摊的日本手艺人，因为彼此投缘，便与他成为朋友。他远离家乡，一个人在岛上过着居无定所、三餐不定的生活。三毛常常邀他到家中，做一桌好菜好肉，看着他与荷西坐在窗户边吃光一碗一碗的米饭、一大块一大块的肉。

其实，在结婚之前，三毛也是连猪肉和牛肉都分不清楚的女人。结婚后，她在厨房摸摸索索，竟然将做饭这门艺术参透了大半。后来，祖籍南方的三毛还学会了包饺子。在此之前，三毛曾经带着荷西去她的中国朋友家做客，有那么两三次，对方都是用饺子招待他们，当时荷西也没有对饺子有太多的兴趣。后来，在特内里费岛时，有一次，三毛表姐夫的贸易船在这个岛上靠岸，他邀请三毛与荷西去船上做客，并说要请他们吃饺子。见多识广的荷西，已经吃过了两次饺子，所以对饺子有点不以为然。在这时，三毛就觉得荷西果然是对中国文化知道太少了，他不知道，小小一个饺子，其实是可以千变万化的，馅料不同，味道就会大不相同，甚至同样的馅，不同的人来调味，味道也会有很大差别。

可是，饺子一上桌，三毛就被荷西的吃相惊呆了，"饭桌上，却只见他埋头苦干，一口一个，又因为潜水本事大，可以不常呼吸，别人换气时，他已多食了三五十个……"完全忘记了几个小时之前，自己对饺子不以为然的态度。从船上下来之后，荷西还对那顿饺子念念不忘，吵着要吃饺子，不要吃西餐。可是，那时候的三毛并不会包饺子，连面也不会和。她见荷西对饺子如此痴迷，就下决心研究饺子的做法。因为在船上吃过了好吃的饺子，一般的饺子打动不了他的胃了，所以三毛第一次包完饺子后，叫上荷西和她的女友来吃的时候，两个人尝了一口后都客气地对她说"做饭的人功劳最大，应该多吃"之类的话。不肯服输的三毛暗自下决心，不但要会做饺子，还要成为"饺子大王"。那段时间，她尝试做了很多次，从饺子皮到饺子馅都做了改进。三毛在做饭方面还蛮有天赋的，再端上桌时，荷西又恢复到在船上吃饺子的能力了，几十个饺子一扫而光。并且她包饺子的速度也练得很快了，一个小时可以包出一百个饺子，以至于她自信到想在岛上开店卖饺子了。不过，她也知道自己和荷西都不是做生意的料，也只是想一下而已。

三毛做饺子的实力，终于有了一个更大的展示舞台。她在大加纳利岛生活的时候曾在一个大使馆做秘书，但因为她的性格不适合做这么细腻、程序化的工作，所以几个月后，她便临阵脱逃了，不过与之前的女上司一直保持联络。有一次，那位女上司要带大使馆的大老板和同事们到特内里费岛玩，她知道三毛当时居住在岛上，便请三毛为他们推荐一家格调高、味道好的饭店。三毛想，何不在自家用饺子招待他们呢？如开头所述，三毛的招待一向是无比大方和充满情调的。那日，她调了不同的馅，有牛肉、猪肉、鱼、虾，甚至还有豆沙的，她把不同的馅包成不同的形状。当那位女上司带着大使馆的同事们来到她家，看到"满布鲜花的阳台上，长长一个门板装出来的桌子，门上铺了淡橘色手绣出来滚着宽米色花边的桌布，桌上一瓶怒放的天堂鸟红花，天堂鸟的下面，一只只小白鸽似的饺子静静地安眠着"时，她动情地说："三毛，今天你为我所做的一切，我一生都会记住。"

包饺子比做其他中国菜都更具有仪式感，它代表着团聚和对时光流逝的提醒，中国隆重的节日都离不开它。过年时，一家人围坐在一起吃饺子的时候，它会提醒你，一年的时光已经过去了，你要珍惜还拥有的时光。比起炒菜的嘈杂、炸裂，包饺子的过程是很安静的，也是需要家人协助的。而两个人，你擀皮儿，我做馅儿，然后坐在一起包饺子，看着窗外烟火的明灭，最容易生出生生世世的感觉。在特内里费岛生活的那段时光，三毛沉迷于包饺子，荷西下班后会在旁边搭把手，他把饺子捏成一个个小猪、小老鼠的模样，那是两个人最安稳、惬意的时光，那时的他们生活富足，并拥有孩童般的天真和探索心。

三毛的文字里，关于做饭的部分总是充满了欢乐，无论是在撒哈拉，还是在大加纳利岛。那时，她的爱人不是在身旁，就是在回来的路上。在厨房里忙碌的她悠然、安定，内心充满期盼。做一餐中国菜也好，烘焙一个蛋糕也好，心里满溢着的是等一个人回家吃饭的那种期盼。一般来说，人在状态好的时候，才会有煮饭的心情和灵感，一个人如果愿意把心思花在厨房里，也便能说明那段时光应该是她的人生的好时光了。

荷西死了后，很少再看到她写下厨的事情，只记得她在一篇文字中写道："我只是有时会胃痛，会在一个人吃饭的时候，有些食不下咽。"而那些在厨房里为爱人煮饭的好时光，也都一去不回了。她回台湾生活后，常常忘记吃饭，需要母亲提醒才会记起。煮饭的人最大的乐趣是看着自己心爱的人吃光自己煮的饭，而一人煮饭一人食，终究还是会觉得寂寞吧。

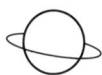

三毛的汽车：
带我去远方

「驾驶盘稳稳地握在手里，那种快速的飞驰真是无与伦比的美好，心中酸甜苦辣什么滋味都掺在一起，真恨不得那样开到老死。」

——三毛

三毛从小就对车感兴趣，十多岁的时候就已经学会开车。那时候是20世纪50年代，整个台北市的汽车也不多见，城市交通还是以三轮车为主，她家也没有汽车。不过，那时候，她有个美国同学，常常趁着当将军的父亲睡觉的时候把家里的车偷偷开出来，载着几个要好的同学出去玩。每次他把车停在路边的时候，三毛就会坐到驾驶座上摸摸这儿摸摸那儿，或手握着方向盘，目视着前方，幻想着驾驶汽车的快感。后来她就大着胆子请求他，让她开开试试，对方也大方地答应了，试了一两次之后，她就学会了开车。

过了两三年之后，台北的汽车慢慢多了起来，逐渐代替了三轮车，但三毛家里还是没有车。不过那时她身边的朋友也开始多了起来，每次跟有车的朋友出去玩，她就请求人家，说："让我开会儿吧！"朋友们也都相信她，把车给她开，每一次她都开得自信又平稳，从来没有

世间始终你好

给人家闹出祸端，朋友们也越来越放心给她开，车技就这样慢慢练了出来。她是19岁离开台湾去西班牙求学的，所以她学会开车应该也就是十七八岁。

三毛去撒哈拉生活后，家人和朋友们都关心她在那里吃什么，喝什么。但是开着车在一眼望不到尽头的沙漠里驰骋，才是她那时最大的梦想。无奈当时实在是太穷了，几乎所有的钱都用来解决初到沙漠时的生活所需，开车变成了一件非常奢侈的事情。

三毛的第一辆车是结婚半年后买的。荷西与三毛结婚后，公司给他涨了薪水，还给了他们一笔安家费，每个月还有房租补助，收入比之前高了很多，当时三毛还暗喜原来结婚还有这么多经济方面的好处。在撒哈拉的生活渐渐稳定后，她和荷西攒下第一笔"大钱"就在西班牙定了一辆白色的西雅特–127汽车，交了定金后过了差不多一个月，车子才被漂洋过海运到了沙漠。在三毛和荷西心里，车是自由的象征，是带他们驰骋的白马，他们管它叫马儿。所以，马儿也要白色的。自此，三毛的流浪生活中不但有了王子，也有了一匹白马。

车刚被运到沙漠的时候，两个人总是抢着开，但因为荷西是要开车去工作，所以大部分的时间都是他在用车。三毛虽然一直都蠢蠢欲动，但又不能任性赖着开，不过，只要看到车她就会很开心，找各种机会靠近它。每次，荷西下班后刚把车停稳，三毛就会拿着柔软的抹布第一时间冲出来仔细地擦拭车身，甚至连轮胎里嵌进去的小石子都要用镊子一块块夹出来，爱惜至极。

有时，她一边擦拭一边满脸羡慕地问荷西："今天上班去，它跑得还好吗？"

荷西便神气地回答："好极了，叫它去东它就不去西，喂它吃草，它也很客气，只吃一点点。"其实三毛想听到"车给你开几天"这样的话吧，但那时的荷西是"饱汉子不知饿汉子饥"的。

这辆车给他们的日常生活增添了很多乐趣。

有一次，三毛明明听见荷西已经在门口停下车，但不见他进家门，只听到车发动起来又跑了出去。等他再回来，三毛发现车座位上全是鞋印、鼻涕。原来，荷西趁着三毛做饭的工夫，载着一群撒哈拉小孩子去疯跑了一圈，五人座的小车载了十二个小孩……有时候，荷西答应第二天把车留家里，可是又食言，等三毛听到车被开走，穿了睡衣跑出去追的时候，已经来不及了。

直到荷西的工作时间调整到中午去上班后，他们才达成一个约定——每日由三毛开着车接送荷西，这是三毛最期待的。那些日子，每天，她把荷西送到公司后，再一路迎着漫天飞舞的风沙开回家，沙漠的公路笔直且人烟稀少，可以把油门踩到底，尽情地开，也不用担心撞车。有时候，她还会沿途"捡"几个在风沙里蹒跚行路的人，把他们送回家。这辆车载过撒哈拉威老人和他的羊，载过为了进城看一场电影而一大早就步行出发的西班牙籍年轻士兵，甚至还载过一个兴高采烈的妓女，她每个月都会在磷矿发薪日去做生意，她向三毛炫耀自己已经在沙漠对岸的大加纳利岛挣下三栋房产……

不过，对车如此狂热、车技也不错的三毛，却是没有驾照的。一直以来，她开车都很稳，朋友们把车交给她的时候，从来不怀疑她没有驾照，

世间始终你好

连她自己都忘记了去考一个。他们刚买车的时候，沙漠里很少有人开车，最常见的车是驻扎在沙漠的大公司的专用车、军队的车和数量不多的出租车。不过，很快，撒哈拉威人也流行开汽车了，在阿雍常常可以见到一个破帐篷外面停了一辆很现代化的轿车。有些撒哈拉威人卖了女儿也要买辆汽车，这对他们来说是身份的象征，也是他们一步跨到文明世界的象征。随着车辆增多，沙漠也开始重视交通规则了。深知三毛底细的父亲提醒她，这么多年来她一直是无证驾驶的，她这才硬着头皮去驾校报名。一开始，交通警察看到三毛开着车熟练地在小镇上来来回回，根本没有想到她其实是没有驾照的。直到那天她开着车去驾校报名，警察才发现其中的蹊跷。那天，警察一直盯着她，只要她开上车就会查她驾照，她只好把车扔在驾校门口，等荷西下了班再去把车开回家。三毛的驾照就是在这种情势的逼迫下考出来的。在她的《撒哈拉的故事》一书中有一篇《天梯》，写的就是在撒哈拉考驾照的经过，里面充满了同交通警察的斗智斗勇、考试过程中遇到的啼笑皆非的事情，如同爬天梯，不过，最终她有了一张驾照。有了这张驾照，三毛便可以大大方方地上路了。

这辆车给他们的沙漠生活增添了无限乐趣，虽然它不是沙漠专用车，但它的性能很好，在沙漠里生活的三年，出行全靠它。三毛说："回想起来，也是够疯的了，就用这辆不合适沙漠情况的车子，三年中，跑了近十八万公里的路。有一回，从西属撒哈拉横着往右上方开，一直开到'阿尔及利亚'的边界去。又有一次，把车子往沙漠地图下方开，穿过'茅乌尼它尼亚'一直开到'达荷美'；而今称为贝林共和国的地方才停止。"

这辆车一直为他们服务了三年，风里来，沙里去，三年下来，车灯的玻璃都被沙砾磨毛了，他们也没有换掉，把它当成撒哈拉的美好回忆，就一直那样朦朦胧胧地开着。荷西撤离撒哈拉的时候，跟着他一起上船到大加纳利岛的就是这辆车。不过，这辆车后来被大加纳利岛的邻居买走，那时，虽然舍不得，但是邻居出了一个诱人的价，他们心一横，就卖掉了。不过这辆车依然是三毛最心爱的一辆，大概因为它是第一辆车吧，很多年后，三毛提及她的这辆车还是赞不绝口。他们后来又换了一辆更好的新车，三毛没有透露过它的型号，但那些荷西已经不在的夜晚，她一个人住在空旷的大房子里睡不着的时候，就会开着车驶上高速公路，一直开到天亮才回家睡觉。有一次在飞驰过后，她写道：

驾驶盘稳稳地握在手里，那种快速的飞驰真是无与伦比的美好，心中酸甜苦辣什么滋味都掺在一起，真恨不得那样开到老死，虽是一个人，可是仍是好的。

这是荷西死后，家里唯一可以陪她一起疯的物件了。不过，这辆新车在三毛彻底离开大加纳利岛时，送给邻居甘蒂一家了。

回到台湾以后，家里人不想让她开车。不仅因为台北的交通已经非常拥挤，家里人还担心她习惯了在国外开车，怕她一时适应不了台北的交通规则。并且那时她接下了大量的工作，写书、写歌词、演讲、装修房子，每天都很忙碌，常常忙到精神恍惚，甚至累到进了医院，那种精神状态下也不适合开车。其实，大加纳利岛的车辆也很多，常常找不到

世间始终你好

停车位，但是岛上的警察心肠软，轻易不会开罚单，并且在找不到车位的时候，如果停车时间短，他们反而会帮忙当起了看车人。

后来，她还是买了一辆二手车，三毛的生活中，没有车不行。这是一辆本田喜美（又译成思域），是从一个年轻女孩的手中买来的。有了车的第一时间，她便开着它进入台北的闹市，汇入了汹涌的车流里，从下午五点钟一直开到夜里十二点才回家，贪婪地享受开车带给她的自由，像是在把之前那段没开车的时间补回来。

车是现代人的马，发动引擎就像跨上了一匹骏马，一个油门踩下去，它便可以带你去遥远的地方。那个时候，忧伤的往事也都抛在车后，追也追不上来了。

Chapter

肆·父母的爱

暖暖内含光

「三毛的流浪从来都不是无根的，她的自由像风筝，另一端紧握在两个人的手里，他们是父亲和母亲。丈夫荷西是一路陪伴她疯玩的人；父母给三毛的爱则是温暖的风和手中不断释放的线，无论那条线放出多远，缠线的轴总在手中紧握。三毛离开台湾，一走就是十四年，父母手中的线，从未断过。不管她在哪里，一回头总能与他们温柔的目光相遇。」

⊙ 母亲缪进兰

三毛的母亲是个内心柔软的妇人，是中国式的标准慈母，她 19 岁的时候，就嫁给了在重庆当律师的陈嗣庆。

在三毛的记忆中，母亲一直都是跟厨房有关，她所见到的母亲总是在厨房里忙忙碌碌的形象，她在一篇文章中写道：

母亲的腿上，好似绑着一条无形的带子，那一条带子的长度，只够她在厨房和家中走来走去。

上大学之前，三毛已经读了很多书，并奉读书为最上等之事。不过也不止是在大学期间，读书贯穿了她的一生。那时候，她会质疑为什么

　　　　　　　　　　世间始终你好

母亲整日在厨房不是做饭就是洗碗，为什么她不做些像读书这样高雅的事情，那时的她有种"何不食肉糜"的无知感。有一次，在母亲炒菜时，她突然发问："妈妈，你读过尼采没有？"母亲说没有。又问："那叔本华、康德和萨特呢？还有……这些哲人难道你都不晓得？"母亲还是说不晓得。她呆望着母亲转身而去的身影，一时失望不已，觉得母亲居然是这么一个没有学问的人，便冲她喊道："那你去读呀！"这句话被母亲丢向油锅的炒菜声掩盖掉了。过了一会儿，只听见母亲在叫："吃饭了！今天都是你喜欢的菜。"

　　幸亏那句"那你去读呀"被炒菜声音盖掉了，不然，做母亲的心要碎掉了。不过，母亲的心没少碎过。三毛在青春期时很不懂事，是个别扭的人，她的青春期又特别长，从小学一直持续到大学。那时的她叛逆得厉害，别人都去上学，她辍学在家，也不与外界接触，自闭、敏感，与姐弟关系紧张，有时还会自残。有一次，母亲给她裁布做衣服，用了白色的布配紫色的花边，因为不是她最初想要的粉蓝色，她便别扭着不肯穿，并说那是死人才会穿的颜色。尽管后来她看到姐姐穿上之后是好看的，还是倔强着不肯接受。那时母亲常常为她暗自垂泪，甚至因她落下一个后遗症。懂事后的三毛在一篇文章中写道：

　　那几年，母亲稍一紧张就会极轻微地摇摆她的脖子，那种不自觉的反应，看了使人心酸。我深信，她的这种毛病，是因为女儿长年的不肯上学和阴沉的个性造成的。

直到她去到国外独立生活了，也尝到了些生活的辛苦和不易，人渐渐成熟懂事了，才明白了母亲——如果不是心里饱含对家人的爱，谁愿意一辈子把自己"锁"在一个小小的空间里整日重复劳作，也明白了在这世界上"没有一本哲学书籍比她（母亲）更周全了"。

三毛去西班牙上学，做母亲的放心不下，怕她吃苦，怕她寂寞，怕她不适应国外的生活，怕她在外面过得不体面。临行前，带她去服装店定做新衣服带去西班牙（那时台湾的成衣店还不多）；给她用黄金打制刻着"福"字的金项链护身；送三毛上飞机时，在机场哭到几乎晕过去。

等三毛到了国外，母亲的爱便化成一个个包裹跟着飞了过去。她在台北买一条条三毛喜欢的大长裙寄到西班牙、寄到德国，那些裙子是三毛在国外上学时舍不得买的。此时的三毛已知人间烟火，也知油盐贵了。三毛去撒哈拉，做母亲的更是放心不下，不但给她寄去食物、衣服，还给她寄铺在餐桌上的中式细竹帘卷、棉纸糊的灯罩这种让生活看起来美好一些的生活物品，她知道女儿心思敏感，担心女儿在物质匮乏的环境里内心会感到悲伤。她在给三毛的信中写道：

这一时期，我差不多常常跑邮局，恨不得把你喜爱的食物或点缀布置的小玩意儿，统统寄上，借着那些小小的礼物，也寄上我们无限的爱和想念。

那是 20 世纪 70 年代，邮寄业务尤其是国际邮寄业务极不发达，邮寄的费用比物品本身贵很多倍。

世间始终你好

三毛总是把她在国外的所见所闻、生活琐事、心情等事无巨细地写信讲给父母听。做母亲的嗅觉最灵敏，她总能在字里行间看到女儿关于身体不适的句子，哪怕只是一笔带过，或者发发牢骚，也逃不过她的眼睛。有一次三毛说自己"有点生病"，母亲便给她寄去了昂贵的蜂王浆补身体。三毛还收到过橘子这种不宜长途邮寄的食物，收到的时候，橘子皮都已干瘪脱水。三毛在信中提到过撒哈拉的淡水跟可乐的价格是一样的，母亲便写信叮嘱她：

　　既然水的价格跟"可乐"是一样的，想来你一定不甘心喝清水，每日在喝"可乐"，但是水对人体是必需的，你长年累月地喝可乐，就可能"不可乐"了，要切切记住，要喝水，再贵也要喝。

　　做母亲的总是凡事都会想在前头。后来，三毛再写信时，报喜不报忧。有一次，在撒哈拉，她出车祸进了医院，也只敢告知父亲、姐姐、弟弟，并告诉大家一定要瞒紧母亲，因为做母亲的反应总会比其他人更难受一些。直到三毛出院以后，家里人才把这事慢慢告诉她。虽然那时三毛已经痊愈，母亲的反应依然是——"当时我脑中一片茫然，整个世界仿佛都在旋转，泪含满眶，默默无语，心碎片片，千水万山，无法亲临照顾。"三毛是了解母亲的，如果在伤势未愈的情况下告知她，那她可能就真的千山万水地赶去撒哈拉，会全然忘记自己是个没怎么出过远门的人。不过，做母亲的被瞒过一次后，常常会自己暗自琢磨，她给三毛的一封信中写：

最近虽然你没有提及任何不妥，但在家信中常感觉到你又在病中。

也许，这是每个母亲都有的超强想象力。

母亲对三毛不只是物质上的关心。三毛去撒哈拉生活初期是有些迷茫的，当在那边的物质生活渐渐稳定后，她有大把寂寞的日子无所适从。母亲便鼓励她写作，她知道写作是能让女儿从心底感到快乐的一种方式。写作虽然是件旁人帮不上忙的事情，但做母亲的也能独辟蹊径帮点儿忙，她每晚向神祈祷，祈求神能拭一拭哪位主编的眼睛使他看中三毛的文章。当三毛发表了第一篇描写撒哈拉生活的故事——《中国饭店》后，收到样刊的那个清晨，母亲比谁都开心，她把还在睡梦中的家人全都叫醒，让他们起床来看三毛写的故事。但当女儿成为真正的作家后，日夜沉迷写作，常常忘记吃喝，母亲又开始担心她的身体了，甚至讨厌起写作这件事了。三毛搬回台湾居住后，就在母亲的眼皮子底下透支着自己的健康，令母亲极为心痛。她说："我真的不知道，好好一个人，为什么放弃人生乐趣就钻到写字这种事情里去。"但她也知道劝说无用，只能随三毛去。

失去爱人后的三毛回到台湾，状态大不如从前，做母亲的对她更是小心翼翼，生怕触动到她某个不良情绪的开关，对她的呵护比小时候还多。三毛一头扎进自己的世界里，过着日夜颠倒的生活，母亲希望她能放松一下。有一次，弟弟组织全家去海边玩，本来答应同去的三毛却因前一晚熬夜，早晨没有醒来，等母亲喊她同去的时候，她迷迷糊糊拒绝了。

世间始终你好

当她中午起床，出门忙完自己的事情回家后，父母已经从海边回来了，并给她带回来两块鹅卵石。母亲说："你不是以前喜欢画石头吗？我们知道你没有时间去捡，就代你去了，你看看可不可以画？"

在叛逆的青春期，三毛把自己封闭在茧子里，母亲没有了解女儿的途径，只能靠猜，如果猜不到重点，又会惹女儿不开心。三毛长大后，她们的沟通多了起来，除了大量的书信，母亲也会从女儿的文字中观察她的内心，去了解她喜欢什么，什么能令她开心。三毛曾在书中写过迷恋上画石头的事情，母亲就记进了心里，她希望这件三毛喜欢的事情能将三毛从繁忙的状态中暂时拉出来。

其实，母亲不是三毛小时候认为的那样没有文化的人，她当年嫁给陈父前，念完了高中，本来是要上大学的，但遇到陈父后，就放弃了读大学的机会。虽然她未读过尼采、叔本华，但读过《红楼梦》《水浒传》《七侠五义》《傲慢与偏见》《呼啸山庄》……甚至在读高中时，还是校篮球队的一员，打的是后卫。只不过，在成为四个孩子的母亲后，这些事情像是发生在遥远的前世，很少被提及了，并且大家都各忙各的事情，做母亲的常常被忽视。等到三毛懂事后，才知道母亲"婚后，她打的是牺牲球"。

三毛曾经写过一个细节：

一个雨夜里我跑着回家，已是深夜四时了。带着钥匙，还没转动，门已经开了，母亲当然在等着我。

我觉得三毛一直没有生孩子，大概是看到母亲为家庭失掉了太多自己的人生，一生都被家庭琐事紧紧缠住。三毛不是这种类型的人，她是"自我"的人。为了家庭、男人、孩子去牺牲掉自我，至少在那些年是她不愿意的，当她想要孩子的时候，已物是人非了。

三毛的母亲偶尔会被出版社邀请写"母亲眼中的三毛"这样的主题文章，有时也会为三毛的书写序言。在三毛成为作家、为自己的生命找到一个出口之后，母亲的心思也比之前"轻"了，她的文笔也会透出淡淡的幽默和俏皮。比如她为三毛1983年出版的《送你一匹马》中写的序——《我的女儿，大家的三毛》（又名《我有话要说》），提到沉迷于写作的三毛时，说她写作起来"生死不明"；又因为三毛写作期间不讲话，不睡觉，食不知味，称她是纸人；写到为写作的女儿送饭时，她说那是送"牢饭"。她在文字里面抱怨女儿沉迷写作，不跟她讲话，但又骄傲地写道：

其实我就是三毛的本钱。当然她爸爸也是我的。

她的抱怨里透着幸福和骄傲，但也难掩她的孤独——一个母亲的孤独。三毛曾在一篇文章中写道：

常常，我偷看母亲，尤其当她专心在看电视剧的时候。我总是在猜，猜我的苦与愁，母亲总也不以为那是真的。人类生生死死了几千年，爱是一回事，了解又是一回事。写到这儿，又看了一眼母亲，我突然感到辛酸。她的苦与愁，我又明白了多少呢？

每个人都有孤独，旁人无法解决的孤独，一个人无论有多爱另一个人，也没有办法解决他们内心深处的孤独。随着年龄的增长，当女儿的越发能体会到母亲的寂寞，并且理解会越发深刻，可是却不知道如何去化解。她们只能彼此相爱，然后在各自的世界里孤独着。

也许，任何事情都是要分两面来看的。人要在世上活着，只沉迷于悲苦中是不行的，总要想法子为自己找些乐趣。在那篇序言的最后，三毛的母亲强调自己这个"煮饭婆"的重要性——"等到这家族里的上、中、下三代全部变成纸人，看他们不吃我煮的饭，活得成活不成。"这一刻，她是轻松、俏皮的，她因参与了女儿人生里重要的事情，孤独感也少了很多，会让人想起她的少女时代。

母亲对三毛宠爱了一生，不管她长到多大年岁，母亲对她始终如对待儿童般。

1991 年，三毛因病住院。有一个晚上，三毛恍恍惚惚地打电话给母亲，说医院里有很多小孩在她床边跳来跳去，有的已长出翅膀来。母亲便像安慰小孩子那样安慰她说，也许是小天使来守护你了。也许那时，母亲已经感到一丝不祥的气息了。

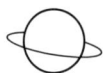

父亲陈嗣庆

在初中之前，三毛一直是个活泼、爱动的女孩，爱跑、爱跳、爱爬树。有一次因为贪玩，不小心栽到水缸里，呛个半死，爬出来时，也不哭不闹，只是笑嘻嘻地说一句"感谢耶稣基督"就过去了。

初二那年，三毛被数学老师用墨汁在脸上画了大大的黑眼圈，并让全班同学来"欣赏"，自那以后，原先活泼的三毛便陷入自闭中，她讨厌学校，讨厌老师，常常逃课。最初，为了不让学校发现她逃课，她每天都会在教室出现一会儿，跟某位老师打过照面之后再消失。渐渐地，她也懒得掩饰了，连续几天不去上课，老师发现后便报告给了家长。逃课败露后的三毛，干脆直接跟父母说不想再去上学。父母没有苛责她，也没有硬逼她再回学校，把她从学校带回了家。但自那以后，即便是在家中，她也变得阴沉、抑郁了。

在三毛还未陷入自闭之前，父亲就尝试挖掘每个孩子的潜能。父亲是位律师，不过他天生爱运动，曾一心想当运动员。当他自己的运动员梦破灭之后，便想着在四个孩子中培养出一位，他曾为孩子们的前途做过一个设想：这四个孩子中，有一个能够成为运动员，一个成为艺术家，其他两个只要"做正直的人"，能够自食其力就好。当运动员需要的先天的因素比较多一些，几个孩子中，只有三毛最活泼，父亲常常带着她训练，不过到了初中后，她便沉迷到自己的世界中不肯出来。最终的结

世间始终你好

果是：三毛成为作家，三毛的姐姐成为钢琴老师，而三毛的两个弟弟当了律师，他们都没有按照父亲的期望发展。

如果三毛的父亲不是一名律师，也许他会成为一个很好的教育家，他是那种循循善诱的人，会不厌其烦地挖掘每个孩子的潜力。虽然，孩子们都没有成为运动员，但也正是他提供的开放的教育环境，孩子们才可以自由地发展。

这四个孩子当中，最让他费心的就是老二——三毛了。

可以说，三毛是他一手培养出来的。三毛离开学校后的文化教育都是父亲在做。那时，三毛执拗、不配合，也不懂表达自己的喜好，父亲便成了她的领路人，但他也往往不知道到底哪条路走得通。他亲自教女儿汉文、英文等基本的文化课程，除此之外，又把她送去学画国画、插花、钢琴。后来我们也知道，这几条路是没有直接走通的，但也正是这些学习的经历，培养了她极高的艺术修养。

如果在一个思想闭塞的家庭里，遇到三毛这样的情况，内心不强大的家长是很难把她从黑暗中拉出来的，也许做父母的首先就崩溃了，三毛可能还未变成蝴蝶就已经闷死在茧子里了。

三毛的性格与父亲更接近一些，父亲虽然是律师——这个职业会让他考虑事情的时候偏向理智，但同时他身上有很多感性的地方。小时候，三毛不理解为什么父亲要让她学钢琴，每次练琴如同受刑。有一次，她终于练完，开心地从琴凳上下来，听到父亲无奈地说："我这样期望你们学音乐，是一种准备，当你们长大的时候，生命中必有挫折，到时候，音乐可以化解你们的悲伤。"那时候，她不明白，只想赶快练完逃掉。

过了很多年后，她才明白父亲的苦心。父亲年轻时，经历了很多动荡，先是在重庆当律师，后来因为战争搬到南京，到了1948年，带着全家离开祖国大陆，搬到台湾后，生活才趋于稳定。他凡事都会想到前面，在内心里，恨不得替孩子把眼前的路走平坦了，再放手让孩子去走。但他又不是那种自私的把孩子圈在身边的家长，当年三毛决定去西班牙留学和去撒哈拉沙漠生活时，他是她为数不多的支持者之一。在他内敛的外表下，其实住了一个性情中人，他的孩子三毛放大了这种基因。

荷西死后第六年，三毛回大加纳利岛处理房产，当她打电话把半价卖掉房子的事情告诉父亲时，父亲在电话那端说："恭喜！恭喜！好能干的孩子，那么大一幢美屋，你将它只合160万台币不到就脱手了。想得开！想得开！做人嘛，这个样子才叫豁达呀！"

而对于他自己的未来安排，则是理智和有尊严的，他在给三毛的一封信中这样写道：

至于我的未来，我只有一点对你和你手足的要求。如果有一天我丧失伴侣，请求你们做子女的绝对不要刻意来照顾我或来伴我同住，请让我一个人安安静静地过我的日子，更不要以你们的幻想加入同情来对待我，这就是对我的孝顺了。

作为父亲，不会像母亲那样把心里的爱和挂念都毫不掩饰地写在脸上，父亲的表达总会含蓄一些。

那次处理完大加纳利岛上的房产回台湾对三毛来说是一次新生，大

世间始终你好

家都期待着原先那个活泼的她回家，所以那天的欢迎很隆重，全家人都去了机场接她。而那日，父亲却没有去，他只给三毛写了一封信，并且是用英文写的：

我亲爱的女儿，请你原谅我不能亲自来机场接你。过去的一切，都已过去了，切望你的心里，不要藏着太多的悲伤，相反的，应该仰望美好的未来。

这一次，你在大加纳利岛上处理事情的平静和坚强，使爸爸深感骄傲。我在家中等着你的归来。爱你的父亲。

父亲的英语很好，当年三毛休学在家，他亲自教三毛英语，并且三毛的一些欧美国家的朋友来台湾玩，父亲也可以用英语与他们顺畅交流。不过，他自己在英语方面并不十分自信，所以，平日也不太常用英语。这次他特意给三毛用英文写了一封信，是因为"亲爱的女儿""爱你的父亲"这样热烈的字眼，他用中文是讲不出口的，但他内心的深情要对女儿表达出来，在女儿内心经历了一场大的动荡后，做父亲的要让女儿感受到他的爱和支持，所以他选择了用英文。父母对三毛是纵容的，在父母面前，三毛始终是任性的。

回台湾后，三毛过生日，父母订了酒店打算为她庆祝，她却临时说不去了，原因是外面吵，于是那次生日宴会只有过生日的人没有去。事后，三毛又觉得内疚。

三毛一生最无法偿还的便是父母的亲情债。其实不只是三毛，我们每个人都是如此。也许，"各自孤独"是父母与子女关系的本质。但好在这种孤独不像恋人之间的孤独——恋人之间如果彼此给的孤独太多，也就断了关系，而断了就是断了，没有什么联系了。而父母与孩子是有血脉的联结，这种关系是恒久的。

　　她有很多文字都是写父亲母亲的，字里行间充满着内疚的情感。三毛曾经写过一篇散文《守望的天使》，是通过"我"与一个叫"汤米"的邻家孩子的对话，写出了父母与孩子的关系。

　　"有一天，被守护着的孩子总算长大了，孩子对天使说——要走了。又对天使们说——请你们不要跟着来，这是很讨人嫌的。"

　　"天使怎么说？"汤米问着。

　　"天使吗？彼此对望了一眼，什么都不说，他们把身边最好最珍贵的东西都给了要走的孩子，这孩子把包袱一背，头也不回地走了。"

　　"天使关上门哭着是吧？"

　　"天使们哪里来得及哭，他们连忙飞到高一点的地方去看孩子，孩子越走越快，越走越远，天使们都老了，还是挣扎着拼命向上飞，想再看孩子最后一眼。孩子变成了一个小黑点，渐渐地小黑点也看不到了，这时候，两个天使才慢慢地飞回家去，关上门，熄了灯，在黑暗中静静地流下泪来。"

　　"小孩到哪里去了？"汤米问。

　　"去哪里都不要紧，可怜的是两个老天使，他们失去了孩子，也失去了心，翅膀下没有了要他们庇护的东西，终于可以休息休息了。可是撑了那么久的翅膀，已经僵了，硬了，再也放不下来了。"

"走掉的孩子呢？难道真不想念守护他的天使吗？"

"啊！刮风、下雨的时候，他自然会想到有翅膀的好处，也会想念得哭一阵呢！"

"你是说，那个孩子只想念翅膀的好处，并不真想念那两个天使本身啊？"

最后这句，真是直戳人心。

Chapter

5

伍·友情

最真挚的快乐

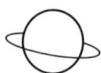

顾福生：
将她拉出黑洞的人

顾福生最早是台湾五月画会[11]的画家之一，是个有才华、温和、细腻的男人，他是把三毛从黑暗中拉出来的人。

三毛十五六岁时，休学在家，把自己困进一枚茧子里，不肯同外面交流。

父母想为她找一些乐趣，便送她去学插花、学国画、学钢琴，可是同去学习的大都是闲来无事的阔太，令她觉得索然无味，也毫无兴趣。三毛还是郁郁寡欢，同从前无异。她曾经一边弹琴一边流下眼泪，因为实在是被迫学习的，心里有太多不情愿。那几年，没有一件事情能把她从那个黑暗的茧中解救出来，她甚至变得更加自闭，连门也不想出了。姐姐弟弟们都去上学了，她就穿着一双红色轮子的滑冰鞋，在她家那栋日式房子的庭院里，一圈圈地、剌啦剌啦地滑过，打发漫长孤独的时间，这还算是她最自由、惬意的时光。大部分的时间，她都闷在自己的房间里，或让自己沉迷在书的世界里，或只是一言不发地坐着。弓起身子抱住腿坐着是那几年她最常见的姿势。

直到有一天，姐姐过生日时，请了很多同学去家里玩，其中一位叫

[11] 五月画会，是台湾画家刘国松在1957年与台湾师范大学美术系校友一同组成的画家协会，是台湾艺术史上重要的画会之一，影响了台湾艺术从古典的静物保守风格转为现代艺术风格。名字得自巴黎五月沙龙的灵感，画会每年固定在五月举办画展。20世纪60年代以后，画会的成员大都出国留学或旅居海外，原先团体的展出逐渐变为成员的个展。顾福生是1957年加入五月画会的，1961年后旅居法国、美国。

陈骕的同学随手画的一些漫画引起了三毛的兴趣。等其他人都走了，她主动拿起那些画看。陈骕跟她说，刚刚的画只是随手画的，他真正学的是油画，是跟随画家顾福生学习的。他后来给三毛看了他画的油画《印第安人战争》，三毛一下子爱上了这种绘画形式。当时，顾福生是台湾五月画会的画家，他的名字对于三毛来说就像天空的星辰一样可望而不可即。父母难得看到她对一件事有那么一点兴趣，于是便立刻托人介绍去顾福生那里学画。那时，有一点点能把她从自闭中解救出来的希望，父母都不会错过。

三毛休学之前，在学校里上美术课时，教她美术课的老师总是强调要画得"像"，如果学生画得与他给出的实物不像，便会被训斥。三毛常常因为画得不像被老师骂，所以她对学画这事有些抗拒。后来，她休学在家，跟随台湾著名画家黄君璧学习山水画，但也是老师画一幅，学生临摹一幅，虽然这样做有老师的道理，但对于叛逆期的三毛来说，这是枯燥和呆板的。再后来，母亲以为她不喜欢画山水画，又把她送去擅长画花卉、翎毛的邵幼轩那里学习花鸟画。邵幼轩知道她的个性，对她很温和，偶尔会让她自由创作，但大部分的时间也是让她临摹，所以她也是学了不久便不了了之。那些年，三毛与国画无缘。直到她看了陈骕的画，才知道自己喜欢的是卡通漫画和色彩绚丽的画。在去跟顾福生学画画前，三毛也是忐忑的，她担心这一次又会像之前很多次那样不了了之，无功而返。一个人在黑暗中待久了，也不知道到底哪扇门的背后是亮光。

第一次，母亲为她约好了与顾福生的见面时间，她退缩了，在家里撕着枕头里的棉絮不肯出门，母亲又不得不打电话重新约时间。第二次，三毛来到顾福生的住处——台北市泰安街二巷2号的深宅大院外，按响门铃时，她还在拼命说服自己"不要逃，千万不要逃"。有人出来带她走过一片开满杜鹃花的小路，引她到顾福生的那间满墙满地都是油画的画室，她站在那里背对着门看他的画。听到推门的声音，她扭过头，望向他，顾福生出现了，且温和地看着她。他是一个比她年纪大不了太多的年轻人。闲聊时，当他得知三毛已经休学三年的时候，并未露出吃惊的表情，与三毛聊天的语气也是尊重。三毛觉得他跟她之前遇到的所有的老师都不同，直觉认为，他是可以信赖并了解自己的人。

第一次见面后，三毛就变得积极起来，不再像以前那样"赶鸭子上架"似的被送去学习。她一回家，就开始准备上课用的绘画工具，上课前三天便要母亲为她准备擦碳素笔用的馒头，怕当天买不到。

三毛在绘画方面并未表现得太出色，顾福生一边教她画画，一边默默地发现了她的另一种天赋——写作。他用一种不经意的方式借给三毛一些书，三毛在顾福生那里知道了波特莱尔、加缪、里尔克、横光利一、卡夫卡、D.H.劳伦斯、爱伦坡、芥川龙之介、富田藏雄、康明斯、惠特曼等作家和他们的作品，也知道了自然主义、意识流……对只读过中国古典文学和沙俄时期作家作品的三毛来说，这是一片全新的天地。她找到了同类，也觉得之前心里所恐惧的很多事情并没有那么可怕了，她开始主动说话了。有一天，她甚至主动把自己写的文章拿给顾福生看。过了几日，顾福生跟她说："你的稿件在白先勇那儿，《现代文学》月刊，同意吗？"这几句话，顾福生说得很随意、平淡，但对于三毛来说，这是一件多么隆重的事情啊,这大概是她十几年的生命里最值得庆祝的事情了。她心里的欢喜如同洪水将要决堤,但在他面前她极力稳住将要泛滥的情感,也只是淡淡地说:"没有骗我?"

等了漫长的一个月,三毛拿到样刊后,压抑了一个月的情感终于爆发了出来,她背着画夹、带着样刊跑回家中,大喊了一声"爹爹"。沉默了三年之久的三毛,这声"爹爹"叫得惊天动地。三毛的父母吓了一跳,以为她出了什么事情,跟跄着跑到玄关处来接她。三毛激动地把《现代文学》塞给他们,告诉他们自己写的文章变成了铅字,然后把自己关进房间埋头哭了出来。这是这么多年以来,父母第一次看到这个沉默又奇怪的女儿如此欣喜,如此生动,他们也因此激动得满眼泪光。

这件事让三毛的心里发生了宇宙大爆炸式的变化,她闭塞的生命终于有了一个突破口,亮光照了进来。很多年后,三毛说:"我觉得顾老师是我最大的恩人,他使我的眼睛亮了起来,像一个瞎子看到了东西一样。我一生都要感谢他。"自那以后,三毛就像骑到了一匹自由驰骋的马,开始了她精彩的人生。

顾福生像打开了一道神奇的大门,打开了《纳尼亚传奇》里的神奇之门。他不但教三毛画画,还给了她很多文学和生活上的启发。她在那段时间写了很多文章,陆续在台湾的文学杂志上发表。在很长一段时间里,顾福生是她唯一的朋友,他鼓励她认识新朋友,还把自己的作家朋友陈若曦介绍给三毛认识,后来,陈若曦还以那个时期的三毛为原型写过一篇小说《乔琪》。

跟顾福生学画的那两年，三毛开始变得快乐起来。顾福生不是专业的美术老师，他是画家，跟随他学习，她获得更多的是自由，无论是在心灵上还是创作上——她学画第一年就想学油画，这在别的老师那里肯定是行不通的，但是当她提出这个要求时，顾福生也没有觉得很离谱，就同意了。直到有一天，顾福生对她说，以后不能再教她了，他要去巴黎。三毛才惊觉，以后的路，她要一个人走了。这大概是三毛生命中的第一次别离。

　　过了几年之后，三毛好像是循着恩师的轨迹，也离开了台湾去了欧洲、美洲，开始了她与众不同的一生。

　　后来，经过了半生漂泊的三毛，回想起那段跟随顾福生学画的日子，说："我不是一个能够苦练下功夫的人，如果我能苦练，也许在绘画上会有点小成就，不过直到今天我还不断地在画。绘画也是一种语言，它会召唤我，所以每到一个美术馆去看画展，如果有一张好画，我一定会进去，无论它是什么派别，我都静静地坐在那里看，因为那一张画会召唤我，吸引我，抓住我。虽然我经过生活上这么多的波折，但对艺术的爱好、追求是一种必需的认可。我还没有收藏的能力，可是欣赏的能力，从小到现在都一直在提升。"

　　其实，三毛与顾福生在本质上是一样的人。虽然他们的外在表现不一样——顾福生温和、内敛、有礼，三毛倔强、叛逆、不合作。但他们的内心都是热烈的——三毛的热烈表现在她的生活中，显而易见；顾福生的热烈表现在他的作品中和对绘画的执着上。他出生在显赫的将军家庭，是顾祝同将军的二公子，13岁时，全家自上海搬去台湾。家里并不支持他学画，父亲希望他成为一名军人，母亲曾经把他的画作全丢到垃圾桶。但他没有放弃，母亲把他的画扔了，他就再画新的。父母的阻碍终究不了了之。26岁的时候，他获得了"第六届巴西圣保罗双年展"荣誉奖，并在台北举办个展。随后，他因挚爱的艺术远走他乡，去了更适合艺术创作的巴黎，以修复画作为生，穷困的时候，他就在巴黎一间小阁楼里画画。后来，他又辗转去了纽约、芝加哥、旧金山等地方旅居。经历这些大城市的生活之后，他选择了洛杉矶一座靠近沙漠的小城镇隐居，一边生活，一边画画。他这一生大概只痴迷画画这一件事，他不喜欢出席自己的画展，也不喜爱热闹，只爱画画。三毛形容他——淡漠而精致。

顾福生曾经画过一幅名为《寂寞的十七岁》的画，在他17岁的时候，心里必然也有一些抗争，所以他能比其他人更了解三毛青春期内心的抗争。他的画作中有很多跳跃、飞翔的人的形象，好似要逃离这个世界。他的内心同三毛一样，也是个流浪者，所以他能够比较自然地找到把三毛从黑暗中拉出来的方法。

十年之后，28岁的三毛来到美国伊利诺伊州立大学读书，当她得知顾福生住在300公里以外的芝加哥时，便打算前去见他一面。那年冬天，她订了火车票和旅馆，打算见完他后第二天一早再赶回学校。当她坐火车来到芝加哥时，已是夜晚，她手里捏着一张写有地址和电话号码的纸，一个人在冬夜的密西根大道上徘徊了许久。但终究，她没有敲开他的门，就像她第一次要去跟他学画那次一样，她胆怯了，逃走了，她觉得自己没有做出什么成就，无颜见他。后来，她写下了当时的情景：

我在密西根大道上看橱窗，卷在皮大衣里发抖，我来来回回地走，眼看约定的时间一分一秒在自己冻僵的步子下踩掉。在那满城辉煌的灯火里，我知道，只要挥手叫一辆街车，必有一扇门为我打开。见了面说些什么？我的语言、我的声音在那一刻都已丧失。那个自卑的少年如旧，对她最看重的人，没有成绩可以交代，两手空空。约定的时间过了，我回到旅馆的房间里，黑暗的窗外，"花花公子俱乐部"的霓虹灯兀自闪烁着一个大都会寂寞冷淡的夜。

又过了十年，三毛流落半生后回到台湾。那一年，顾福生也在台湾，她便约好去拜访他。三毛想见顾福生，是为着当年的那份感激，这么多年来，她一直埋在心底从未说出口。一个人心里有太多感激的时候，往往是不容易说出口的，那些能当众说出口的感激往往是不够深刻的，埋在心底深处的反而愈加深沉和浓郁。也许像顾福生那样品格的人，对着他说出感激的话来，反而会令他尴尬。

那天，三毛比约定的时间早到了两分钟，她站在门口，任这两分钟流逝了之后，才去按响门铃。

性格大大咧咧的她，平时是不会拘泥于这种小节的。

那个时期的三毛，在文学圈子交了很多忘年交，如古龙、倪匡、司马中原，等等，这些人都比她年长，也是她的前辈。三毛常常与他们一起随意地饮酒、阔谈、开玩笑。在他们面前，她是张扬的。但在顾福生面前，

　　　　　　　世间始终你好

她永远都是当年那个不知所措的小女孩。这一次，她是带着一颗朝圣者的心来见他，早了或者晚了，都让她觉得是一种怠慢。

就像他们第一次见面时一样，她按响门铃后，有人引她进入客厅，当她坐在沙发上等他出现时，少年时的胆怯又涌上心头，她在心里幻想着，或许一会儿会被告知老师不在家，这样她就可以结束这场见面，坦然地回家了。然而顾福生还是像第一次那样出现了，站在那里笑吟吟地看着她。

再次见面，他们都已是中年，当年自闭的少女已成为著名作家。他们在客厅淡淡地交谈着，顾福生八妹的女儿在不远处的庭院里穿着一双滑冰鞋一圈一圈地练习滑行。三毛想到了当年的自己，穿着滑冰鞋在自家庭院里一遍一遍滑行的孤独，时光在交错。在他面前，她的那些被世人称叹的举动和成绩，她仍然是不敢展示给他看的。顾福生问及她写的书，她只是说："没有写什么，还是不要看吧！"

那时，台北那样喧嚣，习惯流浪的她在那样的大都市里常常感到疲惫，但因为她见到了她的同类，就像需要继续航行的飞机中场加满了燃料。离开他家时，她的步履是轻快的。

很多年后，三毛的读者通过她的作品，追溯过三毛对顾福生的情愫——那种被解读为带有暗恋色彩的情愫。也许是有的吧，很多年后，三毛曾经写过初见顾福生时的内心活动：

初见恩师的第一次，那份"惊心"，是手里提着的一大堆东西都会哗啦啦掉下地的"动魄"。如果，如果人生有什么叫作一见钟情，那一霎间，的确经历过。

在青春期，遇到这样一个温和、耐心、有才华的男人，如何不动心？但他是她天空中的星星，是改变她生命轨迹的人，他在她心里的地位太高了。也许三毛深知，爱情在这种情谊面前也会矮上一截，用爱情来表达它未免俗气了些，所以她的小心动终究是未曾在他面前表露过的。

世间始终你好

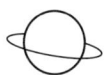

林青霞：命运是个谜语，它给你的每一个谜面都会适时公开谜底

三毛第一次见到林青霞是在香港一家叫伊人的服装店。

那一年大概是 1973 年，是三毛第二次离开台湾去西班牙的那一年。那天，妈妈带她去香港购置要远行的衣物，遇到了同样由妈妈陪同前来买衣服的林青霞。

那一年，三毛 30 岁，她的德国籍未婚夫刚刚去世，她还未与荷西重逢。那时候的她也并未对即将开始的第二次西班牙生活做好规划，无论爱情还是生活都是一片茫然。

那天在店里，三毛正将一件绿色旗袍捏在手里打量，听到店员对她说："你看，你看！那就是林青霞，演《窗外》的那个女学生。"她茫然地扭过头看向那个剪着学生头的女孩。那时的林青霞 19 岁，因为出演电影《窗外》里的女学生初露头角，成为华语地区一颗冉冉升起的新星。三毛像是置身于电影中的某个场景，心里忽然有一种自己也解释不清楚的情愫。很多年后，三毛回忆起那种感觉，她说："心中有一种茫然感，好像不只是看着她而已。"回神之后，三毛有些茫然地买下了手中那件说不上喜欢也说不上不喜欢的绿色旗袍，便与林青霞擦肩而过了。那一次，两个人毫无交集，只是一次很近距离的交错。

直到十多年以后，命运给了她一个解释。

当三毛经历了撒哈拉生活、加纳利群岛的生活之后再回台湾时，已是家喻户晓的著名作家了。林青霞也已经出演了十几部电影，成为出色的女演员，不再是当年那个学生模样的女孩了。三毛不但与写出《窗外》的作家琼瑶成为好朋友，也与出演《窗外》的女主角林青霞成为好朋友，并为这个十多年前擦肩而过的女孩写了一部电影。

那一年，导演严浩找到三毛，想让她为林青霞量身打造一个剧本，也是从那时起，三毛与林青霞开始熟络起来。有一个晚上，三个人一起吃饭讨论剧本的事宜。其间，三毛喝了不少酒，也许因为太兴奋了，回家上楼梯的时候，三毛一脚踏空，摔了下去，摔断了两根肋骨。当时林青霞觉得，三毛这一受伤，可能写剧本的事不知会拖到何时。但刚好相反，因为受伤，三毛有了一段不被外界打扰的休养时间。在养伤期间，三毛完成了《滚滚红尘》的剧本初稿。

《滚滚红尘》是三毛众多作品中唯一一个剧本，也是三毛在荷西死后最具代表性的作品。剧本一完成，她就把林青霞请到家中，给她解读剧本。林青霞在三毛去世后，写文回忆她们的交往细节，谈到第一次上门看剧本的情形：

当我坐定后，她把剧本一页一页地读给我听，仿佛她已化身为剧中人。到了需要音乐的时候，她会播放那个年代的曲子，然后跟着音乐起舞。

这也是第一次有人以这样的方式为林青霞读剧本。

三毛在这个剧本里倾注了很多心血，回台北定居的那几年，喧嚣的台北生活之于她便是一场"滚滚红尘"。女主角韶华身上也有很多三毛的影子，林青霞演绎了韶华，也相当于演绎了一部分三毛。之后，林青霞凭借电影《滚滚红尘》斩获第27届金马奖最佳女主角，这也是她演艺生涯中获得的唯一一次金马奖，让她的演艺事业有了一个新的高度。林青霞说："没有三毛，我不会得到这座奖，是她成就了我。"这好像也将十几年前的那次不经意的见面，串联在一起。命运是个谜，它给你的每一个谜面都会适时公开谜底。

因为《滚滚红尘》的缘故，三毛和林青霞、严浩常常在一起天南海北地聊天。三毛也从不在他们面前避讳谈论荷西的事情，她甚至跟林青霞说过，荷西死后，她托灵媒带她去阴间看过荷西。他们都对"死"感兴趣，有一次在一起喝酒的时候便约定，他们当中谁先死了，一定要想方设法"回来"告诉对方"死"是什么感觉。三毛也曾经跟古龙、倪匡有过这样的约定，据说，古龙走得太潇洒，连个梦也没有托给他们，令活着的人多少有些失望。

1991年，电影《滚滚红尘》上映后不久，三毛突然离世。三毛离世的前一晚，不知出于什么原因，林青霞突然想打个电话给三毛，但电话响了很多声，对方也无回应。第二天，她因为有别的事情打电话给荣民总医院的朋友，才骇然听到了三毛自杀的消息。

林青霞说，三毛死后，曾经"回来"看过她三次。

一次是三毛去世不久的一个晚上。凌晨三点一刻的时候，林青霞迷迷糊糊中接到一个电话，对方清脆地叫她"青霞"，然后，声音由强至弱地对她说："我头好痛，我头好痛，我头……"声音很像三毛，林青霞以为是朋友的恶作剧，就挂掉了电话。第二天她在朋友中间打听了一圈，也没有人承认打过这样的电话，直到现在也没有人承认。

第二次是在梦中。林青霞看到窗前一张张信笺和稿子往下落，她直觉那跟三毛有关，但因为心里害怕，所以重复念着"唵嘛呢叭咪吽"把这个梦给结束了。醒来后，她十分后悔为什么不先看看纸上写了什么，也许三毛要告诉她生前所约定的事情。

还有一次是在旅途中。三毛活着的时候，曾经跟林青霞约定要一起旅行，但后来三毛却却步了，她觉得林青霞太敏感，会读出她的心事。三毛去世后，有一年，林青霞与朋友在埃及旅行，有天半夜，林青霞在梦中很清楚地看见三毛坐在旅馆的藤椅上，"她中分的直长发，一身大红飘逸的连身长裙，端庄地坐在那儿望着我，仿佛有点生我的气"。林青霞看到她后，很开心她没有死，但忽然又想到，其实她是已经死了的，心里一害怕，就又在梦中念"唵嘛呢叭咪吽"让自己醒了过来。

大概，活着的人对于这样的约定都是既期待又害怕的吧。自那以后，三毛便再也没有"回来"找过她，大概也是怕吓到朋友。

世间始终你好

三毛与王洛宾：
不对等的灵魂如何相爱

荷西去世后，三毛身边一直不乏追求者，大都是短暂的交集没有结果。我觉得她还是会在对方身上寻找荷西的影子，更确切地说是寻找与荷西在一起的感觉，但与荷西的那种默契，她自己也知道永远不会有第二次了。于是外形的相似也是一种安慰，她后来总会对大胡子的男人有一些好感，当然这种好感并非全与爱情有关，只是如果非要选择在旅途中与人交谈，她是会选择有大胡子的或者西班牙人，与这两类人产生感觉的概率就大了些。

她在书中和对朋友提到过的两位跟她有过交集的男人，一位是"大胡子"，一位是"西班牙籍"。

"大胡子"是她在欧洲街边的小酒馆邂逅的一个来此地旅行的希腊男人，那个男人对三毛一见倾心。起初三毛把他当成坏人防备，当他让她放下戒备之心与他坐下来交谈后，三毛发现他们有很多相似之处，他想说的正是她想听的，她表达的他也刚好能听懂，这让三毛的内心泛起一点点小涟漪。那个男人成熟，有一种看透但不说透的智慧和包容，因为在此地停留短暂，他用尽量多又不想把三毛吓跑的方式表达想要在以后的日子里照顾她，并把父亲送给他的一块随身佩戴的石头送给三毛。三毛很矛盾，一个人去了另一个城市旅行，可是又遇到了他。这种宿命的安排让三毛有点动心，但最终她还是将这种念头掐灭，含泪与他告别，逃走了。她知道，这种感觉止于此便是最好的结局。三毛是他天空中的一颗流星，不管对方是否觉得遗憾，她还是匆匆"划"过了。

还有一位西班牙籍的男友，她没有在书中提过，只有她身边的朋友知道。有一次，她的朋友问及这段恋情，她对朋友说："西班牙男友已散了，其中因素很多，我想交往以后，我最最讨厌他的就是他对任何人都没有一丝一毫的爱心，他很自私很自私嗳，算了……这只是我单方面的决定，目前他在德国，并不知道，我也没有写信给他。荷西的迷人，在于他实在是个爱生命、爱人类、爱家庭又极慷慨的人。不能比较，荷西是亲人。"

三毛与王洛宾的恋情是荷西死后最轰动的一次恋爱了。

王洛宾的歌曾被收录在台湾的教科书里，三毛小时候就喜欢那些歌，特别是那首《在那遥远的地方》。但当时台湾与祖国大陆的交流很少，对于这位创作者，三毛所知甚少。直到 20 世纪 80 年代末，香港女作家夏婕在新疆期间，与同样在新疆的王洛宾共处过一段时间，回到香港后，她便写下了这位音乐家的故事发表在《台湾日报》上。后来，三毛的忘年交，也是被她称为司马叔叔的司马中原，在一次作家座谈会上见到夏婕，夏婕又当面给他讲述了王洛宾的故事，讲他早年命运悲凄，生活多受磨难，有长达十九年的牢狱生活；讲他到了晚年，太太去世，他一个人在新疆过着孤独的生活；讲他身处恶劣的环境时也从未停止采集、创作歌曲，一生创作歌曲一千余首；讲他在新疆的时候，每天黄昏都坐在门前看夕阳，天黑后，总要对着悬在古旧墙壁上的太太遗像，弹一首曲子给她……

回到台湾后，司马中原又将王洛宾的故事转述给三毛，三毛听哭了。我觉得是"每天黄昏，他都坐在门前看夕阳；天黑后，总要对着悬在古旧墙壁上的太太遗像，弹一首曲子给她听"打动了三毛，让她对王洛宾产生了好感。她对司马中原说："这个老人太凄凉太可爱了！我要写信安慰他，我恨不得立刻飞到新疆去看望他！"

　　也是那次，三毛同林青霞等友人外出吃饭，夜半回家上楼时一脚踩空，摔了下去，摔断了肋骨。摔伤还未痊愈，她就张罗着去见王洛宾的事情，她一边写信联系王洛宾，一边联系去大陆的旅行社，因为那时两岸还未开放自由行，她只能跟团旅行。她的朋友、《明道文艺》的主编宪仁先生爱护她，听说她要去大陆，便委托她给王洛宾代送稿费，这样也有了一个更正式的见面理由，不会让对方觉得突兀。可能在朋友们看来，自荷西去世后，三毛很少像这样为某个男人如此冲动过，所以都想帮她一下，又为她捏着一把汗。

　　1990年4月，经过一番周折，三毛跟着旅行团到了新疆。她无心欣赏新疆的美丽景色，在旅行团到达乌鲁木齐后便脱团而去，终于在4月27日如愿见到了王洛宾。那一年，三毛47岁，王洛宾77岁。两人初次见面，既克制，又有相见恨晚之感，他们相谈甚欢。那天，三毛给王洛宾唱起了那首《橄榄树》。王洛宾也为三毛唱了一首他创作的《高高的白杨》，这首歌写的是一个维吾尔族青年在结婚前夜被捕入狱，美丽的未婚妻不久之后便忧郁而死，青年为了纪念未婚妻蓄下了胡须。当王洛宾唱到"孤坟上铺满了丁香，我的胡须铺满了胸膛"时，三毛哭了，她感受到一种久违的感动。也许就是初见时的这种感动，让三毛对王洛宾产生了一种"老房子着火"般的热情。

但这次见面是短暂的，因为三毛是跟团来的，所以只在新疆待了两天就不得不离开。告别的时候，她已对王洛宾恋恋不舍，她跟他说："我还会回来的。"

回台湾不久之后，三毛就给王洛宾写了一封热情洋溢的信：

亲爱的洛宾：

万里迢迢，为了去认识你，不是偶然，是天命，没法抗拒的。我不要称呼你老师，我们是一种没有年龄的人，一般世俗的观念拘束不了你，也拘束不了我，尊敬与爱，并不在一个称呼上，我也不认为你的心已经老了。

回来早三天，见过了你，以后的路，在成都，走得相当无所谓，后来不想走下去，我回来了，闭上眼睛，全是你的影子，没有办法，照片上，看我们的眼睛，看我们不约而同的帽子，看我们的手，还有现在，在家中，蒙着纱巾的灯，跟你，都是一样的。

你无法要求我不爱你，在这一点上，我是自由的。上海我不去了，给我来信，九月再去看你。寄上照片四大张，一小张，还有很多，每次信中都寄，怕一次寄去要失落，想你。新加坡之行再说。我担心自己跑去你不好安排。秋天一定见面。

三毛

王洛宾也改写了他那首著名的歌曲——《掀起你的盖头来》的其中

一段，寄给了三毛，这也是初见三毛时，三毛留给他的印象——

掀起你的盖头来，

美丽的头发披肩上。

像是天边的云姑娘，

抖散了绵密的忧伤。

但王洛宾对于三毛的炙热情感是有些迟疑的，他一辈子都没有遇见过像三毛这样直接、热情的女人。他给三毛讲：萧伯纳有一把破旧的雨伞，早已失去了雨伞的作用，但他出门依然带着它，把它当作拐杖用。然后，他委婉地把自己比喻成萧伯纳的那把雨伞。三毛责怪他说："你好残忍，让我失去了生活的拐杖！"尽管有所迟疑，但从 1990 年 5 月到 8 月这短短的三个月时间里，他们之间就通信达十五封之多。在信中，他们约定，下次三毛再去看他不住酒店了，要住在他家里，三毛对他说："住在家里是为走近你。"

女人，看似是一种比男人弱小的动物，但在爱情上好像永远都比男人勇敢。

这一年 8 月，三毛修改完剧本《滚滚红尘》的旁白部分后，就迫不及待地去了新疆，比原计划提前了一个月。

可是这次见面却并没有第一次那般美好。

当时，有个电视台正在为王洛宾拍摄纪录片，听说三毛要来，就跟王洛宾说要把他去机场接机这段也拍进片中。王洛宾拗不过他们，于是，在没有征得三毛同意的情况下，王洛宾带着剧组的工作人员和剧组安排的一支由十几个小学生组成的欢迎队，浩浩荡荡地去了机场。

夜里十二点，当三毛乘坐的飞机落地停稳后，电视台的人对着机舱门架起了摄影机、照相机。舷梯旁，十几个小学生手捧鲜花盛装以待。

毫无准备的三毛一看这个架势，躲在飞机上不肯下来。王洛宾上去劝说，她才无奈地走出机舱。对于这件事，三毛很窝火，但又不能发作。为了这次见面她做了精心的打扮，那天，她穿了一身在尼泊尔买的西藏毛料裙服，打扮成《在那遥远的地方》中藏族姑娘卓玛的形象，想给王洛宾一个惊喜，唤起他对爱情的久远回忆。哪知，她期待的两人重逢的情景毁在一片闪光灯和人群的喧闹中。在从机场回家的路上，她不说话，一直沉默着抽烟。

接下来的日子，喧嚣依旧。

有一日，剧组又想到一个主意，他们请王洛宾说服三毛配合演一出戏：清晨，三毛敲响王洛宾的房门，他开门后，三毛拿出台湾出版的王洛宾的作品作为礼物赠送，并表达自己的崇敬之意。这样的"作假"是三毛不能容忍的，但在王洛宾的劝说下，她还是这样做了。

又有一日，王洛宾突然请来一位女大学生来照顾三毛的日常起居。三毛来新疆的目的是想与王洛宾独处，除了她对王洛宾的爱慕，她还想为他写传记。现在，忽然多出来这么一只"灯泡"，令三毛感到窝火。

那几日，王洛宾的家里人来人往，有电视台的人，还有王洛宾所在单位的干部们，三毛像动物园里被参观的猴子一样。而王洛宾每天都要

世间始终你好

配合电视台的拍摄，没有时间陪三毛。终于有一天，三毛在饭桌上朝王洛宾发了脾气，并收拾行李搬到了酒店。隔天，王洛宾忙完后去酒店找三毛，起初，酒店的员工不知道前一天住进来的女人就是三毛，当王洛宾告诉他们陈平就是三毛时，酒店的员工们沸腾了，他们拿着书、本子跟着他一起出现在三毛的房间门口，请她签名。当三毛打开门，又看到一大群人，她崩溃了。她抱住王洛宾说："我只要你一个人！"其他人看到这样的场景，才知趣地退出了房间。到了这个时候，三毛也看明白了，她和王洛宾之间隔着太多东西，她之前把这段关系看得太简单，太理想化了。

也许那时候，辽阔的大西北让她想起了遥远的撒哈拉，三毛把离台湾万里之外的新疆当成一片净土，她希望能在那里找到她在撒哈拉沙漠、加纳利群岛、印第安村落一样的归属感。因为，当时台北的喧嚣让她有些无力招架，她以为新疆是她发现的一片新大陆，会给她带来心灵上的安宁，不承想此地更加喧嚣。其实，那些名利，三毛早已经见识过了，并为盛名所累，她只想要一段安静的生活，他却又把她推入一个又一个旋涡中。

这一次，她本来是抱着长住的打算去新疆的，她带了几大包行李，还带足了她最爱的台湾产的"长寿烟"，打算在新疆至少先住四五个月。她甚至想在新疆买个房子，以后可以在新疆和台北两地生活。她对王洛宾的孩子们也很热情，第一次见面就给他的孙子包了一个200块钱大红包（20世纪90年代，王洛宾的儿子王海成一个月的工资还不到100块）。

她还希望能安排王洛宾的孙子去台湾接受教育，将来去美国读大学。

发生了这么多事情之后，她知道这一切都不可能了。也许，一个人做的事情是否值得尊重、是否有趣，和他是否适合相处无关。三毛本来期待一场灵魂的触碰，却不承想他们之间夹杂了这么多人。他们都是明星式的人物，两个人都有了俗世之名，这样一来，他们即便惺惺相惜，但各自都戴着一层说不清道不明的盔甲，之前与荷西那种远离人群的简单生活再也不会出现了，他们周围充斥了太多不相干的人。

王洛宾不像三毛的思想那样自由，他歌曲里表达的自由也许只存在于歌里，他一直生活在一个封闭的环境里，生活的轨迹与三毛也大不相同，他要考虑的现实问题太多了——年龄的差距、家人和组织上的意见，等等，处处是牵绊，而这些问题在三毛那里都不是问题。他们的年龄相差30岁，然而他们的思想、意识的差距却不只是30年的距离。初次见面，他们所谈的都是音乐、艺术，她对他的好感是在生活之外的，感情架在想象上。共同生活的这几日，三毛才发现，他们的生活方式和追求是如此不同。

第二次的短暂相处，使她看清楚了这一切，她对他的热情也冷却了，更确切地说是失望了。九天之后，她便收拾行李黯然回台了。

回到台湾后，她打电话对司马中原说："我这次去看王洛宾，他并不像你说的那样，我去他家，一屋子媒体人和当地干部，我有被耍的感觉。我原本只是想和他单独聊聊的。"

当年的12月，回到台湾后的三毛给王洛宾写了最后一封信。信中，三毛对王洛宾说，她会同一个英国人结婚，以后定居苏格兰，请他不要挂念。这是三毛给自己的一个台阶吧？事实上，她没有再同任何人结婚，写完这封信十九天后，她便自杀了，给世人留下一个谜。

王洛宾听到三毛自杀的消息后，非常悲痛，他在家中一杯接一杯地饮着烈酒。三毛去世四天后，他写下了这首《等待》：

你曾在橄榄树下等待又等待，

我却在遥远的地方徘徊再徘徊，

人生本是一场迷藏的梦，

请莫对我责怪。

为把遗憾续回来，

我也去等待，

每当月圆时，

对着那橄榄树独自膜拜。

你永远不再来，

我永远在等待，

等待等待，

等待等待，

越等待，

我心中越爱。

也许，当一个人死了之后，另一个人才会觉得，之前所顾忌的世俗的一切统统都不重要了。也许，这样深情的歌词只是出于音乐人职业的敏感而创作的，其中隐藏的情感无从考证。

对于这场恋情，司马中原看得明白，他说："始作俑者是夏婕，传叙者是我，做了傻瓜的却是三毛。"

世间始终你好

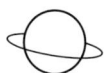

三毛是文坛一匹黑马，她的作品不但迅速俘获了台湾的读者，更是风靡了整个华语地区，在香港、大陆也有很多粉丝，她还没有出书之前，在台湾《联合报》的副刊写撒哈拉的故事的时候，很多人就为了读她的故事而去买那份报纸。回到台湾后，三毛写书、演讲、编舞台剧、出音乐专辑、写电影剧本、拍电影，等等，热度经久不衰。她的生活方式和价值观给当时的社会带去一种新鲜感。即便在今天看来，她的生活方式仍然是很多人所向往的。

在兴起"三毛热"的同时，也出现一些诋毁三毛的人。不喜欢三毛的人大概会有两种理由，一种是：三毛过着一种在常人眼中不可思议的生活。在固有轨道里生活的人看来，那样的生活是不真实的。曾有人千辛万苦地跑到三毛生活过的大加纳利岛去探寻，只为要刺破三毛生活的假象。另一种则是：她写的都是自己的生活，作品不够深刻。

她的朋友胡因梦曾经站出来说："有很多人批评三毛，认为她只是在自己的小天地做梦，我不以为然。基本上，文学创作是一个人性灵升华的最高表现，她既能升华出这样的情感，就表示她有这样的层次，这比起很多作家，我觉得她在灵性上要高出很多。"

不喜欢三毛的人当中最有名的要数李敖。三毛与李敖其实并未有太多私交，但李敖写文章给过三毛恶评，并将其收录在他的书——《李敖文集》中，在简体版的《李敖回忆录》里面也出现过。

李敖在台湾家喻户晓，粉丝无数。李敖和三毛第一次见面是在一次饭局上，那次是皇冠出版社的创始人平鑫涛请客。平鑫涛是三毛的伯乐，也是作家琼瑶的丈夫。三毛写的第一篇在撒哈拉生活的故事——《中国饭店》就是在平鑫涛当主编的《联合报》的副刊发表的。三毛受了平鑫涛的鼓励写了很多关于撒哈拉的故事，直至结集成一本书。也因此，三毛与平鑫涛夫妇成为朋友，三毛成名后的大部分作品也是在皇冠出版社出版的。在那次饭局上，平鑫涛将三毛介绍给李敖时对他说："有一位作家很仰慕李先生，我也请她来了，就是三毛。"对于那次见面，李敖说："三毛很友善，但我对她印象欠佳。"回去以后，他就写了一篇文章，把三毛给"骂了"。在同一篇文章中，被骂的还有金庸。

早在 20 世纪 60 年代，他也写长文骂过琼瑶，不过当初他骂琼瑶，大部分的笔锋都是针对琼瑶的作品。而对三毛，他不但骂了她的作品，还骂了她的人。

他写：

三毛说她"不是个喜欢把自己落在框子里去说话的人"，我看却正好相反，我看她整天在兜她的框框，这个框框就是她那个一再重复的爱情故事，白虎星式的克夫、白云乡式的逃世、白血病式的国际路线和白开水式的泛滥感情。如果三毛是个美人，也许她可以以不断的风流韵事传世，因为这算是美人的特权，但三毛显然不是，所以，她的"美丽的"爱情故事，是她真人不胜负荷的，她的荷西也不胜负荷，所以一命归西

　　　　　　　　　　　　世间始终你好

了事。我想，造型和干哪一行还是很重要的。前一阵子林青霞同我晚餐，餐后在我家谈了十小时，我仔细看了她，我看她就是明星造型，正好干明星；美丽岛军法大审时，陈菊在电视里出现肉身，面目坚毅肃杀，我仔细看了她，我看她就是政治造型，正好搞政治。如果林妹妹搞政治，陈姐姐干明星，我想就说不出来的不对劲。

　　这篇文章写得不只是苛刻，简直有点恶毒了。他说三毛不美，这是无可厚非的。虽然有失风度，但在对于异性的审美标准上，往往是萝卜青菜各有所爱的，评价一个人美丑的时候也会掺杂着很多个人的情感在里面，这个可以暂且不说。但他用"白虎星""克夫"这样的字眼攻击三毛，未免太恶毒了些，这其实已经到了人身攻击的地步了。大家都知道荷西是死于意外，三毛的父母和身边的朋友们也见证过那些悲伤的日子她是怎么熬过来的，到了李敖这里就变成了"荷西不胜负荷，一命归西"。多亏三毛是活在现代，不是旧社会，否则她会被李敖这样的人送上绝路。

　　其实李敖的审美是固执的老派直男式审美，这可能与他的经历有关。李敖14岁举家赴台，除了在2005年来过大陆之外，他几乎一生都没有离开过台湾，他的审美是封闭的，三毛那样的风情他是欣赏不了的。大陆有位拍人像的摄影师肖全，曾用了三天时间跟随三毛穿过成都的大街小巷，为她拍了一组照片，他评价三毛说："她的气质是一个大知识分子，像杜拉斯那副神情。让人觉得是一个高级的女人。"而李敖认为的异性美翻过来覆过去就是林青霞、胡因梦这样的美人，并固执地认为这就是真理。基本上在大众眼里都会觉得她们二位是美人，可是除了这两种美丽，世间还有各种不同风格的美丽女子。他欣赏不了的，便觉得是丑。当一个人讨厌另一个人的时候，美女也会变成美女蛇。

李敖常常有两套标准，他的所说与所做往往很矛盾。同样的事情，李敖自己做就是对的，换成别人做那就不对了。他觉得三毛长得不美，她的形象支撑不了她的爱情和浪漫生活。可是，你再看李敖本人，他不是也很喜欢把他和不同女人的情事、私房事拿出来说？他曾经把写给11个女人的情书结集，隆重出版，还在电视上炫耀追女人的手段。有一次，鲁豫问他："听说，成熟的男人勾引女孩子，都是先痛说革命家史。"李敖不无得意："这种太低级了。我女朋友18岁的时候，我送给她17朵玫瑰花，对她说差的那一朵就是你。你看这多高级！"他的外形也不过是一个普通男人，他的形象就能承担起爱情和风花雪月吗？

其实，李敖不只是对三毛苛刻，对他的女友们也是如此。他最擅长以才子的小聪明大玩爱情，鸡贼且套路深，并为此洋洋得意。他的众多女友中，胡因梦应该是最知名的一个。在遇到胡因梦之前，他与当时的女友刘会云同居，后来他遇到胡因梦后便喜欢上了，并开始追求她。胡因梦知道他有女朋友，就问他："你的另一位女友刘会云该怎么办？"李敖说他会告诉她："我爱你还是百分之百，但现在来了个千分之一千的，所以你得暂时回避一下。"胡因梦问："什么是'暂时回避'？"李敖说："你这人没个准，说不定哪天就变卦了，所以需要观望一阵子。我叫刘会云先到美国去，如果你变卦了，她还可以再回来。"为了让刘会云去美国，李敖给了她210万台币的"暂时回避金"。不过，很快，他心疼这笔钱了，在跟胡因梦谈婚论嫁的时候，他对胡因梦的母亲说："我已经给了刘会云210万，你如果真的爱你的女儿，就应该拿出210万的'相对基金'才是。"气得胡母大呼李敖是来骗钱的。

他同胡因梦的婚姻只维持了3个月零22天，便草草收场，胡因梦却被他拿出来说了一辈子。刚离婚时，李敖在他的节目上骂了她整整70集，并公开谈论胡因梦便秘的事。他们结婚时胡因梦才二十六七岁，现在60多岁了，还不时会看到李敖在一些公开场合谈论她，他伤害胡因梦又常常对外炫耀她。《色戒》上映时，汤唯因为在里面大胆的情色表演受到关注，她裸露的身体成为那年街头巷尾男人们的谈资，对此，李敖公开表示："汤唯有什么好看的，我前妻胡因梦那才叫美。"胡因梦50岁生日时，李敖给她送去50朵玫瑰，乍一看，是很温情感人的举动，但他公开对记者说，此举"只是为了提醒她，你再美，也已经50岁了"。果然是"直男癌"晚期的思想。他想以此打压她，觉得女人老了就会一无是处。可是，他又有什么好得意的呢？他得意的点在哪里？胡因梦50岁的时候，他也已经68岁，他岂不是更老？他有什么好得意的呢？

对于李敖送花一事，胡因梦在接受记者采访时说："其实最初，我就怀疑他的动机。后来知道他出了一本书，我就明白了。他的活法里，太多商业运作。"还是胡因梦熟知他的套路。又过了十年，胡因梦60岁生日时，李敖又发微博谈旧情，犹豫着要不要送胡因梦60朵玫瑰，引来一众网友纷纷赞他"有情有义"。事实是怎样的，大概就只有当事人自己知道了。他这样每隔几年就出来炒作一次，弄得胡因梦人生观都几乎因他而改变，她后来息影，潜心于身心灵领域，想必也是年轻时内心受到太多人性方面的震撼。谈起李敖对她的消费，她淡淡地说："多年来，他这样不断地羞辱我，对我，是一个很好的磨炼。"

再说李敖与三毛的那次饭局聊天，三毛与李敖聊到她敬佩去非洲的史怀哲[12]，她也想像史怀哲那样去非洲沙漠帮助那些贫民。这句闲聊的话，也让李敖捉住了把柄，李敖写：

她跟我说：她去非洲沙漠，是要帮助那些黄沙中的黑人，他们要她的帮助。她是基督徒，她佩服去非洲的史怀哲，所以，她也去非洲了。我说：你说你帮助黄沙中的黑人，你为什么不帮助黑暗中的黄人？你自己的同胞，更需要你的帮助啊！舍近而求远，去亲而就疏，这可有点不对劲吧？并且，史怀哲不会又帮助黑人，又在加纳利群岛留下别墅和"外汇存底"吧？你怎么解释你的财产呢？

其实三毛之所以想去非洲沙漠，与她年轻时在撒哈拉沙漠生活过有很大的关系，人对年轻时生活过的地方总是会有一种难以割舍的情愫，这种情愫会随着年纪的增长越来越明显，越来越想回溯。并且当时的台湾正值经济起飞之时，人们都在追逐商业利益，城市非常喧嚣，人心也浮躁。回到台湾之后，她并不是很适应那种快节奏的生活，在内心深处，她一直想要逃离。有一次，她去山上参观烧陶器的窑，看到烧窑的姑娘在那样优美的景色里不慌不忙地做着喜欢的事情，令她十分羡慕。但是，

---

[12] 大陆多译为阿尔贝特·施韦泽（Albert Schweitzer，1875—1965），他被誉为"非洲圣人"，是1953年的诺贝尔和平奖获得者。

世间始终你好

那个时期的她不能任性抛下手中正在做的事情，一隐了之。我想，三毛跟李敖在饭局上说的那些话，应该是她所向往的一种状态——在一个自己喜欢的环境里，做着喜欢且有意义的事情。李敖却把它拿来大做文章。并且，史怀哲也不是非洲人，一向读书很多的李敖不会不知道史怀哲是出生在德、法两国边界阿尔萨斯省的一个小城，那个小城当时是属于德国的。史怀哲38岁的时候去了非洲，在那里建立了诊所，从事医疗援助工作，帮助了很多非洲穷人，一直到去世。为什么三毛就不能跨国界帮助别人呢？

李敖质疑三毛的房产和存款，这逻辑也是奇怪的，为什么自己有财产就不能帮助别人，难道自己穷到吃不上饭才能去帮别人吗？那到底是要去帮助别人还是拖累别人呢？

对于骂三毛这件事，李敖也有他的商业炒作的点。他骂三毛的时候，也是三毛在台湾最火的时候，她写书，做环岛演讲，当舞台剧编剧，与齐豫、潘越云合作出音乐专辑，与林青霞合作拍电影，等等，风头十足。早些年，他骂琼瑶，骂龙应台，骂胡因梦，这几年又状告人气更旺的小S，骂的都是些有名的女人，并且都是在她们的鼎盛时期，他也因为"骂"而得到了很多。台湾本来就小，看来看去，几位有名气的女人都被他骂了。李敖对三毛的"骂"，可以用胡因梦评价李敖的一句话概括："以一贯正反思辨的黑白讲和精密的资料来合理化自己幼童般的欲力"。看来，还是与李敖一起短暂生活过的胡因梦对他看得比较透彻。

这大概就是他的生存之道吧。

Chapter

陆·尾声

追梦人

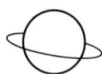

她的写作：就像一所简陋的房子，打开门，里面却堆满珍宝

三毛的书，书名都很平淡普通，没有煽情，也不哗众取宠。她的几部重要的作品《撒哈拉的故事》《雨季不再来》《稻草人手记》《哭泣的骆驼》《温柔的夜》《背影》《梦里花落知多少》《万水千山走遍》《倾城》《我的宝贝》《闹学记》等，书名都是最平淡不过的词组。

除了书名，内文的标题亦是如此。

她的第一本书《撒哈拉的故事》的标题——《沙漠中的饭店》《悬壶济世》《结婚记》《天梯》《素人渔夫》《沙漠观浴记》，不但平淡，还有些让人摸不着头脑。其中，《沙漠中的饭店》《结婚记》《沙漠观浴记》题目中稍微透露了一点点内容；《素人渔夫》有些不好判断；《悬壶济世》让人隐约觉得与治病救人有关；而《天梯》却是无论如何也想不到的，写的是她在撒哈拉考驾照的事。

三毛不是不会取标题，而是她一贯坚持"不要在题目里透露文章的秘密"的风格。她会在题目中透露一点点内容，就像给读者开一点门缝，让你仅看到一线光，你要想看到全部，便需推门而入。她说："假如你把文章的内容，直接地由题目表现出来，别人一看就已知道里面写的是什么，猜出你所写的内容，那便不够精彩了。"这是作家本人的一种自信。

再看现在新媒体的写作方式，写作的人把所有的精力都用在标题上了，语不惊人死不休，有时候一篇文章读下来，索然无味。因为全文中

世间始终你好

最精华的已经通过标题告诉大家了，阅读的感受每况愈下。写作的人的所有脑洞都用在了标题的几个字上，再也没有什么智慧去好好讲里面的事情了。

这也与现代人的阅读习惯有关，大概是生活节奏过快，人们没有耐心细细欣赏。一本书放在书店里，如果在三秒钟内没有抓住买书人的眼球，就算失败了。所以现在的很多出版人为了引起读者关注，让书畅销，都会取一个"蛊惑人心"的书名，并配上腰封，写上夸大其词的广告语，然后再找来一些名人写推荐，才敢让书上架。

而三毛就是用她那些朴素的标题，吸引了一大批读者。有位读者曾这样评价她的文章："她的文章就像她的生命，找不到头，看不见尾，摸不到心脏，抓不住呼吸。就是那么洋洋洒洒，哭她想哭的，笑她想笑的。"

读三毛的书，就像进入一所外在简陋的房子，打开门，里面却堆满珍宝。

三毛的作品以荷西去世为一个转折点，荷西还在的时候，她像一枚饱满的浆果，晶莹剔透，对一切未知都充满热情。她曾经说过："我的写作生活，如果不是我的丈夫荷西给我自由，给我爱和信心，那么一本书都写不出来。我的写作生活，就是我的爱情生活。但是我还要说一句，'我的人生观，就是我的爱情观。'"《撒哈拉的故事》《哭泣的骆驼》《稻草人手记》大都讲述的是撒哈拉和加纳利群岛的故事，这两个时期，是外部环境给她感受最多也是她内心最丰沛的时期，所以她这个时期的作品大都充满了欢乐的氛围，如童话般美好。即便是写悲剧，也能感受到她本人是有力量的。比如《哭泣的骆驼》《沙巴军曹》等作品。她的读者说："年轻时读过她的作品，以后不敢再读，害怕会破坏那份曾经念念不忘的美好。"

荷西走了以后，她便虚弱了、干瘪了，那种欢快的力量被抽走了，她的文字充满了哀伤，也少了一些灵性。她在这个时期写的书，翻开来，仿佛都能听到她不时发出的叹息声。

《梦里花落知多少》是荷西去世后第二年出版的，这是一部哀伤的作品，这本书里的她令人心疼，里面全是回忆和哀伤，她的世界一下子从五彩缤纷变成了黑白。书中几篇文章的题目是《明日又天涯》《云在青山月在天》《似曾相识燕归来》《梦里花落知多少》《雨禅台北》，比前面几本书的题目显得意味深长了一些，有了些许禅意。那时的她仿佛失了心智，时而坚强，时而低沉，喃喃地说着一些与荷西在一起的往事和没有荷西后独自面对的事情，作品中充满了平静的哀伤。

哀伤的氛围一直出现在她之后的作品中。那些年，三毛的心飘飘忽忽的，有时候，她想与从前决裂，有时候，她怀念从前。

一直到《我的宝贝》，又让读者看到了从前那个生动的三毛。三毛一生收藏宝贝无数，这本书里讲述了她其中一部分收藏的故事，她大半生的经历通过这些她收藏的物品讲述出来，是对往昔时光的一次回忆。那些人物、场景都穿过半生时光，鲜活地出现在纸上。一个人回忆的时候总是动情的。这也是我个人偏爱的一本。

《滚滚红尘》是三毛最后一部作品，是荷西去世后她创作的一个高峰。这次不同于以往的作品形式，这是她第一次尝试创作剧本。三毛喜欢张爱玲，这部剧便是根据张爱玲与胡兰成的感情纠葛以及张爱玲与炎樱的姐妹情写就的。三毛自杀后，张爱玲在洛杉矶的报上看到消息，那天她的朋友林式同开车带她去跟房东签约，她在车上问了他一句："她怎么自杀了？"冷冷的，淡淡的，一如既往的高冷和不在意。只是林式同不了解三毛，所以也没有发表自己的看法，这个话题就没有谈下去。不知那时的张爱玲在想些什么？

三毛说，她为了这个剧本耗费了很多精力和时间。这部戏里，也有很多她自己的影子。

其中女主人公韶华用一只金戒指打赏司机的那段，会让人想到三毛在大加纳利岛，把满屋子收藏的宝贝古董、乐器、汽车送给朋友的那些场景；也会让人想到三毛在欧洲，提了一包钱走在路上，被风一吹，钱刮得漫天都是，她在欧洲的街头追逐那些随风飘散的纸币的场景。

还有一段——

韶华的好友月凤参加学生运动不幸遇害后，韶华在出版社的朋友谷音夫妇半夜来敲门告诉她的那段对话：

"月凤，她是不是死了？"

"你先坐下。"

"她是不是死了？"

"她死了。"

荷西出事的时候，房东太太半夜敲门去告诉三毛噩耗时，便是这样的场景，这样的对话。

《滚滚红尘》成为三毛的完结篇。

从三毛第一本书看到最后一本，就像看一场欢乐剧的落幕。其实，不管如何精彩的人生终归都是要落幕的，但有的人生带来的影响力是持久的，永不落幕。

如同三毛。

世间始终你好

Postscript

后记

永远的女孩

〜〜〜〜〜〜〜

✖

三毛的死：
自杀是一场预谋

「一个令人费解的、拔俗的、谈吐超现实的、奇怪的女孩，像一个谜。喜欢追求幻影，创造悲剧美，等到幻影变为真实的时候，便开始逃避。」

——作家、文学研究家胡品清

三毛对死亡一直有好奇心，"死"这个字曾在她的文字中频频跳出来。

"自杀"这件事在三毛很小的时候就发生过，她那时处在自闭的青春期。所幸那次她走了出来。长大后她解释："当时年纪小，不懂得——死，并不是解脱，而是逃避。"

后来，她的未婚夫离世的时候，她也一度想要自杀。直到遇到荷西，他们一起生活了六年，这段日子，她过得甜蜜、充实，死亡这样的事情便闭口不提了。那时，有个杂志社约她写一篇文章，主题是：如果你只有三个月的寿命，你将会去做些什么事？

她想了很久，一直没有写这篇文章，她说："虽然预知死期是我喜欢的一种生命结束的方式，可是我仍然拒绝死亡。在这世上有三个与我个人死亡牢牢相连的生命，那便是父亲、母亲，还有荷西，如果他们其中的任何一个在世上还活着一日，我便不可以死，连神也不能将我拿去，因为我不肯，而神也明白。……我要守住我的家，护住我丈夫，一个有责任的人，是没有死亡的权利的。"

荷西意外死亡后，她与世上联系的三根线便被斩断了一根，对她而言生命变得不再那么稳定，死亡又开始浮出水面，与她对视。那时所有人都担心她会自杀，她也的确这样想过，她曾经很认真地跟父母说："如果选择了自己结束生命的这条路，你们也要想得明白，因为在我，那将是一个更幸福的归宿。"

母亲祈求她："你再试试，再试试活下去，不是不给你选择，可是请求你再试一次。"

父亲则几乎失去控制地对她说："你讲这样无情的话，便是叫爸爸生活在地狱里，因为你今天既然已经说了出来，使我，这个做父亲的人，日日要活在恐惧里，不晓得哪一天，我会突然失去我的女儿。如果你敢做出这样毁灭自己的生命的事情，那么你便是我的仇人，我不但今生要与你为仇，我世世代代都要与你为仇，因为是——你，杀死了我最最心爱的女儿——"

父母的反应让她知道，她的生命对于他们来说是多么重要。所以她说："我愿意在父亲、母亲、丈夫的生命圆环里做最后离世的一个。……生的艰难，心的空虚，死别时的碎心又碎心，都由我一个人来承当吧！"

但她却食言了。

也许，语言是有时效性的，人们在某种特定的环境里说过一句什么样的话，当生命的情形变了之后，对之前说过的话就不再认同了。

有人说她那么热情、坚强，怎么会杀死自己呢？

其实那几年，她在强迫自己活着。荷西死后，她在精神上异常艰难，但为了不表现出自己的脆弱，她为自己找了一些乐子——写书、写歌词、写剧本、四处搜集老物件，看起来也的确过得还不错。她不愿意悲悲戚戚地出现在众人面前，只在一些关系好的朋友面前才会流露出悲伤。到了后来，她在朋友面前也很少表露悲伤了。那些年她也不是一直沉迷于悲伤的，她同朋友们喝酒、聊天、说笑，也是真的快乐，表面看起来，好像是治愈了，但内心深处的那块黑暗之地一直存在，心理的处境更加危险了。

那些年，她写的文字都零零散散的，失去了最初的灵性。她自己也知道，但是也无力改变现状，写作是感性的事情，着急和努力都没用。她在给父亲的一封信中透露出无奈的情绪：

爸爸，你不能要求我永远是沙漠里那个光芒万丈的女人，因为生命的情势变了，那种物质也随着转变为另一种结晶，我实在写不出假的心情来。

虽然在荷西去世后的那几年，她做出了一个又一个的成绩——出版了十几本书，创作了一张唱片，又写了一部剧本——《滚滚红尘》。但创作过程对于创作者来说，是一种损耗。写书还好，可以按照自己的心意去创作。写歌词和电影剧本，要牵扯到团队的协作，需要反反复复地修改。那张《回声》专辑里的歌词，她改了很多遍，唱片公司一遍一遍地打回很多遍。电影剧本更是反反复复修改了很多遍。她忙到失忆的那几次，都是因为这些工作。无论对精力还是心智，都是一种巨大的损耗。

《滚滚红尘》是三毛自荷西去世后在创作上的一次重要突破，是三毛铆足劲儿完成的作品，也是她对自己的一次挑战，所以她很在意这部作品。虽然三毛对外界说得不得奖无所谓，但心里其实还是很在意的。在奖项揭晓之前，她跟一个关系很亲密的朋友说："我写了电影《滚滚红尘》，主演是林青霞和张曼玉，已入围亚洲电影大奖，我要去香港参加典礼，但不知能不能最后获奖。我心里很紧张，总担心人们对我写的电影期望值太高，担心他们会看了失望。"

朋友安慰她说："电影又不是你拍的。如果能得最佳编剧奖当然好，即使得不了，读者照样会喜欢你。"

她说："我还是很担心。如果拿不到任何奖，我会很没面子的。我为这部电影付出了很多时间很多努力。"

她对自己这次跨界的创作不是很自信，所以需要这个奖来肯定，但是她的希望却落了空。《滚滚红尘》上映之后获奖无数，最佳女主角、最佳影片、最佳摄影、最佳导演、最佳女配角、最佳美术设计、最佳造型设计、最佳电影音乐八个奖项收入囊中，唯独最佳剧本奖落选了。

三毛自从搬回到台湾后，就把自己置身于忙碌的工作中，工作成了她的安全岛，这种忙碌一直持续到 1990 年，也就是她自杀的前一年。这一年，她几乎把所有的工作都做完了。《滚滚红尘》在这一年上映；最佳编剧奖项也在这一年落选；与王洛宾那段短暂、飞蛾扑火般的恋情也是在这一年发生，这一年结束。当这一切都结束后，那些填充她、给她安全感的事情，突然抽离了，内心气压失衡，心理产生了落差，心里的空虚没有东西可去填充了。她把世上所热爱的事情，都做了一遍，她曾经说过："我的这一生，丰富、鲜明、坎坷，也幸福，我很满意。"再继续逗留，也再无新鲜事发生。再活下去，也无非就是再继续写一本一本的书，去一个又一个的远方，而这些最初让她快乐的事情带给她的喜悦也越来越少。就像她在市中心为自己打造的那处小木屋，当初，她是带着多么高涨的热情去改造、去装修，但也在住了不久之后，就感到索然无味了，又搬回去跟父母同住了。德国经济学家戈森曾提出一个有关享乐的法则：同一享乐不断重复，则其带来的享受逐渐递减，在经济学上叫"边际效用递减"。对于三毛来说，最初，她在杂志上发表一篇文章，心里会有狂喜的感觉，那种狂喜甚至可以把她从多年的自闭中拉出来，可想而知，那是一股多么强大的力量。到后来，她出版一本书，才会开心，那种初次发布作品的喜悦感还是有的，但减淡了一些。随着出版的书籍越来越多，到最后，写书、出书变成一件稀松平常的事情，甚至成为一项工作，心里的喜悦也就越来越少了。并且，这一年，她还因病住进了医院，要开刀做手术，心情也势必受到影响。她周围的爱意越来越稀薄，无论是人所散发出来的情感，还是那两年所发生的事情，都没有达到让她满意的程度。

她死后，有人说她是因为没有获得最佳编剧奖而自杀，有人说她是因为失恋自杀，也有人说她是得了不治之症，这些说法都是片面的。大家这样说，是因为这三件事情离她自杀的时间是最近的。但其实她心底那颗黑暗的种子，早在荷西去世后就又重新萌芽了，难以分辨到底哪件事是成为压垮她的最后一根稻草。

三毛的死一直是有预谋的，也许预谋了太久，在人们淡忘这件事之后，她突然把自己杀死了。

母亲缪进兰在三毛自杀后接受采访说："荷西过世后这些年，三毛常与我提到她想死的事，要我答应她，她说只要我答应，她就可以快快乐乐地死去。我们为人父母，怎能答应孩子做如此的傻事，所以每次都让她不要胡思乱想。最近她又对我提起预备结束生命的事，她说：'我的一生，到处都走遍了，大陆也去过了，该做的事都做过了，我已没有什么路好走了。我觉得好累。'……因为三毛常常说要去死这种话，就好像牧羊童常说'狼来了''狼来了'一样，我与她父亲就认为她又说'文人的疯话'，况且竟这么样的糊涂。"

三毛在临死前，在去医院的前一天，她忽然郑重地送给母亲一件玉雕和生日卡片。母亲觉得很奇怪，就跟她说："生日不是下个月吗？"三毛淡淡地说："怕晚了来不及。"

这个时候，新的死亡预谋已经开始了。有人爱的时候，死亡是忌讳，是闭口不提的；爱的人不在了，死亡便是引诱，是无所畏惧的。死亡是一面湖，她一头扎了进去。三毛自杀的医院洗手间内，马桶两旁都设有扶手，三毛只要有一点点的求生意念，就可以立即扶住扶手，保住性命，可是她没有，她走得很坚决。就像她在《滚滚红尘》里写的那样——不逃，死好了。

她姐姐说："一切都只在她的内心，所以没人能救她。"她父亲说："她失去了活下去的力量。"她在《滚滚红尘》里写过："命运的悲剧，不如说是个性的悲剧。"

这句话像是在说她自己。她是个聪明的女人，什么道理都懂，可是，就是活不下去了。

世间始终你好

全国总经销

捧 读 文 化
触及身心的阅读

出 品 人　张进步　程　碧

特约编辑　孟令堃
封面设计　陈旭麟 @AllenChan_cxl
内文排版　杨瑞霖

出版投稿、合作交流，请发邮件至：innearth@foxmail.com
了解新书，图书邮购、团购、采购等，请联系发行电话：010-85805570